建築空間の空気・熱環境計画

建築空間の空気・熱環境計画

繪内正道［著］

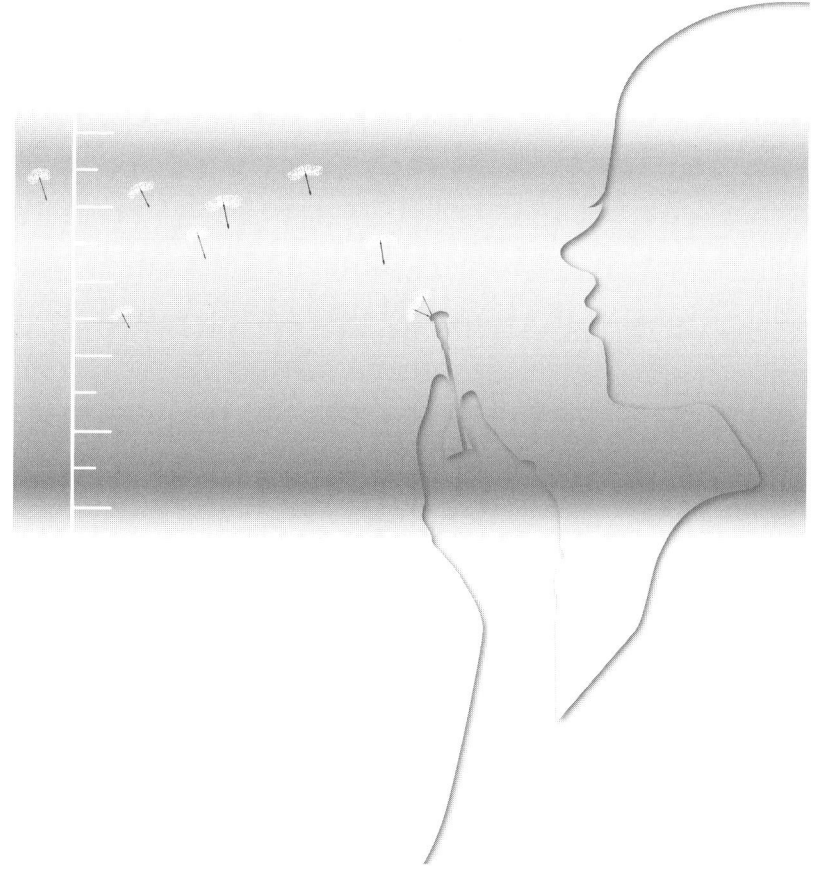

北海道大学出版会

まえがき

　私たちは，なぜ，今まで黙っていても手に入る建物隙間経由の新鮮空気を省みず，別の手立てによって取り入れた空気の方を良しとするのか。隙間風も換気も，生活空間内の汚染物質濃度を下げる働きをする上で違いはない。しかし，不特定の場所から無制御に流入する隙間風と，意図した場所に必要な量を供給する換気とは，質的に異なった空気流動であるということを認識できなければ，その違いの理解は難しい。なぜ，建物を高気密にするのか。それは，隙間風の流入箇所を可能な限り解消しなければ，必要換気量の計画的で効率的な確保など殆ど不能に陥ってしまうことに，その本質が隠されている。

　著者は，一度目の在外研究(1988年)において本著の主題である「意図した場所に必要な量を」の意味を，二度目の在外研究(2000年)によって「保持すべき温度レベル」の意義とその必要性を理解した。私たちの日常生活にかかわる身近な諸事象への理解や認識こそが，建築空間における空気・熱環境計画の骨子となる。熱対流も隙間風も空気流動の一現象に違いはないが，そこに私たちの生活が加わって，換気というシリアスな諸課題が派生する。居室間の空気流動把握にかかわって，一度目の在外研究の成果を「多種トレーサガス法に基づく多数室換気量の測定法に関する研究」に取り纏め，日本建築学会霞ヶ関ビル記念賞(1990年)を，また「多種トレーサガス法に基づく多数室換気量の算定」により空気調和・衛生工学会賞　学術部門(2003年)を受賞した。生活空間内の温度むらが圧力の差を生じさせ，その差で空気は流動する。空気・熱環境の改善に際し，空気と熱を分けた環境計画は画餅に等しき代物となる。日本建築学会論文賞(1996年)を受賞した「積雪寒冷地における居住空間の温度分布，気流分布に関する一連の研究 ── 温度積層を有する居住空間の熱環境計画」は，その一体化への試みといえる。本著では，受賞論文をベースにして換気測定法の概要紹介と共に夏期の空気・熱

環境改善に有用なパッシブ換気の一つとして熱対流型換気の活用を提案している。

　最近の地産地消の掛声に倣い，土のついたままの野菜販売に通じる現場主義を，またその時の理由と思いを大切にする意味で，発表当時の雰囲気を残すために，技術用語とその同意語である key word もまた未整理のままに使用している。一著書で，研究者や技術者，市民へ向けた同時発信は難しいが，種々の課題の重層的な包み込みも試みた。市民は薄皮に触り，研究者は餡の部分を探り，技術者は薄皮と餡の境界を味わって頂けたら幸いである。

　なお本書は，刊行に際し，独立行政法人日本学術振興会平成17年度科学研究費補助金(研究成果公開促進費)の交付を受けた。記して感謝する。

　　　　2005年12月20日

　　　　　　　　　　　　　　　　　　　　　　　　　　　繪内　正道

目　次

まえがき　i

序章 ……………………………………………………… 1
　序1　研究の背景と目的　2
　序2　本書の概要　3

1章　隙間風と換気 ……………………………………… 9
　1.1　北海道住宅における熱環境の改善努力　10
　1.2　隙間風の防止と結露の防止　13
　1.3　湿気の処理に必要な開放と閉鎖　17
　1.4　熱環境と空気環境の整合性　19

2章　空気の動きを探るための工夫 …………………… 31
　2.1　ミクロにとらえた空気流動　32
　　　温度変動から推定した速度分布と乱れ規模／噴霧ミストの画像処理から推定した速度分布／白煙を用いた熱対流速度の推定／タンポポ冠毛片や炭酸マグネシウム粉を用いた熱対流循環の視観察／重力に平衡した自由浮遊バグによる気流動の可視化
　2.2　マクロ把握に必要な空気の色付け　52
　2.3　瞬時一様拡散　55
　2.4　トレーサガス(tracer gas)の放出量とガス濃度　58

3章　室間換気量の測定 …… 63

- 3.1　1室換気　66
  濃度変動の推定 / 濃度応答の重畳
- 3.2　恒常系の測定と変動系の測定　71
  定濃度法による換気量変動の測定 / 多数室換気量推定の決定論的方法と確率論的方法
- 3.3　温度成層と混合　75
  温熱源からの上昇気流の非拡散的処理 / 温度成層のある空間の換気量の測定
- 3.4　多数室換気とモデリング(modeling)　82
  多数室モデルの解析解と妥当な算定時刻 / パルス供給法による事前モデリングの有効性 / 2室モデルと4室モデル / 実体容積なしの換気連絡路
- 3.5　解析式に求められる条件　118
  数値解析濃度を用いた感度解析 / 同時刻濃度の推定と「まるめ」操作の影響 / 減衰法と一定供給法の得失 / 微分表現と積分表現の得失

4章　冬の熱環境計画とパッシブ換気 …… 133

- 4.1　時間的な温度むらと空間的な温度むら　135
- 4.2　気密性能と給排気口の集約化　139
- 4.3　未利用空間の解消と寒さの緩和　145
- 4.4　シックハウス(sick house)問題と必要換気量　149
- 4.5　ユーズドエア(used air)の処理と換気経路計画　152

5章　夏の熱環境計画とパッシブ換気 …… 159

- 5.1　温度成層と排熱の非拡散処理　161
  日本の伝統的住居(宇都宮の民家・京都の町家)に学ぶ / 上方開放熱

　　　　対流型換気 / 京都・町家の生活の知恵
　5.2　2種類の温度差換気(stack 換気と上方開放熱対流型換気)　170
　　　　煙突(stack)換気 / 上方開放熱対流型換気
　5.3　アトリウム空間への適用　175
　　　　釧路東港区北地区緑地 / 苫小牧サンガーデン / サッポロファクトリー / 留萌合同庁舎
　5.4　高断熱建物への適用　184
　　　　オフィスを対象にした上方1面開放・床冷房の試み / 開放水面を付設した大規模吹き抜け空間の温湿度分布

6章　終章に替えて ……………………………………………… 195
　6.1　絶縁方策に基づいた選択的透過　196
　6.2　分布の解消からみえてくる分布の利用　198
　6.3　軽薄なアクティブ発想と頑迷なパッシブ発想　200
　6.4　省エネルギーの相場と共生環境への道程　202
　6.5　地域性へのかかわりと普遍的環境調整の確立　205

資料編 ……………………………………………………………… 213
　資料1　記号　214
　資料2　原論文　214
　　　　研究論文 / 学術講演論文, 解説・評論(雑誌)論文 / 研究報告書, 書籍 / 特許

あとがき　251
索　引　255

序章

序1　研究の背景と目的
序2　本書の概要

春が待ち遠しい道央の豪雪地帯：岩見沢

北海道の冬は確かに厳しい。しかし，一気に駆け抜けていく春の後には，豊かな収穫を約束する真夏日もある。空気が澄んでくる秋には，眩いばかりの黄と赤が綴れ織りを演出し，やがては全てがモノトーンで覆われる。静けさと安息を取り戻す季節の到来だ。

序1　研究の背景と目的

　近年，北海道住宅の高断熱・高気密化は著しい。北辺の開拓を急務と考えた明治新政府が唱えた防寒家屋の，あるいは敗戦後の北海道庁が取り組んできた寒地住宅の供給が今や現実のものとなってきた観がある。その一方で，シックハウスやアレルギー性疾患が発現し，居住室の空気質にかかわった改正建築基準法が施行(平成15年7月1日)されるに至っている。物事がトレードオフの関係にあるのは世の習いかも知れない。しかし，シックハウス(化学物質過敏症)は高断熱・高気密化住宅の多い北海道だけに現れた特有の事象ではない。今やその厄災が日本全国さらには先進諸国に蔓延していることを鑑みれば，今日までの高断熱高気密化に向けた努力が仇となって帰ってきた，と考えるのは早計であろう。しかしその一方で，その難事を他人事のように傍観する訳にはゆかない事情もある。それは，著者が所属していた北海道大学大学院工学研究科・都市環境工学専攻人間環境計画学講座建築環境学分野(2005年の工学研究科の改組後，空間性能システム専攻空間性能講座・建築環境学研究室)がこれまで取り組んできた研究課題と，先の空気質問題とが全くの無関係ではないことによる。

　現在の建築環境学研究室の前身は，北海道大学工学部建築工学科の創設(1948年9月)に伴い，1950年4月に建築学第6講座として発足した。これまでの担当教授の博士論文題名を列挙すれば，『居住室における温度および湿度に関する研究：堀江悟郎(1961年5月)』，『住居における熱環境計画への研究：荒谷登(1973年9月)』，『居住室における温度環境の改善と熱対流に関する研究：繪内正道(1979年12月)』となる。その表題から容易に想像できるように，いずれの学位論文もその時代における居住空間の熱環境に密接にかかわった諸問題に取り組み，直接あるいは間接的に空気環境に向けた提案も行っている。

　北海道のいくつかの研究機関や行政機関もまた，無策のままに手をこまねいていた訳ではない。これまでも，『北海道防寒住宅建設等促進法(1953年)』を施行させ，その努力はやがて『北方型住宅(1988年)』に結実してい

るのである。しかしながら，住宅の性能や品質の向上にも欠くことのできない空気環境計画への関心は，一般的にいって熱環境計画ほどに高かった訳ではない。

その遠因は次の2点に要約できよう。その第一は，住まい手自身が感覚できる屋内の暖かさや隙間風の冷たさに比べ，室内空気質の場合には，直截的な五感把握が極めて難しく，隙間だらけの住宅に住んでいた当時から現在まで，その重要度の認識が高くなりようがなかったことにある。

第二は，身近な事象として体験的に理解度を高めてきた結露対策と換気計画との関係に比べ，気密性能と外気滲入量や，室間換気量と汚染濃度分布の関係性は，北海道内で活躍している建築家や中堅技術者でさえその実態把握が難しく，日常的な課題としてそれらに向けた基礎・技術的なポテンシャルが元々高くはなかったことにある。

本著では，私たちの奥底に潜む「水と安全，ついでに空気もただ」という心象を踏まえつつ，居住空間における気密性の確保や換気の意義から説き起こし，次いで，著者らが独自に開発した室間換気量変動の測定法を提示するとともに，地域性を踏まえた冬の換気と暖房の計画や，夏の換気と涼房の計画について取り上げている。21世紀における住環境の質的な性能水準の確保と省エネルギーをどのように考えていくべきか，その課題の早急な解決を迫られている住まい手や建築家にとって，本著で提案したパッシブ換気の計画・設計のいくつかは，必須のものとなるだろう。

また，それを実現するために必要となる気密水準とパッシブ換気との関係や，室間換気量の測定法に関する事例研究は，建築環境研究者や建築設備技術者に対する一つの選択肢（ガイドライン）を提供するに違いない。

序2　本書の概要

1章では，隙間風と換気を取り上げた。両者の空気の流れの本質的な違いがどこにあるのかを下敷きに，これまでの北海道住宅において試みられてきた熱環境の改善努力，隙間風の防止と結露の防止，湿気の処理に必要な開放と閉鎖，熱環境と空気環境の整合性等の面から，熱環境と空気環境にかかわ

る原理・原則に言及した。

　2章では，空気の動きを探るための工夫を取り上げた。空気の動きを探る方法には，ミクロとマクロな方法がある。ミクロな把握では，オイラー的な見方とラグランジェ的な見方に基づいた空気流動の観察法を紹介している。次いで，マクロな把握に必要となる空気の色付け(トレーサガス)，トレーサガス法の拠り所となるトレーサガスの瞬時一様拡散の意義，さらに空気の移動量の把握に欠かせないトレーサガスの放出量とガス濃度の関係に言及している。

　ある開口の流量は，その開口面積に直交する気流速度を乗ずることで容易に入手できるが，無数の小開口が存在し，個々の開口を通過する流れの方向や速度の測定が難しい場合や，空気流動が複数の空間に及んでいる場合には，空間毎の正確な流出入量の同定は大変困難な作業になる。

　3章では，この室間換気量の測定にかかわる課題を取り上げた。最も基本的な1室の定常系の換気と変動系の換気を対象に，測定手法にどのような違いが現れるか，を紹介する。気流動量の多少は圧力差に応じて現れる。強制ファンの圧力差は，風速や温度差による圧力差よりも相対的に大きな，また安定した駆動力となるので，変動の影響は軽微になり，定常仮定の成立も容易になる。反対に，変動を当然としなければならない風速や温度差が空気流動の駆動力になった場合には，それらの変動の影響そのものを解析可能な測定法にしておかねばならない。

　私たちの生活空間には，必ず温度むらが存在する。トレーサガスの供給後，瞬時にガス濃度を均一化させる拡散ファンを使用すると，空間平均的な換気量の入手は容易になるけれども，その一方で，温度むらも強制的に解消させてしまうことから，実状とは異なった測定結果を入手する危険性も高くなってくる。

　本章では，実際の測定に際し，どのようにして温度成層と混合の問題に対処することが妥当なのか，さらに限られたトレーサガス数の下で，どのようにして多数室換気とそのモデリングを解決するのか，について言及している。測定対象系が恒常か非恒常か，トレーサガスの供給がインパルスかステップか，ガスのサンプリングが同時刻か異時刻か，によって妥当と思われる解析

式が異なってくることを前提に，解析法に求められるそれらの必要条件を検討している．

4章では，冬の熱環境計画とパッシブ換気を取り上げた．先に私たちの生活空間に存在する温度むらに言及したが，間欠・部分暖房習慣によって生ずる時間的な温度むらと空間的な温度むらが，温熱環境の質にどのようにかかわってくるか，を紹介する．人知れず存在した無数の隙間も開口部材や構法の改良・改善努力によって確実に減少しつつある．それに伴って気密性能も向上し，内外温度差を換気の駆動力とするパッシブ換気の計画が可能になってきた．その結果，集約化された新鮮外気の取り入れ口と汚染空気の排出口の計画が必要になり，冷外気の取り入れ口の集約化によって，取り入れ外気の直接的な寒さの緩和が，改めて主題として再登場することになった．

ひとつの便法として，未利用空間である床下経由で冷外気を取り入れ，昇温させる工夫を試みた．その外気を，どのような換気経路の下で配送すると，各室の必要換気量が満たされ，ユーズドエア(used air)の影響が軽微になるのか，をめぐって，本章では，実建物を対象にした測定結果を踏まえながら，高断熱高気密に基づいた冬の熱環境計画の必要性とパッシブ換気の可能性について言及している．

冬期は，換気の主動力として十分過ぎるほどの内外温度差を確保できる．しかし，そのような温度差を期待できない夏期の場合，パッシブ換気としてどのような対処法が想定されなければならないのであろうか．

5章では，夏の熱環境計画とパッシブ換気を取り上げた．居住室温の上昇を避けるための工夫として，温度成層と排熱の非拡散処理を前提に，2種の温度差換気を提案した．昼間は屋根に付設した天窓の開放による温気の滞留の解消，夜間は外気温が低下した時間帯のアースチューブ(stack換気)の利用や，最上部の開口を開放して円滑な冷外気の流下と温気の排出を可能にする熱対流型(上方1面開口)換気の適用を考えた．

室内取得熱の少ない住宅のみならず強烈な透過日射の処理が必須となるアトリウム空間や，OA機器や照明の室内取得熱が増加している高断熱事務所建物を対象にパッシブ換気を適用し，温熱環境の改善や省エネルギーの効用を探っている．

6章では終章に替えて，本著で取り上げた熱環境と空気環境の計画に欠かせない基本事項を改めて取り上げ，高断熱高気密化建物であるがゆえに許される積極的な選択的透過や，対象空間の温度むらが少なくなって初めて可能になる温度むらの積極的な利用を紹介した．本著では，パッシブ的な建築環境計画に重きを置いて，論述を進めている．しかし，高断熱高気密を建築環境計画の拠り所にして，自然エネルギーの最大限の使用努力を試みるけれども，従前の化石燃料に依存した中央暖房や電動ファンによる換気補助を頑なに拒んでいる訳ではない．

　その理由の第一は，石油危機の頃，太陽熱の積極的な利用が声高に論議され，熱病的に先端的なソーラーハウスが幾例か提案されたが，不幸なことにその際の軽薄なアクティブ発想と頑迷なパッシブ思想との不毛な衝突が，市民レベルの着実な普及展開を難しくする障壁なってしまったように思われるからである．

　第二は，現状のエネルギーの総消費量をいかに少なくするか，が環境改善の基本であるにもかかわらず，現状のライフスタイルをそのまま是認するような無節操な代替エネルギーの開発は，穴のあいたバケツに水を注ぐに等しいと考えなければならないことにある．市民レベルに受け入れられるエネルギー浪費の是正策の探求こそが，真の省エネルギー理解と持続可能な発展への近道なのだから．

　現在，50億人ともいわれる地球人口の内，10億人以上の人々が，北海道を南限とする北方圏域で生活を営んでいる．その圏域に住む1人当たりのエネルギー消費量は，発展途上諸国の数倍にも及んでいる．それゆえ，北方圏域の人々が旧態依然としたライフスタイルを継続していることこそが，地球の温暖化に拍車をかけていると考えなければならない．

　北海道を対象に試みたいくつかの研究事例は，いずれも北方圏域において直接的な応用が可能であり，また，本州以南の地域においてもその適用を妨げるものではない．著者は，地域性にかかわって，その地域性の豊かさに注目した建築環境を計画することこそが，やがては普遍的な環境調整法の確立にも繋がってくるものと確信してやまない．

資料編では，北海道大学工学部建築工学科・建築環境学講座において発表された1968年から1997年までの関連論文を，また機構改革後，北海道大学大学院工学研究科・都市環境工学専攻人間環境計画学講座(建築環境学分野)において発表された1997年から2003年までの関連論文を掲載している。まえがきで紹介した「土のついたままの野菜」とは，これらの諸論文を意味している。これらの研究成果の多くは，北海道という地域性から生み出され，地域に育まれたものといわねばならない。その意味では，確かに玉石混交に近い編集に堕したかも知れないが，その底流では北海道の地域性と共に，時代を意識した啓発性や萌芽性，そして整合性をも拠り所にしているので，いずれの研究論文・報告も必ずや今後のグローバルな評価に耐え得るものと確信している。

1章　隙間風と換気

　　1.1　北海道住宅における熱環境の改善努力
　　1.2　隙間風の防止と結露の防止
　　1.3　湿気の処理に必要な開放と閉鎖
　　1.4　熱環境と空気環境の整合性

茅と木と土で作られた東北民家の外装：北上(本間義規)

木に勝る建築材料はあるだろうか。構造材になり，断熱材になり，外装材になり，内装材になり，吸放湿材になり，燃料材料にもなる。腐朽しなければ，大気中の二酸化炭素の固定も実現するけれども，湿潤気候に培われた構法のままでは隙間風の防止は難しい。

これまで著者は二度の在外研究の機会を得た。一度目の文部省派遣在外研究(1988-1989)では，Institute for Research in Construction / National Research Council Canada(NRC Canada：カナダ国立研究所建築研究部)の Dr. C. Y. Shaw 主任研究官の下で，多種トレーサガス法を用いた多数室の室間換気量の測定法の開発に従事した。その後も NRC と換気にかかわった共同研究を行ってきたが，その際，中国系カナダ人である Shaw 博士に漢字表現の技術用語の英訳を依頼したことがある。その一つが 1992 年に東京大学で開催された Room Vent "Room Air Convection and Ventilation Effectiveness"の投稿論文で用いた「熱対流型換気」であった。その時，Shaw 博士は熱対流型換気に Convection を当てた上で，「ある意図の下で新鮮空気を確保するときの空気流れを Ventilation(換気)という。住まい手の意志に関係なく新鮮外気が居室に流入した場合の air infiltration(隙間風)は，結果的に室内汚染を軽減させたとしても，換気とはいわない。」と付け加えてきた。

　熱対流や換気は日常的に違和感なく使用されている技術用語ではあったが，先の遣り取りは，漢字表記の技術用語を key word に翻訳する際，その人の属する社会がその技術の本質を生活文化に密着した概念として使いこなしているか否か，を初めて気付かせてくれた。熱対流型換気の本質が Convection であるにもかかわらず，表意に頼って熱対流型換気を Buoyant Ventilation と直訳したり，人知れず何処かから流入した隙間風をも含め，流入冷外気の全てを換気負荷として計上したりすることに少しの疑いも持っていなかった著者にとって，先の Shaw 博士の付言はまた，空気環境の計画を意図すること(換気計画)が，そのまま本当の熱環境計画へと直結していることを改めて気付かせてくれる機会となった。

1.1　北海道住宅における熱環境の改善努力

　北海道大学工学部建築工学科創設 50 周年(1998 年 9 月)に先立ち，日本建築学会北海道支部創立 50 周年の祝賀の会が催された。来賓の方々による創立時の回顧談を拝聴したとき，敗戦の傷が未だ癒えぬその時期に，戦時中の

教訓を踏まえ，積雪寒冷地の住宅の建設やストックの戦略にどのような思いを込めていたか，当時の官・学・業に共通していた課題の大きさを改めて思い知ることができた．

　本格的な高断熱高気密型北海道住宅の出現は，ごく最近のこの 20 年来の出来事に過ぎない．熱環境の改善が，官界や学界ばかりでなく業界においても努力されてきたことを考えると，話題の焦点を官のみに絞ることは，一面的な整理に陥る恐れもあるが，便宜的に開拓史時代から敗戦後まで防寒住宅の普及に努めたⅠ期，北海道防寒住宅建設等促進法や省エネルギー基準の施行から北方型住宅融資が実現するまでのⅡ期，北方型住宅融資や BIS 認定制度発足以降のⅢ期に区分して，行政側からのアプローチを概観してみよう．

　北海道史を辿ると，北海道開拓の兆しは江戸期松前藩の統治時代にもあったが，住環境整備に関する具体的な見解が現れるのは明治期に入ってからである．徳川幕府から北辺の警護を命ぜられた奥羽諸藩の士卒が越冬の翌春に半減したことは良く知られている．その敗退の遠因は恐らく寒さに対する衣食への配慮不足ばかりでなく，住についても決定的な不備があったのではないかと推察される．北海道よりも積雪深のある地域は本州以南に数多く存在する．同じ積雪寒冷といっても，蝦夷地の越え難いハードルは積雪深よりもその寒冷さにあったのではなかろうか．

　明治新政府・開拓史時代になると，H. Caplon 等のアメリカ合衆国顧問団が書簡の形で示した移住民に対する生活と食事の改革や建物の防寒のアドバイスは，特筆されるべきものであろう．開拓使長官黒田清隆は「住の寒さ対策」として「家屋改良に関する告論(1876 年 9 月)」を布告した．それを抜粋すると次のようになる．

"北海道ノ人民，従来ノ習慣ニテ家屋ノ営構甚ダ脆薄，絶エテ防寒ノ注意ナキヲ以，厳冬ノ際苦寒ノ余永住ノ志念ヲ沮却スルノ憂不少候処，元来衣食住ハ人生ノ最モ緊要ナル者ニテ…

　就中家屋ハ防寒ノ最モ緊要ナル者ニシテ，到底此ノ習慣ヲ改正セザレバ人民繁殖独立営業の基礎固定シ難キヲ以テ，既ニ官庁学校病院等ヲ始メ逐次官設ノ家屋ハ西洋形ニ改造，人民ノ模範ニ供シ，誘導ノ道ヲ開ケリ．…実ニ開拓事業ノ成否ニ関シ，一日モ難捨置義ニ候…人民ニ厚ク論告シ漸次誘導ノ道

ヲ尽クスベシ…"

　北海道の各地に残っている屯田兵屋(建築規模：17.5坪ほどの在来農家住宅に準じた架構, 3尺×6尺の切炉の上に煙出小屋根がある)は, 建築環境的な視点から評価すると, 防寒というよりも夏の暑さ対策のみが散見される。後に米国式やロシア式の試験兵屋を建築し, 暖炉等を設置したが, 普及せずに終わったといわれている。当時の一般住宅も然りで, その面では告諭の効果は全くの空振りに終わったのかも知れない。室温の保持能力を十分に有する建物が前提となっていなければ, 暖房設備の普及もありえない, ということなのであろうか。

　しかし, 黒田長官の誘導路線は敗戦後の復興期に施行された「北海道防寒住宅建設等促進法(1953年)」にも引き継がれ, 寒地住宅の普及(行政)の業績で「日本建築学会賞(1955年)」を受賞した田中敏文知事は寒地住宅読本(1959)の序で次のように記している。

　"およそ, いかなる行政施策もその終局の狙いは, 地域住民の生活の安定と向上におくべきであることはいうまでもありません。…道民生活の現状分析において, 家計支出を調べてみますと, 全国平均より約二割も上回り, しかもなお, 住居費, 光熱費, 被服費等の負担過重によって, 教育や文化的な面を圧迫している傾向がはっきりとわかります。

　要するに, このような住居費, 光熱費などの合理化ということから, 住宅政策のあり方が方向づけられるのであります。いいかえれば, 寒地住宅の問題は, 道民生活の安定と向上の基本的な課題に直結する重大な要件であります。…それは, いまなお九万五千戸に及ぶ住宅不足の問題と同時に寒地住宅の改善が道民生活全体に通じる重要な課題であるからに他なりません。

　昭和23年には道に建築部を新設して行政機構を固め, 当初から寒地住宅の試験研究と普及指導に乗り出し, また, ブロックその他道産資源による寒地建築材料の生産振興と品質向上を期し, まだ他府県には類をみない道立ブロック建築指導所から寒地建築研究所への発展を図ったのであります。…"

　黒田長官の告諭と田中知事の序の間には, 実に80年以上もの時間が経過し, 建物の呼称が開拓使時代の「防寒家屋」から, 敗戦後の復興期にはより地域性を強く意識した「寒地住宅」へと変わったけれども, その底に流れて

いる基本的な狙いや理念は驚くほど変わっていない。このような背景の下に，1949年5月に助教授として着任した堀江悟郎先生は，翌年4月に開設された建築学第6講座(建築環境学講座)に移り，教育研究を開始した。その当時の講座の研究課題を紐解くと，「寒さと生活」にかかわりの深いものが多い。ここに，官に学も加わって，北海道住宅の開発・普及に向けた新たな活動が展開されることになったのである。

1.2　隙間風の防止と結露の防止

木造の公営住宅等を全廃し，防寒耐火的な寒地住宅を，という田中知事の発想は，戦時中の木造家屋の多大な焼失への反省であったと思われる。それはまた現在の産業廃棄物の削減・再資源化を踏まえ，緊急施策として取り上げられるようになってきた「フローよりもストック重視」宣言の先駆けに他ならない。しかし，当然のことながら第Ⅰ期(～1950年代)の主要な関心事はいかに寒さを凌ぐかにあった。その当時の簡易耐火構造のブロック造住宅は木造家屋に比べ，確かに，暖かさを実感することができた。それは，木造に比べてブロック造の方が，構法的に隙間を少なくすることが容易であったためであり，その分だけ冷気の流入が減少したからに他ならない。

茶色に変色した謄写版刷りの住宅の熱環境調査や寒地建築の暖房調査の報告書からは，実際の暖房と換気がどのような状況にあったか，その実態を知ることができる。また，結露害の実態調査及び結露防止や建築材料の吸放湿性状などの研究論文からは，本格的な熱環境改善が困難な時代ゆえに，対症療法的にならざるを得なかったであろうその窮状を伺い知ることができる。

木造住宅の束基礎が布基礎に変わり，壁の外装が下見板からモルタルに変更された動機は，もちろん，耐震性能の確保，凍上や不同沈下の防止，そして防火のためであろうが，それと同時に，冬の冷外気の流入量を可能な限り少しでも減らす狙いもあったように思われる。寒さの元凶であった隙間風のこのような流入阻止に向けられた闇雲な気密化は，ブロック造家屋を手始めに，結露という手痛いしっぺ返しを受けることになった。非暖房室の押入や，そして極端な場合には，暖房室の壁にまで結露の被害を蒙ることも珍しくな

北海道の住宅の断熱と気密の変遷

背景	1940　1950　1960　1970　1980　1990 石炭から石油へ　(S 49)第一次石油危機　(S 61)チェルノブイリ原発事故 神武景気　鍋底不況　高度経済成長　公害環境問題　経済大国化　地球環境時代 —昭和 20 年代前半—昭和 30 年代前半—昭和 40 年代前半—昭和 50 年代前半—昭和 60 年代前半— 北海道型住宅形成期 / 防寒住宅開発期 / 防寒住宅普及期 / 住宅形態の多様化 / 都市化敷地狭小化 / 町並みを意識
法律　行政	洋風建築様式の定着　北海道住様式の確立　地域暖房の登場 (S 23)北大建築工学科創設 (S 30)寒地建築研究所—CB 造の推進—木造防寒住宅の定着—外断熱構法の登場— (S 28)寒住法　(S 44)寒住法改正　(S 54)省エネ法　(H1)北方型住宅誘導 (H1)BIS 認定制度
生活意識	—寒さの忌避(避寒)—新たな定住志向—居間中心—マイホーム主義—性能＋北方圏指向—ゆとり・豊かさ志向
住宅暖房	—薪ストーブから石炭ストーブ　80 % の普及—石油ストーブ—80 % の普及—CH—15 % を越える
断熱と換気	防火　煤煙防止 —防寒＋隙間風の防止—結露の防止—熱環境改善—省エネルギー—環境衛生—防暑への取組—
窓開口	硝子窓の一般化普及　二重窓 / 外付けアルミサッシュ定着 / PV サッシュ普及 / 三重窓　Low-E 窓
断熱材	大鋸屑炭ガラ　石(岩)綿 / グラスウール / 発泡スチロール /　高断熱化　高気密化　熱交換換気の提案
内装材	粘土漆喰壁　ラワンベニヤ　石膏ボード　プリント合板　銘木合板化粧ボード　石膏ボード下地クロス貼り
外装材	下見板 / モルタル湿式工法 / 乾式(通気層)工法
屋根	柾葺き屋根からトタン屋根　長尺鉄板登場　(屋根形態が一変) 三角屋根 / 片流れ変形屋根 / 無落雪屋根 / アーリーアメリカンスタイル

図 1-1　北海道住宅の断熱と気密の変遷(北海道大学放送講座　北海道の住まい，P.113，1992 年度　HBC にて放映)

かった。確かに，断熱材が高価で入手も困難な時代ゆえに，暖かさを手に入れるための隙間風防止の見返りとしての「換気不足で生じた結露害」という言い訳もまかり通ったが，その本質は，建物の絶対的な断熱不足と室温の未充足にあったということができる。

1960年代から1970年代は，暖房用の燃料が石炭から石油に移行し，新築住宅の平面形が田の字型から居間中央型に遷移し，断熱材も使用されるようになってきた時期にあたる。

新興住宅地では，赤や青に塗られた三角屋根と煙突付の四角い家（北海道住宅供給公社の建売住宅）が規則正しく，整然と並び，北海道らしい都市景観を醸し出していた。年間8mを超える降雪量に配慮した勾配のきつい三角屋根と，主たる居住空間に忍び寄ってくる寒さの緩和を目的にした平面形（居間中央型）の採用，その居間に強力なストーブ暖房器を常備した生活様式は，積雪寒冷な風土に適応した住宅建築としての独自性と生活の工夫や智恵の集積の象徴となった。

高度の経済成長を謳歌した1970年代には，一部の集合住宅は集中暖房化され，札幌冬期オリンピックの開催に合わせて地域暖房も実現する運びとなった。道産エネルギー（石炭）の有効活用や都心の煤煙防止がその引き金であったが，熱的な居住性を欧米並の水準に引き上げたい，と背伸びした一面も否定できない。

建築環境学講座では，1960年代から1970年代にかけて，集合住宅の室温及び熱負荷変動の実測と数値解析，配管系の経済設計に関する研究を行っていたが，それらの多くは集合住宅の集中暖房や地域暖房の計画に結びつくものであった。

1970年代以降，札幌市や北海道も集中暖房や地域暖房の実施に踏み切り，現在では，北海道内の地域熱供給事業は13を数えるまでになっている。

例えば，基礎室温とは，居住者が支障のない生活をおくることができる生活温度と定義することが可能ならば，基礎室温は屋内で結露被害などを蒙ることのない下限温度を保証していることになる。少なくとも地域暖房は生活空間の基礎室温を保証し，居住室において結露害等があってはならない熱供給システムと考えることができる。しかし，不幸なことにわが国には，それ

表1-1 北海道における地域熱供給事業の経過とその規模

地区	供給開始	区域面積[ha]	延床面積[m²]	供給建物
札幌市都心地区	1971.10. 1	104	1623×10^3	デパート，ホテル，オフィスビル等
札幌市厚別地区	1971.12. 1	141	533×10^3	集合住宅，学校，病院等
札幌市真駒内地区	1971.12. 1	32.4	125×10^3	集合住宅，学校，オフィスビル，商業施設等
苫小牧市日新団地地区	1972. 1.21	36.6	105×10^3	集合住宅(市営・道営他)，学校，プールなど
北広島団地地区	1972.10. 1	86	79×10^3	集合住宅，デパート，銀行等
苫小牧中心街南地区	1974.12.13	75	113×10^3	市役所，会館，学校，NTT，保険センター，公営住宅
札幌市光星地区	1975. 2. 3	11.5	133×10^3	集合住宅，官庁，病院等
苫小牧市西部地区	1976.12. 1	28.6	150×10^3	集合住宅，学校，病院，商業施設等
北海道花畔団地地区	1978. 4.25	74.1	143×10^3	住宅，学校，公共施設，商業施設等
春湖台地区	1983.10.20	13.5	49×10^3	病院，博物館，学校，公共施設等
札幌駅北口再開発地区	1989. 4. 1	22	157×10^3	オフィスビル，商業施設，融雪槽
小樽ベイシティ	1999. 3. 1	12.8	202×10^3	ショッピングモール，ホテル，飲食店等
札幌駅南口地区	2003. 2. 1	5.2	355×10^3	オフィスビル，デパート，ホテル，商業施設等

を前提とした有形・無形の社会契約や文化的な土壌はない。これを示すエピソードを紹介してみよう。全国放映NHK番組「ためしてガッテン：快適―結露解消術(1997年)」用に，札幌の社宅で結露の被害実態の録画撮りが行われ，それに立ち会ったことがある。この集合住宅は札幌冬期オリンピック開催時に建設され，支援用施設の一部として使用されたが，居間や寝室などの主要室には放熱器が付設されており，現在も地域暖房プラントからは温水供給が行われている。しかし，11月中旬にもかかわらず，北側の洗面・浴室には，視認可能なほどに結露が発生していたのである。

夫の転勤によって東京から移り住んだ主婦は，『先住者(主婦)の申し送りにより，使用料金の高い地域暖房のバルブを閉めている。開放式の石油ストーブを使用すると，安価で非常に経済的であり，中間階中央住戸では，最寒期でもこれで十分間に合う。陽が射し込む日中は乾燥感が気になるので加湿器を使用している。』と語ったものだ。開放式の石油ストーブで，灯油を1L燃焼させると，1Lの水蒸気が発生する。これに，加湿器からの水蒸気が加われば，確かに現状の温度保持状況において結露の発生を避けることが難しくなる恐れは十分にある。

地域暖房の温水バルブの閉鎖は，従量制料金の削減に繋がる生活の知恵には違いないが，基本料金までをゼロにすることはできない。それにもかかわ

らず，先のような受益者の直裁的な行動反応はまた，わが国において独立住宅ばかりでなく集合住宅の場合も，居住者自らが暖房機を持ち込み，居住者の責任で室内環境の保持を行う暖房習慣が，社会通念として根強く存在していることを現している．そのことは，全住戸が同じ温度保持条件になるように暖房協力して初めて集合住棟の基礎室温はリーズナブルに形成される，というコミュニティー生活の基本的な理念が欠けていることの証であり，札幌オリンピック後，30年経ってもなお地域暖房の企業化が13件に留まっていることの証左とも考えられるのだ．

　北側室が結露しない程度に地域暖房のバルブを常時開けておくことは，寒地の生活の常識，と移住者が先住者から申し送られてさえおれば，東京では経験することが不可能な低温暖房の温もりと，コタツによる伝統的な団欒を共に味わう贅沢な室内条件を享受し得たはずである．先のエピソードは，結局，地域暖房が一般的な住生活に必要な北国の社会基盤の一つであるべきだ，とする地域性への配慮不足や，集中暖房設備の意義を今なお当然視できないわが国の生活意識の貧困さ，を象徴しているのかも知れない．

1.3　湿気の処理に必要な開放と閉鎖

　室温の未充足期に多発した結露の防止策として，各部屋に換気孔(口)の付設が考案されたが，居住者の多くはそれを冷気の流入口と見なし，個々人の判断で閉じることが多かった．その一方で，断熱による居住環境の改善効果も認められるようになってきた．1960年代の中頃になると，次第に厚い断熱材が使用されるようになり，表立った居住室の結露害は減少傾向を示すようになってきた．

　第II期におけるこのような状況は，外気流入量の減少による相対湿度の上昇(結露の危険性)が，高断熱化に伴う室温の上昇によって相殺され，結果的に結露害が緩和された，ととらえることもできよう．しかし，この時期の木造住宅の大部分は在来の軸組構法で建築されており，第III期で実現された北海道住宅の気密性能とは比較にならないほどの低水準にあった．その理由は，在来の軸組が夏期に多湿な地域において育まれてきた構法であり，床下，外

壁，小屋裏等の木部の腐朽を避けるために，床下，外壁，小屋裏への連続的な空気移動を可能にし，湿気の速やかな屋外（または屋内）排出を可能にする通気や透湿の性能確保にその特徴があったためである。二度にわたった石油危機(1974年，1978年)は，暖房用の灯油消費量を減らすために，更なる高断熱高気密化への努力を強いることになった。冒頭でも触れたが，室温の未充足期における空気環境への取り組みは，より直接的な「寒さ防止の気密化」であり，石油危機当時の取り組みは，「暖房費節約を目的にした気密化」といえるだろう。

第Ⅲ期に入り，壁に十分な厚さの断熱材が施され，室温が充足し，空間内の温度むらも減少してくるようになると，その断熱層によって「温度の内と外の明確な区画」が実現し，断熱層を境に大きな温度差が生じるようになってきた。それは，温度の内(高温)の側から温度の外(低温)の側へ湿気が漏出し，温度の外(低温)の領域で冷却されると，その領域で凝縮(結露)が確実に発生することを意味していた。

低温部へ移流する壁隙間の通気と内装材経由の透湿を防ぐこと(湿気の閉鎖)によって，低温部における結露のリスクを下げることができる。現在では，高温高湿側に施される防湿材(ポリエチレンフィルムに代表される気密層)によって，その機能が保証されている。不幸にして防湿材(気密層)の連続性を破断させ，温度の外の側の領域に湿気の漏出があった場合には，視認の不可能な壁体内で結露が発生する。この内部結露の実害を避けるためには，低温領域に低湿外気を取り込んで断熱層の排湿や減湿を促す通気層の設置(湿気の開放)が不可欠になってくる。

断熱構法に欠くことができない「湿気の閉鎖(barrier)機能と開放(release)機能」は，「内部空間の開放を目的にした気密化(荒谷，2003)」あるいは後で触れる「計画換気を目的にした気密化」にとって不可欠な両面対応となる。

断熱気密の基本は，居住空間への冷外気の流入を防止する「寒さ防止の気密化」にあるのではなく，居住空間全体に温度を充足させることによって実現する非暖房空間の結露防止や，断熱壁や小屋裏などの低温部への湿気の漏出防止によって可能になる内部結露のトラブル回避にある。ややもすると，

現状の防湿材が防湿性と気密性を併せ持った機能を果たすために，非常に誤解を招き易いが，気密性の確保は，防湿材を使用せずに，コンクリート構造体や内装下地材の類を用いて隙間なく施工した場合でも可能となる。高性能の防湿材の適正使用により，湿気の閉鎖が確実になると，減湿を意図した外への放湿が有効になってくる。その対極にあるのが，構造体の隙間を通じた速やかな排湿と除湿(乾燥)を特色とした屋内外への円滑な湿気処理の工夫であり，夏期に高湿な地域において育まれてきた伝統的木造軸組構法がそれに該当する。

　北海道大学工学部建築工学科4階実験室の南窓は鉄製枠のペアガラスであった。スペーサーの気密シールの劣化後，やがて漏入水蒸気の液化によって曇りガラス状になり，冬期にはその凝縮水が中空層の下部に流下，ペアガラスの水深は年々増大した。凝縮は負圧化を促し，さらなる水蒸気の漏入が進む。これをトラップエフェクトというが，内部結露のビジュアルな教材になっていた。繊維系断熱材の両面に防湿材を施し，防湿材に断点を生じさせた場合，そこから漏入した水蒸気はガラス中空層がそうであったように冬期には凝縮し，断熱材を湿潤化させることになる。断熱層の高温側で湿気を閉鎖し，同時に低温側では外に開放する物理は，これを踏まえた上で理解しなければならない。多雨な気候帯にあるわが国では，安価で高性能なシーリング材が開発されたこともあって，建物の外側で防水処理を施し，ついでに隙間風の防止も建物外装の気密化で工夫しようとする事例も少なくない。しかし，内部結露の防止には，伝統的な排湿構法に習い，外装のオープンジョイント化の励行と温度の内(高温高湿側)における防湿(と同時の高気密)化こそが鉄則になってくる。

1.4　熱環境と空気環境の整合性

　著者の研究分野は，熱環境と空気環境の双方にかかわっているが，熱環境よりも空気環境に関係した国際会議の方が頻繁に開催されているのではないか，という印象を持っていた。そこで，Indoor Air Quality, Ventilation and Energy Conservation (Montreal, 1992)に出張した際に，多数室換気量

の測定法の共同研究を行っていたC. Y. Shaw博士(IRC / NRC Canada)に対して「空気環境に関係した国際会議の方が頻繁に開催されている印象がある。なぜ，欧米では空気質や換気に関する国際会議が多いのだろうか。」と，質問したことがあった。

その返答は，「もしも，頭が痛い時，それは換気が悪いせいだというと，一般の欧米人は納得する。そのためか，換気の課題で研究費を申請すると，比較的容易に受理される背景がある。その結果として研究発表の機会も増えたのだろうと思われる。このことは全てこちらの人たちの住居観，歴史観によるものではなかろうか。」というものであった。

東アジア出身のShaw博士は，わが国も含めた高温高湿環境下における木造住宅に必要とされてきた熱環境や空気環境の特性を十分に理解した上で，先のように返答したのであろう。

多少の誇張と思い込みも内在しているが，図1-2に示した平衡型と非平衡型の空気流れに対比させて「熱環境と空気環境の変遷」の系譜化を試みた。

横穴式住居の横穴にそって法線方向を定め，その直交面に平行な風が吹くと，入り口部分に弱い循環流が生ずるが，開口の真正面から強風が吹き付けても，横穴の最奥に設けた炉の火勢や排煙は強風の影響を受けることはない。その理由は，この横穴(1面開口)の前面全体に同時刻的に同程度の風圧が作用しているからである。このような状況下の空気流動を平衡(バランス)型の流れという。臆測に過ぎないが，横穴式住居の住人は，炉を横穴の最奥に設けると，床付近にそって新鮮外気が流入し，天井付近にそって煙が積層流出する2相流れが出現し，全く煙たくない空気環境が手に入ることや，炉の火勢の強弱に応じて，空気流動量を容易に増減させ得ること等を，生活体験を通じて習得したことであろう。また，熱環境と空気環境の狭間で，このような因果関係が了解された時，空気流動に計画性や意図を織り込むこと(換気の試み)はそれほど難しくはなかったのではなかろうか。

高気密な石造家屋は，同一壁面に複数の開口を設けた場合でも，平衡型になるので，外部の風向風速に影響されることなしに自分達が必要とする意図的な空気流動を入手することはそれほど難しくはない。Shaw博士が指摘した，換気と隙間風を別ものと見なし，住居に意図的に空気を取り入れよう

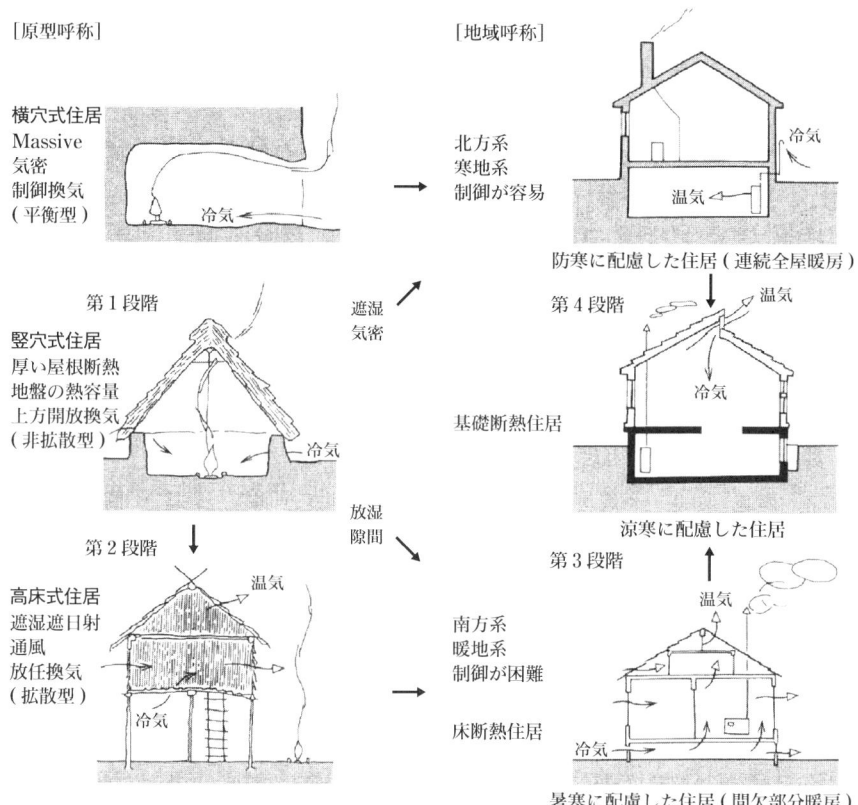

図1-2 平衡型と非平衡型の空気流動(意図的な空気流れになる条件)

(換気)と考える一群を,横穴式住居の系譜にあるもの,と決めつけるのは余りにも短絡的で危険なことかも知れない。しかし,電動ファン等が存在しなかった時代,生活の基本が高気密な住居にあって,空気環境をどのようにして担保しなければならなかったか,を推し量ると,換気の主動力源として連続・全屋暖房(温度差換気)を当然と考える熱環境計画がその底流にあった,との想像はそれほど困難なことではない。

次に,東アジアの住まいの系譜が竪穴式住居から始まると仮定してみよう。竪穴式住居は厚い草葺き屋根と土間床を特徴としている。冬期,住居中央の炉で裸火を絶やさずに燃やした場合,その放射熱によって温められた気密性

の高い基礎周りと床地盤の熱容量は，終日，室温の保持に有効に働いたと思われる。

厚い屋根断熱によって住居内に外部風が直接的に吹き込まない条件下にあれば，炉から立ち上った煙は非拡散的に屋根頂部から排気され，それに見合った量の外気が屋根裾から流入するようになる。この空気流れは平衡型ではないけれども，厚い草葺き屋根が外部風の影響を軽減した場合，炉の火勢に見合った空気流動量の制御や良好な空気環境が容易に手に入ることを習得したに違いない。厚い屋根断熱層経由で外気が流入する際，屋根から流失す

写真 1-1　竪穴式住居外観（本間義規）

写真 1-2　竪穴式住居内部
　　　　　（本間義規）

写真 1-3　平安時代の再現家屋（本間義規）

写真 1-4　同住居内部
　　　　　（本間義規）

る熱が流入冷外気を昇温させる効用もある。この熱回収換気のメカニズムは，最近，話題に上がるダイナミック・インシュレーションに他ならない。

北上市立博物館・みちのく民俗村では，縄文時代の竪穴式住居(写真1-1)や平安時代の再現家屋(写真1-3)，近郷から移築した民家の遺構(写真1-5)を見ることができる。民家の茅葺屋根を観察すると，竪穴式住居や平安時代の再現家屋に見られる「すっぽり」全屋断熱は影を潜め，強烈な夏期の日射熱を遮蔽する「日除け」部分断熱へと変容していることが理解される。

竪穴式住居に代表される「一小空間＋裸火」の採暖をもって，全屋暖房というのは少々乱暴な仮説かも知れないが，平安時代の再現家屋でも，暖かさ

写真1-5　東北の民家(本間義規)

写真1-6　土壁保護の下見板(本間義規)

は居住空間全体に行き渡っていたと想像される。一方，民家では，囲炉裏から立ち上った煙が小屋裏空間全体に行き渡り，茅葺屋根を燻煙防腐していたに相違ないが，暖かい場所は，放射熱を期待できる囲炉裏の周囲に限定されていたのではなかろうか。

　東北民家(曲り家)の薄暗い土間，それと開放的に連続した居間に切られた囲炉裏を眺めると，囲炉裏の主たる機能は燻煙防腐と炊事にあり，その周囲を暖めることは，全くの副次的な目的だったのではないか，とさえ思われてくる。

　フィンランドやノルウェーの野外自然史博物館においても，各地に残っていた多数の木造住居の遺構が移築され，市民向けに保存展示が行われている。それらの屋根は薄く剥ぎ取った樹皮を用いて巧みに防水され，その上に土を載せて断熱層とし，草を繁茂させて風雨による土葺き屋根の損傷を防ぎ，軒先には木製の雨樋も工夫されていた。北欧における木造住居の遺構の多くは，東北の民家のような土壁(漆喰壁)よりも丸太積みや木板積みの壁が多く，継ぎ目は粘土状のものでシールされていた。

　領主の館などは，石造とすることもあったろうが，庶民の住宅は圧倒的に木造であり，玄関口は小さく，軒高も低く，住居規模はそれほど大きくはない。台所や居間と思しき空間に設置された暖炉状の熱源はペーチカに近い構造を有し，その直上に寝室空間を配するなど複数空間を暖める工夫もなされていた。

　熱的性能がそれなりに保持されていたであろう竪穴式住居の建築環境の計画理念は，その後なぜ放棄されてしまったのであろうか。これも一つの想像に過ぎないが，炊事(燻煙)以外に常時，炉を必要としなくなる季節，例えば，梅雨期や高温高湿な夏期になる頃，竪穴式住居の湿った土間床は不衛生になるので，湿気と縁を切るために高床を採用したところ，梅雨期や高温高湿な夏期にとても過ごし易かった，ということなのだろうか。

　その痕跡は平安時代の再現家屋における屋内外周部の板張り床に見ることができるかも知れない(写真1-4)。高床ばかりでなく，木造架構全体を湿気に対して開放的にすると，腐朽が押さえられる利点も理解され，その結果と

して，外壁と共に床下や小屋裏にも通気層を有する現在の在来木造の構造詳細を完成させたのであろう。また，茅葺き屋根の軒先がいかに深くとも，直接的な雨ざらしに遭う土壁の損傷は著しい。やがて民家の土壁の外側に下見板を取り付けて耐候性を向上させたと思われる(写真1-6)。

　繰り返しになるが，通気を円滑にする基礎と土台の間の隙間，その隙間と連続した床下空間，オープンジョイントと通気層を兼ね備えた下見板張りの土壁等々，速やかな排湿と乾燥化を容易にするこの典型的な在来木造家屋の工夫こそ，夏期に高温高湿なわが国の住居に備えるべき空気・熱環境の特性であったということができる。

　しかし，結局，隙間風の流入や寒さに対しては全く無防備な構造とならざるを得なかった。湿気に開放的な住居でも，炉の火勢を増せば床隙間からの流入外気量も増大するが，住まい手の意思に関係なく流入する隙間風の防止までは，至難の業であったと想像できる。このような家屋構造で，連続・全屋暖房を採用する蓋然性はない。必要とする時間帯，必要とする場所で暖をとる徹底した間欠・部分暖房の生活習慣は，そのまま北海道開拓期の住居から寒地住宅へと受け継がれたのである。縷々説明を加えてきた家屋構造の理念ばかりでなく，従前の北海道における生活様式もまた底流では湿気に開放の系譜を辿ってきたといわねばならないだろう。

　竪穴式住居の場合，横穴式住居において想定したような空気・熱環境の類推は難しいけれども，非拡散排気や上方開放換気となっていたのではないか，と想像される。この時期の断熱や蓄熱への配慮や空気・熱環境計画に向けた生活の知恵は，なぜ，途中で立ち消えになってしまったのだろうか，その確たる事情は全く窺い知ることはできない。しかし，パッシブ換気を前提にした空気・熱環境の計画を思い描くとき，改めてその源流を再認識する必要はあるだろう。

　いかにして熱環境と空気環境を整合させるのか，二度目の文部省派遣在外研究(2000年)の際に入手したカナダとフィンランドの建築基準法の資料を事例にして検討してみよう。

　Institute for Research in Construction / NRC の Dr. C. Y. Shaw 主任研

究官から入手した National Housing Code of Canada 1998 and Illustrated Guide(NHC：住宅基準法)によれば，熱環境と空気環境にかかわる基本的な部分は，Mechanical Systems の章で紹介されている。

室内設計温度：暖房された床下空間＝15℃
　　　　　　　仕上げ完了居室　　＝22℃
　　　　　　　仕上げ完了地下室　＝22℃
　　　　　　　仕上げ未完了地下室＝18℃
　　　　　　　付設車庫　　　　　＝要求された最低温度の規定なし

次いで，換気については非暖房期と暖房期に分けて規定され，非暖房期は自然換気または機械換気のいずれかで換気を行うことになっている。非暖房期の自然換気時の最小開口面積は，次のようになっている。

　　　　　　　浴室またはトイレ　＝$0.09 \, m^2$
　　　　　　　仕上げ未完了地下室＝床面積の 0.2%
　　　　　　　食堂・居間・寝室・台所・連結室・書斎・休息室，その他全ての仕上げ完了室＝$0.28 \, m^2$ /（室または連結室）

暖房期は機械換気を前提に，必要換気量が規定されている。

　　　　　　　主寝室　　　　　　＝$36 \, m^3/h$
　　　　　　　他寝室・居間　　　＝$18 \, m^3/h$
　　　　　　　食堂・家族室・休息室＝$18 \, m^3/h$
　　　　　　　地下室　　　　　　＝$36 \, m^3/h$
　　　　　　　他居室・台所・浴室＝$18 \, m^3/h$
　　　　　　　洗濯室・家事室　　＝$18 \, m^3/h$

なお，法規原本の表現では対象室は1室ごとに分かれている。ここでは2室または3室に取りまとめて整理した。

ここで注意喚起を望むことがある。カナダでは中央暖房が必須のゆえか，暖房された床下空間や仕上げ未完了地下室にも室内設計温度が規定されているのだ。当然，一般の居室の温度保持レベルは予め基準法によって定められている。わが国では，2002年7月の改正建築基準法に，シックハウス症候群対策として，必要換気回数を 0.5 回/h とすることが盛り込まれた。この

表 1-2　日本における建築物環境衛生基準(1971)

基準項目	建築物環境衛生管理基準
浮遊粉塵の量	空気 1 m³ につき 0.15 mg 以下
一酸化炭素の含有率	10 ppm (100 ppm) 以下
二酸化炭素の含有率	1000 ppm (0.1%) 以下
温度	17°C 以上 28°C 以下
相対湿度	40% 以上 70% 以下
気流	0.5 m/s 以下

こと自体は画期的なことであるが,その前提ともいえる室温保持レベルが謳われていなければ,画餅に帰してしまうと感じるのは,著者だけではあるまい。

また,台所・浴室を見ると,わが国に比べて決定的に必要換気量が少ないという印象を持つかも知れないが,この数値は在室者のための給気量と考えれば良い訳で,台所・浴室の強制排気扇が稼動した際に,他の居室への給気の総量がそれに見合う排気量となる条件を満たしていれば不都合はない,とも考えられるのである。

わが国では,表1-2に示す建築物環境衛生基準が1971年に定められたことによって,石油危機後に米国で深刻に騒がれたsick buildingの発生はなかったといわれている。建築物環境衛生基準の内容は建築基準法においても同様に言及されており,中央管理方式の空気調和設備を有する施設において,10°C以下の場合は暖房すること,と定められている。しかし,当然というべきか,建築基準法の場合も,一般の生活環境(中央管理方式の空気調和設備を有していない住宅等)に対する最低の室温保持の規定はない。

一般の住宅においても,早急に『10°C以下の場合は暖房するか,基礎室温に保つべきこと』とする条文化が望まれる。

次に,VTT Building Technology (Finland)のJ. Heikkinen主任研究員から入手したMinistry of the Environment, National Building Code of Finland, INDOOR CLIMATE AND VENTILATION OF BUILDINGS, Regulations and Guidelines 1987 (NBC：建築基準法)によれば,熱環境と空気環境にかかわる部分は,Indoor Climateのthermal conditionsとVentilation and Ventilation Systems の requirement for ventilation において紹介されている。

　後述の資料は，カナダの NHC よりも 10 年ほど古い時期の制定であるが，空気質に対する関心が今日ほど高くはなかった時代に，彼の国においてはどのような状況にあったのか，を知るための格好のベンチマークといえるかも知れない。

　　　硫黄酸化物　　$\mu g / m^3$　　年平均：40　　　日平均：200　　時間平均：500
　　　窒素酸化物，$\mu g / m^3$　　年平均：---　　日平均：150　　時間平均：300
　　　一酸化炭素　mg / m^3　　年平均：---　　日平均： 10　　時間平均： 30
　　　塵埃　　　　$\mu g / m^3$　　年平均：60　　　日平均：150　　時間平均：---
　　　ホルムアルデヒド新築　0.15 mg / m^3　　既存　0.30 mg / m^3
　　　ラドン　　　　　　　　新築　200 Bq / m^3　　全建築の最大値　800 Bq / m^3

　フィンランドの NBC には，わが国のビル管理法においても見ることができない SOx や NOx も規制項目として取り上げられている。National Board of Health（わが国の厚生労働省に準じた政府機関か）の掲げる規制項目を，そのまま NBC の規定に取り込み，1987 年の時点でホルムアルデヒドやラドンが規制対象の有害化学物質となっていたことは注目して良い。

　確かに，ラドンなどの放射性物質に対する規制は，北欧地域の地盤特性や建築物の気密性能に配慮して，特別に設けられたものと考えることもできる。しかし，一般論として，北欧諸国の人口が，北海道の人口とそれほど変わらない規模にあることや，シックハウス対策の引き金となったホルムアルデヒドの規制が，わが国よりも 15 年以上早く行われていたことを記憶に留めておく必要があるだろう。

　そのような国柄ゆえのフットワークの良さを期待できることや，あるいはフィンランドは今でこそ携帯電話などの電子機器の輸出国になっているが，元々，森と湖の国ともいわれ，木製建材や家具が重要な輸出製品となっていることもその背景にあるのかも知れない。しかし，シックハウス云々が顕在化する前にそのリスクを食い止めよう，と先取りの努力を傾ける，この彼我

表 1-3　フィンランドにおける室内気候と換気にかかわる建築基準(1987)

空間・使用目的	空気温度 [°C]	作用温度 [°C]	ドラフト特性	外気量 [dm³/s・人]	外気量 [dm³/s・m²]	還気量 [dm³/s・unit]	騒音レベル [dB(A)]
居間	21	20	2		0.5		30
寝室	21	20	2	4	0.7		30
ホール	19	17	5		s		35
台所	21	20	2		s	20	35
独立した食堂	21	20	2		0.5		30
納戸	19	17			s	3	35
浴室	22	22			s	15	40
トイレ	21	19			s	10	35
家事室	21	19	3		s	15	35
サウナ					2	2/m²	35
娯楽室	21	19	3		0.7	0.7/m²	35

注：表中のsは，「対象空間に，外気が直接給気されなくとも，隣接空間から空気が流動状態にあれば良い(transfer air)」ということを表している．還気量(return air rate)は，排気量(exhaust air rate)と想定して構わない．その理由は，先にカナダの事例において排気量の厳密な記載がなかったので，常時行われている給気量が，不定期・短時間に行われる排気量を上回っていれば良い，と補足したが，この還気が丁度それに相当するからである．表中の 4 dm³/s・人は 14.4 m³/h 人となるので，わが国の算定基準の約半分に相当する．

の差の意味するところだけは，私たち建築環境学の研究者や建築設備の技術者はしっかりと受け止めておきたいものだ．

　カナダの NHC の紹介時にも指摘したが，フィンランドの NBC も空気環境の規定に先立ち，居住空間に相応しい熱環境性能の規定を行った上で，必要外気量を定めている．不幸なことに，わが国の建築基準法には一般住宅が備えるべき温度保持レベルの規定がない．先に述べた基礎室温の確保は，あくまで今後の熱環境の保持に必要となる目標の提案(著者の私案)であり，カナダの住宅基準法やフィンランドの建築基準法に規定されている室内設計用温度と同一のテーブルで論じることはできない．

　それゆえ，本州以南の住宅性能水準の現状と暖房習慣にも配慮しつつ，熱環境と空気環境の整合性を考えると，生活空間や非生活空間に対し，次のような整理が必要になってくる．

　①高気密化された居住室(生活空間)にあっては，ガラス窓面における結露防止を可能にする基礎室温が居住空間全体に行き渡るように，また，で

きるだけ生活空間の時間的・空間的な温度むらが生じることがないように，屋内全域を対象とした暖房空間を実現させた上で，供給された必要換気量によって，減湿や調湿(結果的に結露の防止を含む)を可能にする空気・熱環境の計画に努めなければならない。

②壁内空間・床下空間・小屋裏空間(非生活空間)等にあっては，結露による腐朽汚損の直接的な視認が難しい。それゆえ，断熱化によって低温化が必然となる部位や空間内部には結露が生じないように，気密化と防湿のためのバリアを実現した上で，バリアの断点を漏出した水蒸気による実害が生じないように，通気層や非生活空間に低湿外気が流入するような，湿気の外へのリリースが円滑に行われるような工夫がされていなければならない。

2章　空気の動きを探るための工夫

　　2.1　ミクロにとらえた空気流動
　　2.2　マクロ把握に必要な空気の色付け
　　2.3　瞬時一様拡散
　　2.4　トレーサガス(tracer gas)の放出量とガス濃度

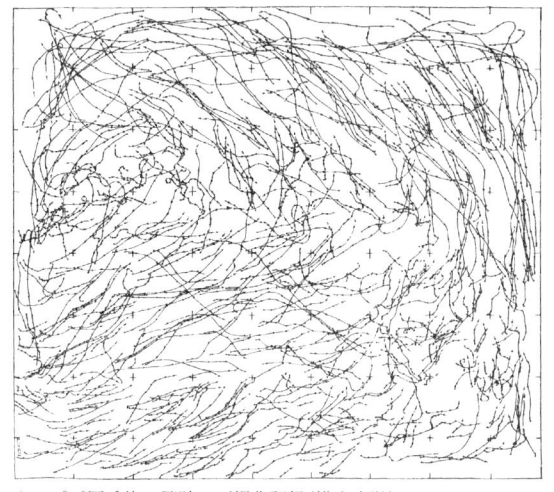

タンポポ冠毛片の飛跡の可視化記録(横山幸弘)

時々刻々，気象衛星から送られてくる雲の映像は，地球規模の大気循環を知らせてくれる。川面に落ちた一葉の動きもまた，淵か急流かを知らせる手掛かりになる。幼子のくわえたストローの先から生まれたシャボン玉は何を知らせてくれるのか。

空気の動きを観察する方法には，流れをミクロにとらえるオイラー的な手法やラグランジェ的な手法，流れをマクロにとらえるトレーサガス法がある。オイラー的な手法では，対象空間をいくつかの仮想小領域に細分後，その細分領域へ流入する諸量を計測し，質量収支を把握する。ある定点で計測された温度や速度の変動情報は，オイラー的な把握の基本量となる。オイラー的な事例として，温度変動情報に基づいた乱れ規模の推定法や Particle Image Velocimetry(PIV：粒子画像流速測定法)を紹介する。ラグランジェ的な手法では，流体中の特定の粒子に注目し，その粒子の経時的な移動情報から流れの様相を把握する。対象空間が，小規模乱流であればトレーサパーティクル(Tracer Particle: TP)の寸法を適当に選択することによって，乱れの実態そのものの入手は難しいけれども，いくつかのトレースの時間空間平均操作によって流線に近い概略的な流れの全体把握が可能となる。

　本章では，白煙，タンポポ冠毛片，気球等を TP とした視観察法を紹介し，建築諸空間におけるラグランジェ的な手法の有用さと共に，定量化に向けた限界について検討を加えている。細分された仮想小領域よりさらに大きな空間領域の質量収支，例えば，隣接空間から対象空間へ流出入する空気量というようなマクロな流れに適用されるトレーサガス法では，その流れに対し一様均一な色付け(トレーサガスの混入)の工夫が求められる。それを踏まえて，空気の移動量の把握に欠かせないトレーサガスの放出量とガス濃度の関係，さらにトレーサガス法の拠り所となるトレーサガスの瞬時一様拡散に言及している。

2.1　ミクロにとらえた空気流動

(1)温度変動から推定した速度分布と乱れ規模
　熱対流を伴った空気流れを解析対象にした場合，その空間内には必ず温度むらが存在する。また，主要な居住域では，気流速度が 0.5 m / s 以下，できれば 0.2 m / s 程度に抑えられた室内気候の計画が望まれている。このような緩速気流場において熱線型の微風速計を用いて気流の速度変動を計測し，乱流強度や乱れ規模を導き出すことは非常に難しい。対象空間をいくつかの

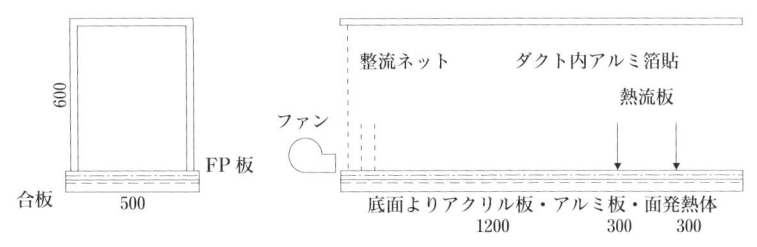

図2-1 実験ダクトの詳細
300 mm 離れた2箇所の熱流板中央の法線方向に FL＋10，30，60，100，150 mm で温度変動測定

　仮想小領域(直交格子)に細分後，ある小領域でトラバースされた温度変動情報から，時間・空間相関を求めると，平均気流速度や乱れ規模の推定が可能になる。
　底面に面発熱体を貼り付けた開口断面 500×600 mm・長さ 1800 mm のダクト流れを対象にして，底面近傍の温度変動を測定し，時間遅延による速度分布を推定した。時間遅延 $\Delta \tau$ は，上流と下流の2点で同時刻に温度変動を測定し，上流側の変動情報をサンプリング時間間隔毎に移動させた際の空間相関の極大値を示すまでの時間として得ることができる。2点間の平均速度 v は距離 Δx と先の時間遅延 $\Delta \tau$ から推定することができる。

$$v = \Delta x / \Delta \tau \tag{2-1}$$

　底面近傍の温度変動を図2-2に示す。底面から5 mm 上方の変動は，周期の長い変動の上に不定期的に現れる粗い変動と微細な変動が交互に現れているように見受けられる。底面から上方に遠ざかるにつれて変動波形の振幅は小さくなってゆき，不定期的に現れる粗い変動と微細な変動が交互に現れるというよりもアトランダムに組み合わされたような流れ方を示す。
　この測定結果を用いた時間遅延法による推定速度と，熱線型微風速計で計測した速度を比較すると，壁のごく近傍の低速域では，時間遅延法による推定速度の方が低目に算定された。熱線型微風速計では，低速域における熱線自身の自然対流による影響は補正されるようになっている。それでも，低速

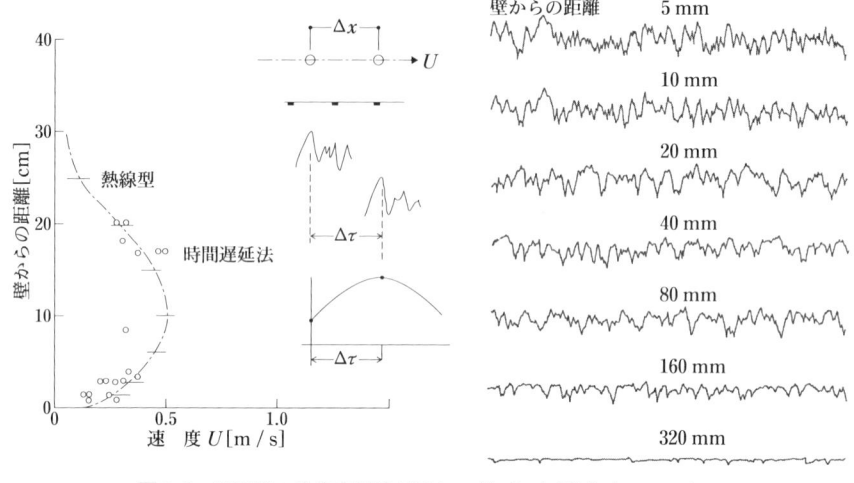

図 2-2　壁近傍の温度変動及びそれに基づいた速度プロファイル

域における測定誤差の増大が避けられないと考えると，温度変動を用いた時間遅延法はそのような補正操作を必要としないので，推定結果の妥当性は高いと思われる。

図 2-2 に示した温度変動の空間相関は，測点 0 の温度変動を T_0，流れ方向に直交し ΔL 離れた測点 y の温度変動を T_y としたとき，次のようになる。

$$R_{y \cdot \Delta L} = (\sqrt{T_0 \cdot T_y}) / \left(\sqrt{\overline{T_0}^2} \cdot \sqrt{\overline{T_y}^2}\right) \tag{2-2}$$

同様に流れ方向についても，ΔL 下流の測点 x の温度変動を T_x とすれば，流れ方向の空間相関は次式で入手できる。

$$R_{x \cdot \Delta L} = (\sqrt{T_0 \cdot T_x}) / \left(\sqrt{\overline{T_0}^2} \cdot \sqrt{\overline{T_x}^2}\right) \tag{2-3}$$

気流の温度変動の空間相関を図 2-3 に示す。起点 0 から遠ざかるにつれて相関値はほぼ直線的に減少し，変動の共通的な性状が希薄になってくることが推察される。

壁近傍の乱れ規模 Λ は空間相関の距離積分によって推定することができ

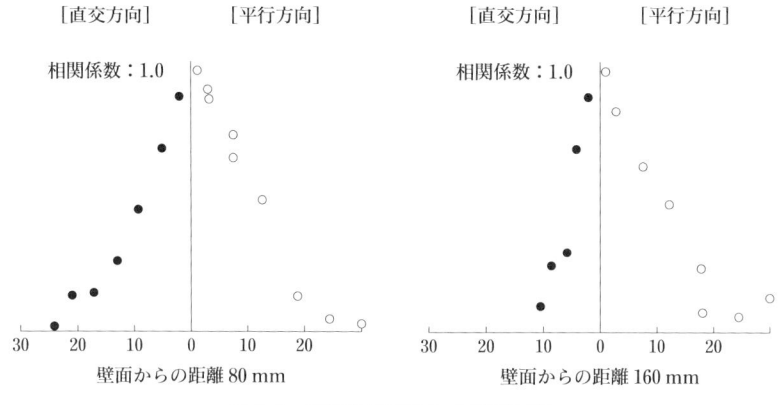

図 2-3　壁近傍温度乱れの空間相関

る。

$$\Lambda_y = \int_0^\infty R_{y \cdot \Delta L} \mathrm{d}y = \int_0^{\Delta L_y^*} R_{y \cdot \Delta L} \mathrm{d}y \quad R_{y \cdot \Delta L}(\Delta L_y^*) = 0 \tag{2-4}$$

$$\Lambda_x = \int_0^\infty R_{x \cdot \Delta L} \mathrm{d}x = \int_0^{\Delta L_x^*} R_{x \cdot \Delta L} \mathrm{d}x \quad R_{x \cdot \Delta L}(\Delta L_x^*) = 0 \tag{2-5}$$

相関値を直線近似し，横軸との交点までの距離と縦軸による直角三角形の面積を乱れ規模と仮定する。図 2-4 に示す流れ方向に直交する乱れ規模は，底面からの距離の増大に伴って増大傾向を示すが，100 mm を超えると低下する様子を示す。この厚さを境界層厚さと考えることができる。その理由は，流れに平行な乱れ規模の場合，底面より 100 mm を超えても低下する様子を示すことがないからである。

実大規模の模型室で行われた同様の実験結果を重ね合わせると図 2-5 に示すようになる。建築空間内の熱伝達率を測定している研究者の多くは，100 mm までを熱伝達層と考え，その外側を室内側としている。温度変動の乱れ規模による推定結果においても，100 mm までを壁面の粘性拘束域，100 mm を一様乱流域の外縁，それより室空間規模の 1／15〜1／16 までを乱れ規模の増大域，それ以上は室空間規模の拘束域としたが，その乱れ規模は室高さの 1／10 を超えない。

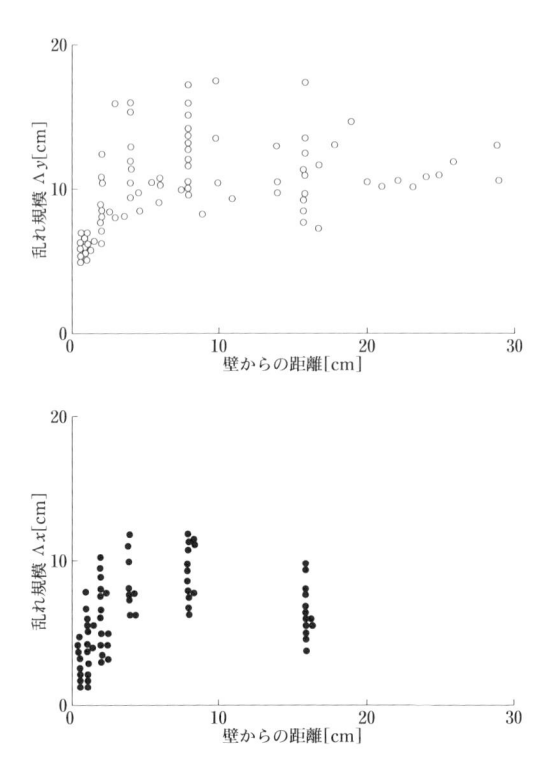

図 2-4 流れに平行な方向(上図：y)と流れに直交する方向(下図：x)の乱れ規模

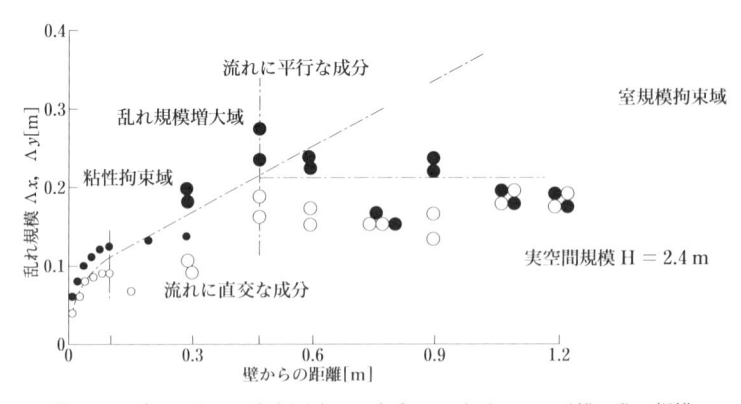

図 2-5 ダクト流れ，実空間流れを合成した壁面からの距離と乱れ規模

数値計算(CFD)より流れを把握しようとする場合，壁からどの程度離れると一様乱流と仮定できたり，壁近傍まで一律の寸法で分割を設定したりすることができるのか，あるいは壁近傍は室中央部より細分化すべきなのか，またどの程度の空間分割が妥当か，が最大の関心事になる。壁近傍の温度変動の空間相関を拠り所にしたこの実験結果によれば，一様乱流仮想外縁(熱伝達層厚)の2倍のオーダーで，壁近傍の分割距離を決定することが可能なことを示唆している。

(2) 噴霧ミストの画像処理から推定した速度分布

観測対象域の気流速に比べて，その流れに噴霧したミスト(mist)の終速度が極端に遅く，非拡散性のレーザー光による個々のミスト粒子の時間的な推移の撮影が可能な場合には，可視化法を用いた2次元速度情報の入手(可視化画像流速計測法：Particle Image Velocimetry / PIV の適用)は，それほど困難なことではない。

相互相関 PIV 法では，ごく短時間に撮影した2画像間の局所的な濃度パターンの類似性を相互相関により推定し，そのピーク位置から移動量を定めることができる。先の(1)では，壁近傍における上流と下流の2点で同時刻的に温度変動を測定し，上流側の変動情報をサンプリング時間間隔毎に移動させた際の空間相関の極大値を示すまでの時間遅延 $\Delta\tau$ を用いた速度計測法を紹介したが，相互相関 PIV では，先の1次元的な空間相関操作を画像全域で行っていると考えれば良い。

アトリウムのような屋内公開空地は，池や滝などの水辺を付設することが多い。その池や滝を冷却流水面化すると，その水面で水蒸気を凝縮させたり，近傍空気を冷却させたり，低温水面との間で放射冷却効果を期待できたりするので，開放・露出(デシカント)型の空気調和装置としての援用活用が可能になる。冷却流水面化によって水面からの蒸発量が抑えられるばかりでなく，水面における凝縮も加わって，循環空気中の潜熱除去熱量が軽減されるので，メインの空調設備容量が縮小されるばかりでなく，冬期の結露害の軽減も可能になってくる。

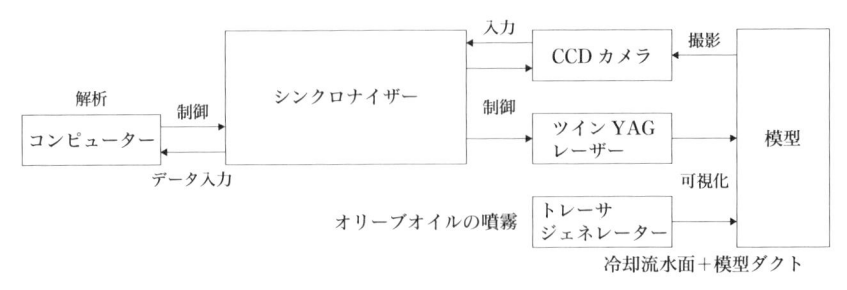

図 2-6　測定システムの概要

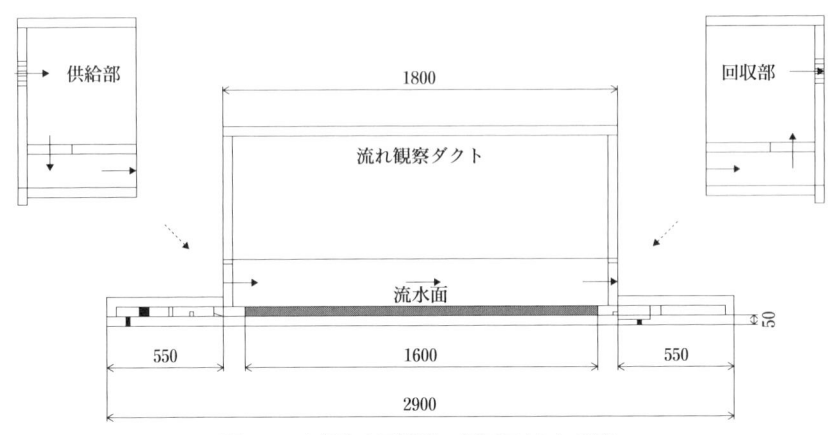

図 2-7　冷却流水面模型・断面図（山本英輔）

　そのような開放冷却水面を利用した涼房システムを検討するためには，流水面における物質伝達機構を探る必要がある。制御と記録・同調・投光と撮影・ミスト供給からなる計測システムを図 2-6 に示す。間口 0.625 m，奥行 1.6 m の流水面の上に設置した簡易ダクトを図 2-7 に示す。ダクトの両端には，取り外し可能な供給と回収のアタッチメント部を工夫し，PIV による水面近傍の気流速分布の計測を試みた。給気は左端アタッチメント部経由で行われ，整流後，流れ観察ダクトの水面にそって流れた空気は，右端の回収部経由で再循環する。

　図 2-8，図 2-9 に示す流向ベクトル分布の画面は，水面のごく近傍で 0.07 × 0.07 m の大きさになっている。推定には，多量の相関計算を行うため，

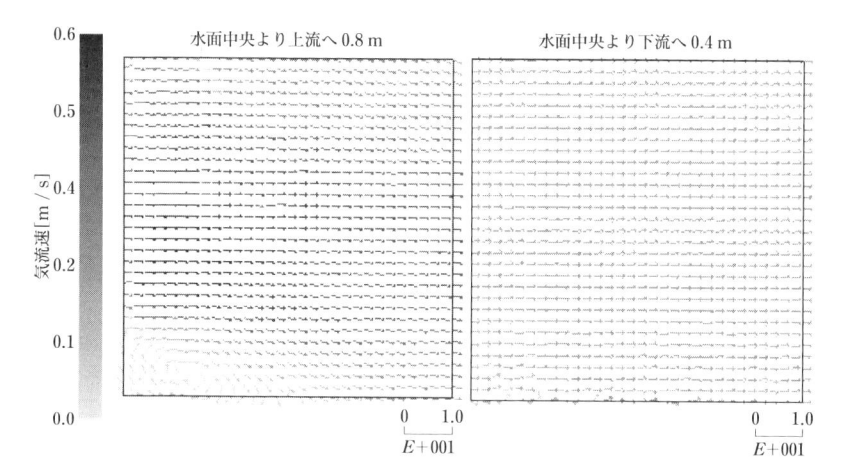

図 2-8 吹き出し速度 0.097 m/s，流水温 19.8°C，空気温湿度 24.9°C，RH 33.4%（森太郎）

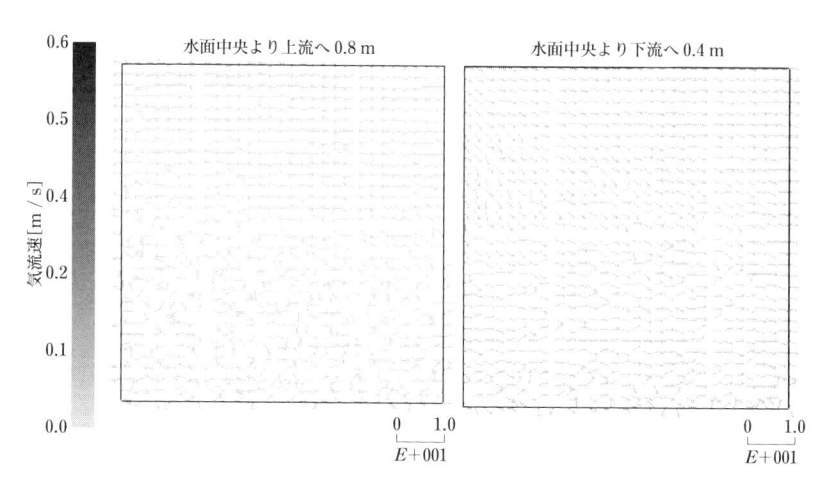

図 2-9 吹き出し速度 0.022 m/s，流水温 21.1°C，空気温湿度 23.5°C，RH 46.7%（森太郎）

またレーザー光源(20-150 mJ)を用いたライトシートの明るさにも限度があるため，今のところ，小断面を対象にした速度計測にならざるを得ない状況にある。同時刻測定ではないが，恒常系にある場合，重ね合わせによって全体の流れの様子を把握できる。

可視化に際し，気流の流向と流水面の流向は同一の平行流(図に向かって左から右)としている。

吹き出し口断面の推定平均速度が0.1 m／s程度の場合，吹き出し口付近の水面近傍で，反時計回りの渦の存在が認められ，水面の法線方向の速度むらは大きい。後流水面では，水面のごく近傍を除き，速度むらは緩和され，図に向かって左側から右側へ流れる平行流となっていた。

吹き出し口断面の推定平均速度が0.02 m／s程度の低速になった場合，吹き出し口付近では，図に向かって左側から右側へ流れるのではなく，反対に右側から左側へ流れる様子を見せている。水面近傍の空気層厚さ0.03 m以内の部分では流向ベクトルの方向が定まっていない。吹き出し口部分の冷却流水温度が低いので，冷やされた空気は滞留し，吹き出された低速気流はその滞留域に乗り上げる形で滑走しているのであろう。それゆえ，0.02 m／s程度の気流速では，冷水面上に生じた滞留域を解消できない，と推定される。後流部分になると，滞留域と思しき部分の層厚は薄くなり，図に向かって左側から右側へ流れる平行流域が出現する。

このように，水面上の空気のごく薄い層を対象にした流れ(小領域の流れ挙動)を把握のためには，PIVが優れて有用であることが確認できた。しかし，1 m長の全体像を知るには十数回の切り出し画面が必要となってくる。このような切り貼り操作を必要とする限り，対象域全面の同時刻的情報の入手は相当に難しい。

(3)白煙を用いた熱対流速度の推定

線香などから立ち上る白煙やスモークワイヤーから放出された白煙を視観察すると，ラグランジェ的な空気流れを簡便に把握できる。ただし，加熱によって白煙を放出した場合には，周囲空気との間で働く浮力の影響補正が欠かせないし，白煙からの反射光量も少ないので，投光と撮影に一工夫が必要

2章 空気の動きを探るための工夫　41

単振動発煙端・立面

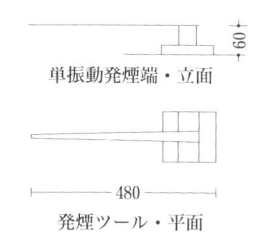

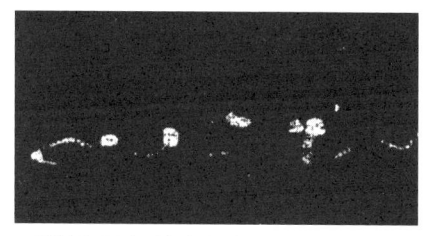

発煙ツール・平面
480

単振動発煙の軌跡(写真による測定判定)

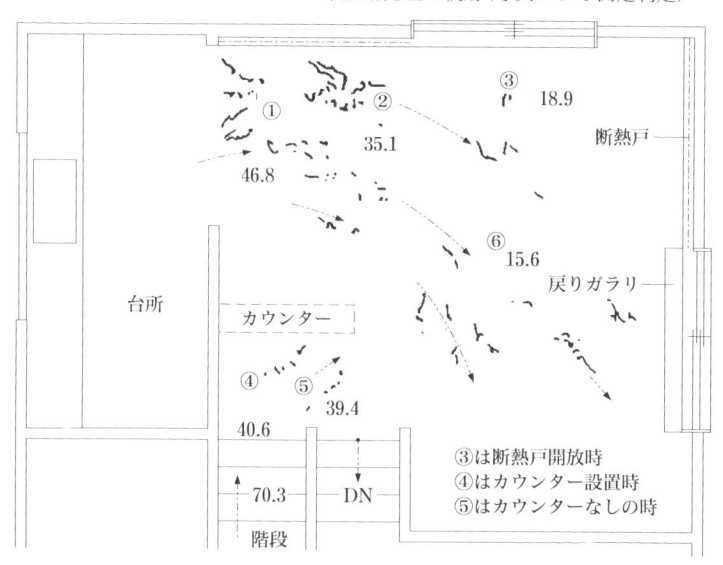

図 2-10　温気暖房住宅居間(夜間)の床面近傍の流向・流速分布(流速 cm / s)

③は断熱戸開放時
④はカウンター設置時
⑤はカウンターなしの時

になってくる。
　地下室にストーブを設置した実験住宅(1977年)の測定事例を図2-10に示す。温気の循環だけで上階居住部の暖房が可能かどうか，居間床面の気流分布から検討を加えた。床面にそった空気流れの流向は，黒布を床全面に敷き詰め，脚立を使用して上方から線香の白煙を撮影することで入手できる。水平速度は，単振動板の先端に発煙物を取り付け，白煙の軌跡を撮影すると，振動周期(時間)と移動距離から速度を得ることができる。2階居室経由の温気の還流は，中央階段を 0.7 m / s 前後の速度で流下することが確かめられた。2階居室からの還流冷気が，居間の床面に流入後に拡散することを防ぐ

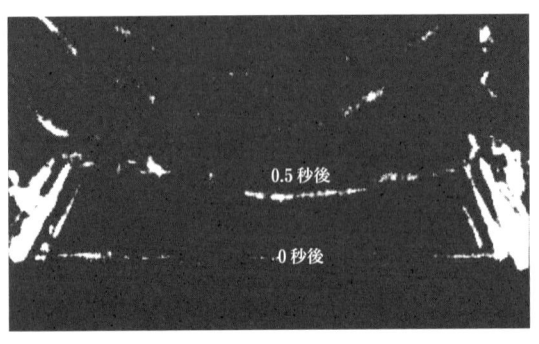

内外温度差：0[deg.]
ワイヤーへの供給電圧：90[V]
通電時間：1[m sec]
測定位置：下端より 0.415[m]
発光回数：2[回／sec]
撮影条件：F 1.4, 50[mm]開放
フィルム：ASA 400（22 倍増感）
投光幅：20[mm]

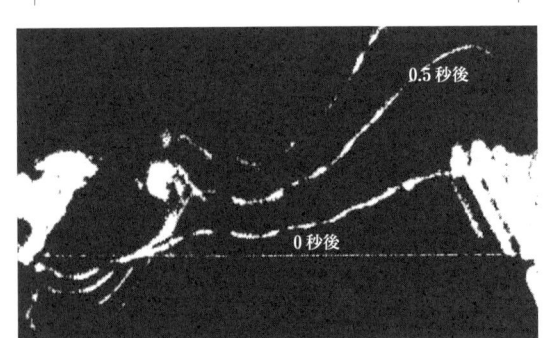

内外温度差：6.7[deg.]
ワイヤーへの供給電圧：90[V]
通電時間：1[m sec]
測定位置：下端より 0.565[m]
発光回数：4[回／sec]
撮影条件：F 1.4, 50[mm]開放
フィルム：ASA 400（22 倍増感）
投光幅：20[mm]

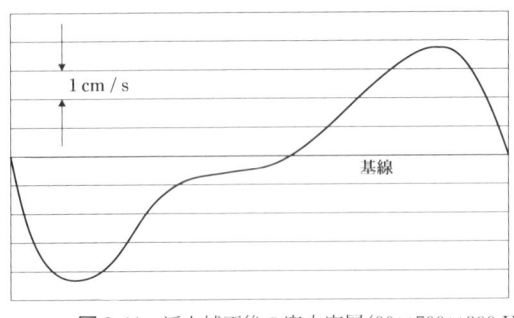

内外温度差 0 の白煙の浮力移動距離を用いて補正すると，中空層内の速度分布を入手できる．基線を基準にして，上向きと下向きの通過流量を比較すると，5%の範囲で一致したことから，浮力補正が有意であることが確認できた．

図 2-11　浮力補正後の窓中空層（90×700×900 H）内速度分布（羽山広文）

には，1階踊り場にカウンターの設置が欠かせない。

　また，副暖房空間である台所から床面にそって還流する最も早い気流速が 0.5 m / s 弱に達したことを考え合わせると，ストーブ1個による全屋暖房は，例え温度の充足が満たされたとしても，かなり難儀になると思われる。このような推論は，床面にそった流向・流速のビジュアルな測定法を用いたがゆえに得ることができたのであって，熱線微風速計による計測では，難しかったと思われる。白煙の可視化計測の利点は，流向と流速を同時に得ることができ，熱対流空間の特徴である 0.1 m / s 以下の緩速気流場においても，その速度を簡便に推定できるところにある。次に，ガラス窓中空層(3-90-3)の気流速分布の測定事例を紹介する。極細のワイヤーに流動パラフィンを塗布後，通電・加熱し，断続投光によって白煙の移動を撮影記録した。

　小空間を対象に，このような白煙の浮力補正を前提にした場合，スモークワイヤー法を用いた簡便な気流速度情報の入手はそれほど難儀なことではない。

⑷ タンポポ冠毛片や炭酸マグネシウム粉を用いた熱対流循環の視観察

　居室に存在する浮遊粉塵(dust)をそのままトレーサパーティクル(Tracer Particle: TP)とすると，白煙の浮力や希釈の影響，後続粒子による撮影障害を避けることができる。しかし，PIV 法のところで紹介したように，浮遊粉塵では視観察対象が小空間に限定され，実大空間への適用は難しい。その一方で，反射光量の多い人工の TP を使用すると終速度(重力)への配慮が必要になってくる。

　暖房した実大室(2700×3600×2400 H)にタンポポ冠毛片を放出したときの飛跡のトレース結果，及びそれに終速度補正を加えた循環流れを紹介する。

　長辺の中央部から 1800 mm 離れた位置でタンポポ冠毛片の1飛跡の移動を1秒毎に OHP フィルムに手書き記録，それを重ね合わせると，図2-12 に示すような 2700×2400 mm 断面の飛跡記録を入手できる。この冠毛片の飛跡記録には，重力の影響が加わっているので，次のような操作で，終速度を推定した。

① 測定対象空間を 9×8 個の小領域(150×150 mm)に分割し，その領域内

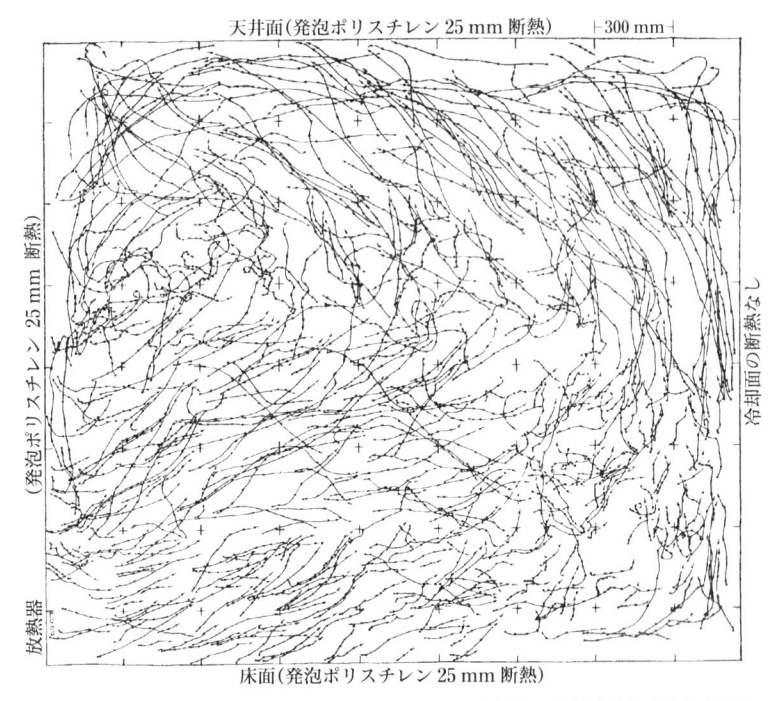

図 2-12 タンポポ冠毛片の飛跡から見た実大暖房空間の熱対流状況(横山幸弘)

の飛跡記録を水平・垂直方向に分解し,その平均値を時間・空間平均流速とする。
②水平方向の速度ゼロの界面を決め,境界面上のあるポイントから床面との間の通過流量を算定する(放熱器からの距離で対流循環量 Qu を得ることができる)。
③水平方向速度ゼロ界面上のポイントを基点に冷却面との間の下向き流量と②の対流循環量が等しくなるように,タンポポ冠毛片の終速度を算定する。

手書き記録に基づいた水平速度ゼロ界面下の断面を流過する水平方向流は,図 2-13 に示すように,3 回の測定流量とその推移パターンに,それなりの再現性が認められた。タンポポ冠毛片の個体差や,緩速流域とそれ以外の領域で渦動粘性係数が大幅に異なる場合の影響を考えると,対象空間全域で終

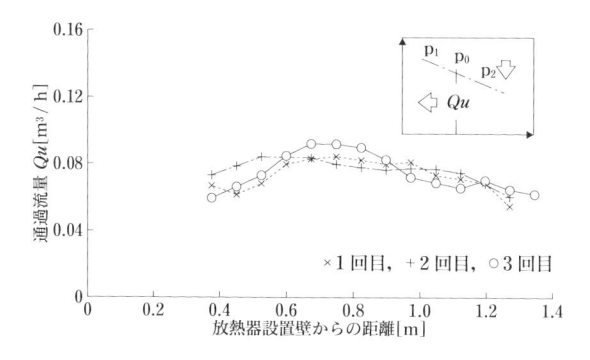

図 2-13 水平速度ゼロ界面下断面の水平方向流量(横山幸弘)
$Qu=\Sigma u\Delta h$：速度ゼロ界面上のポイントを基点とする通過流量は，少領域平均の水平または垂直速度と少領域の高さまたは幅の積として算出．内外温度差 10.3℃，上下温度差 2.3℃

速度を一定と仮定すること自体，多少のリスクを覚悟しなければならないが，水平と垂直方向の流量平衡から冠毛片の終速度は概ね 5 cm / s と推定された．

先のような仮定と作業の下で推定された終速度を用い，タンポポ冠毛片の飛跡記録を補正すると，図 2-14 に示すような循環流れ(熱対流)の情報を入手することができる．冷壁面にそって下降した気流が床面にぶつかった後に，上昇傾向を示すことはリーズナブルと思われるが，その後の床面にそって放熱器の設置方向に移流する速度ベクトルにも上向き成分が加わって表現されていることは，極めて不自然といわねばならない．この結果は，緩速流域とそれ以外の領域で渦動粘性係数が異なっているにもかかわらず(それに伴って終速度も当然異なってくる)，緩速流域も含め，終速度を一律に補正したことによる影響であろうと思われる．

しかしその一方で，流れ場における終速度の不均一性を念頭に置き，熱対流型の気流場の視観察に試みた一律補正はまた，実大規模に近い空間の時間・空間平均流速を簡便に入手できる視観察法の可能性を大いに広げている，という解釈も成立する．

次に，上方に 1 面開口を有する温度積層模型空間(750×950 H)を対象にして，炭酸マグネシウムの微粉末を TP とした視観察の一事例を紹介する．

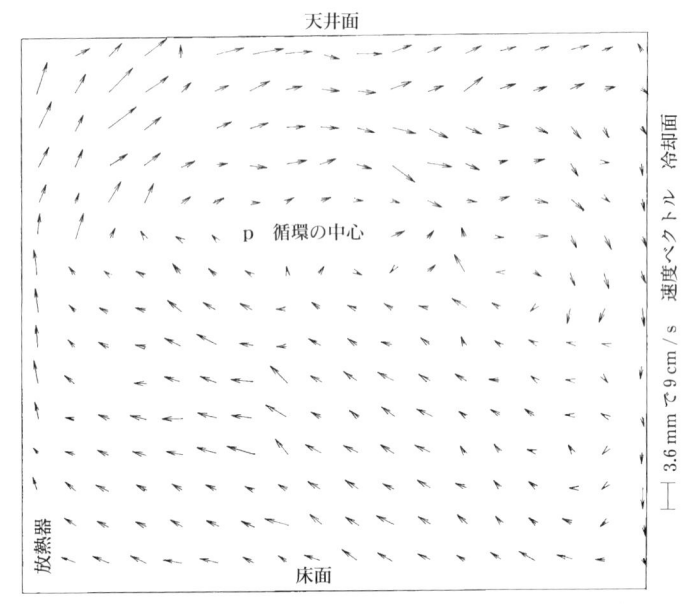

図 2-14　タンポポ冠毛片の終速度補正後の循環状況(横山幸弘)

　レーザー光源を連続発光させながら，2種の遮断時間を持つシャッターを用いて観測断面を照射すると，その遮断時間に反比例した TP の露光飛跡を得ることができる。それらの飛跡群をスライド用フィルムに撮影し，スライド用プロジェクターで投影再生すると，撮影対象断面の拡大率を任意に選択しながら微粉末飛跡の原記録を整理することができる。

　次いで，その断続的な露光飛跡から小領域(8×10 mm メッシュ)の水平・垂直方向の平均速度を算定すると，終速度が加わった少領域毎の速度ベクトルを得ることができる。下向き速度が概ね等しいと思われる領域の平均値を終速度とし，その終速度が対象空間全域にわたって一定，と仮定することができれば，暖房空間の熱対流循環の視観察にタンポポ冠毛片を TP として用いた時と同様の操作で，視観察全領域の気流分布を補正することができる。

　上方開放熱対流型換気の視観察対象の模型空間は，中立軸より下層部は外気温より低温，中立軸より上層は外気温より高温に設定されている。図2-15 に示した気流分布を見ると，上方開放された開口から流下する冷外気

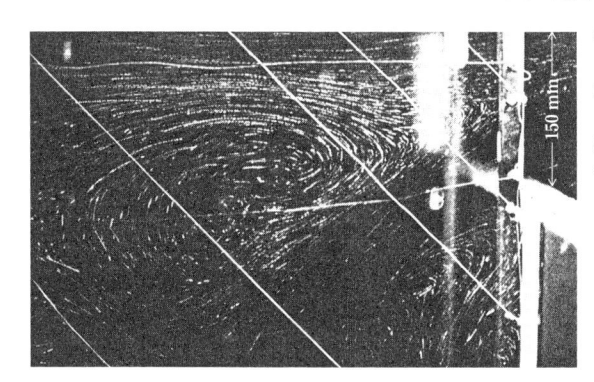

2章 空気の動きを探るための工夫　47

光源：Model 2101 アルゴンレーザー断続投光, 投光幅：20[mm], 開口高：150[mm], フィルム：カラーASA1600, 撮影条件：F1.4, 50[mm]開放, TP供給：外部の瞬時放出

上方開口付近の飛跡記録

2.5 mm で 1 cm / s

開口

速度ゼロ界面
冷気侵入限界
中立軸

飛跡原記録　　少領域平均速度　　補正後の平均速度

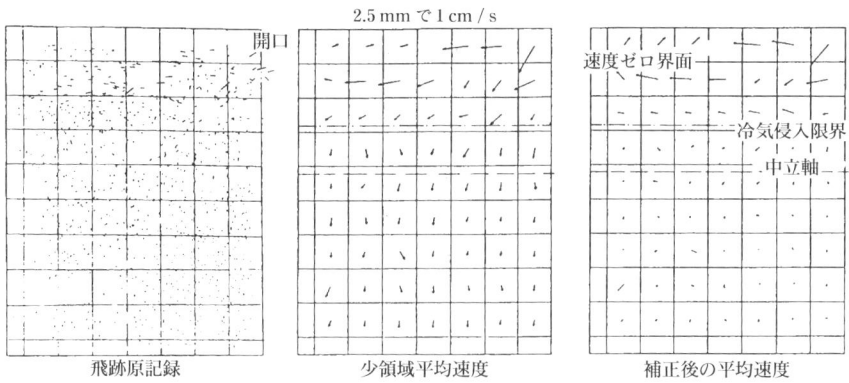

図 2-15　微粉末を使用した場合の終速度補正と補正後の平均速度（河野光治）
床面積当り供給熱量 43.4 W / m²，床面冷却量 31 W / m²

は，その中立軸より上部の冷気侵入限界線を超えないことがわかる。上方の1面開口部は，拡大した写真に示すように，その上部が温気の排出域，その下部が冷気の流入域になっており，排気流れと流入外気の間に速度ゼロ界面が存在していることがわかる。

　このような熱対流型換気の視観察の検討から，居住域空調時に現れる安定した温度成層を利用すると，下層域の冷気の積層を損ねることなく，上方開放開口を通じて空間上部の照明発熱を自然換気動力として排熱し，それと同時に冷房負荷や搬送動力費を削減させる空気調和計画の可能性が見出されてきた。温度成層破壊のリスクが少ない，非拡散の排熱計画が可能ならば，デ

スプレイスメント型の空気調和と上方開放 1 面開口熱対流型換気は両立するに違いない。

(5) 重力に平衡した自由浮遊バグによる気流動の可視化

タンポポ冠毛片や炭酸マグネシウムを TP とすると，重力の影響に配慮しなければならない。例えば，気象観測用のゴム気球に He ガスを適当に充填させると，容易に自由浮遊バグを入手できるが，その使用は等温空間に限定される。しかし，周囲空気との温度差から生じる密度の時間・空間的な変化に追随できるように，気球に He ガスを未膨張状態に充填し，温度差の影響を軽微にする工夫をすれば，非等温空間を対象にした重力に平衡した自由浮遊バグが成立する。ガスバリアー性能の高いエチレン・ビニルアルコール共重合樹脂にアルミニウムを蒸着したフィルムを用いてバグを作成し，He ガスを未膨張状態で充填すると，気球の内外に生じる圧力差は，バグ膜の出入りによって吸収・解消される。また，アルミニウム蒸着面は日射や周壁との間の放射熱授受の影響を軽減させる。未膨張ゆえに機能する自動・自律的な重力平衡メカニズムによって，周囲空気とバグの間の圧力差が解消されると，非等温空間を対象にした自由浮遊バグとしての使用が可能になる。

未膨張バグを自由浮遊させるためには，バグフィルムの総重量と He ガスの充填による浮力が平衡しなければならない。正四面体で 1 片長が 20 cm～60 cm の未膨張バグを想定して，自由浮遊の程度を検討すると，30 cm 以上の辺長を必要とすることがわかってきた。体育館やアトリウム等の大規模吹き抜け空間における気流動の可視化では，その寸法の TP である方が有利であることをも勘案し，1 辺：43 cm，重量：8～9 g，体積：約 9370 cm^3 のバグを複数自作した。

次のような仮定と工夫によって自由浮遊バグの 3 次元的な位置の推定を行った。

① 1 台のデジタルビデオカメラの情報から，浮遊バグの方位と高度が入手できる。

② 2 台のデジタルビデオカメラからバグに向かって伸びる 2 直線の交叉点

2章 空気の動きを探るための工夫　49

に浮遊バグが存在する。
③デジタルビデオカメラのレンズを魚眼レンズにすることで，視観察対象空間全域の浮遊バグをとらえることができる。
④撮影した画像の中心からの距離と，TPとカメラの焦点を結ぶ直線がカメラの法線ベクトルとなす角とが，比例関係を有している。

これらの性質を利用すると，カメラ1の画素数(600×480 pixel)内のTPの位置情報(x_1, y_1)から，カメラ中心とTPを結ぶ直線のベクトル Ve_1 は次のようになる。

$$Ve_1 = \{(x_1 / D_1), (y_1 / D_1), (1 / \tan \theta)\}, \ (x_1 / D_1)^2 + (y_1 / D_1)^2 = 1 \quad (2\text{-}6)$$

$$D_1 = \sqrt{x_1^2 + y_1^2}$$

$$\theta = (D_1 / D_{max}) \theta_{max}$$

ただし，x_1, y_1：サンプリングされた座標(x, y)，D_{max}：画像の対角線距離(pixel)，θ_{max}：セミフィッシュアイレンズの最大角度

$$Ve_2 = \{(x_2 / D_2), (y_2 / D_2), (1 / \tan \theta)\}, \ (x_2 / D_2)^2 + (y_2 / D_2)^2 = 1 \quad (2\text{-}7)$$

$$D_2 = \sqrt{x_2^2 + y_2^2}$$

上記の操作でベクトル Ve_2 が確定されることにより，2台のデジタルビデオカメラの位置($x_{(c1)}$, $y_{(c1)}$, $z_{(c1)}$)，($x_{(c2)}$, $y_{(c2)}$, $z_{(c2)}$)とカメラの中心を基準とする2本の直線 L_1, L_2 を想定できたことになる(ただし，(x, y, z)は直線上の任意の点とする)。

$$L_1: \{x - x_{(c1)}\} / Ve_{(x1)} = \{y - y_{(c1)}\} / Ve_{(y1)} = \{z - z_{(c1)}\} / Ve_{(z1)} \quad (2\text{-}8)$$

$$L_2: \{x - x_{(c2)}\} / Ve_{(x2)} = \{y - y_{(c2)}\} / Ve_{(y2)} = \{z - z_{(c2)}\} / Ve_{(z2)} \quad (2\text{-}9)$$

測定誤差等の影響を勘案すると，2直線 L_1，L_2 の交叉点が直接的に自由浮遊バグの想定位置となるとするのはあまりにも楽観的で，実際は，2直線が最も接近する位置(点)の中央を浮遊バグの位置と仮定した。

最も接近する2点間を結ぶ直線 L_3 は，先の2直線 L_1，L_2 とお互いに直交する。

$$Ve_3 = Ve_1 \times Ve_2 \qquad (2\text{-}10)$$

$$L_3 : \{x - x_{cross}\}/Ve_{(x3)} = \{y - y_{cross}\}/Ve_{(y3)} = \{z - z_{cross}\}/Ve_{(z3)} \quad (2\text{-}11)$$

(x_{cross}, y_{cross}, z_{cross})は，直線 L_1，L_3 または直線 L_2 と L_3 の交点になる。自由浮遊バグはそれら交点の中央位置として仮定することができる(ただし，(x, y, z)は直線上の任意の点となっているので，それが直線 L_1 の上にある場合は，直線 L_1，L_3 の交点，それが直線 L_2 の上にある場合は，直線 L_2，L_3 の交点となる)。

図2-16は道立総合体育館における浮遊飛跡をトレースしたものである。撮影データの自動追尾を工夫して，3次元空間における飛跡を2次元座標で表現している。

複数のバグ飛跡の自動追尾処理，2台のカメラ位置の任意設定など，観測手法として解決すべき難問は未だ数多くあるが，温度むらのある大規模吹き抜け空間の気流性状把握に欠かせない自由浮遊バグの製作提案とその視観察法，及びデジタルビデオカメラによる飛跡記録の情報整理解析の一端を示した。

軍事方面では，もっとシリアスに3次元的な飛跡の解析把握に努めている。例えば，戦術核兵器を搭載したロケットミサイルの火炎を探知し，その飛行を複数のレーダーサイトで3次元的にとらえ，飛来の時間的な推移を予測し，迎撃ミサイルを発射して破壊しようと構想している。その基礎となるアイデアは自由浮遊バグの飛跡解析手法とそれほど大きく変わるものではないと想像される。

道立総合体育館内での浮遊バグ

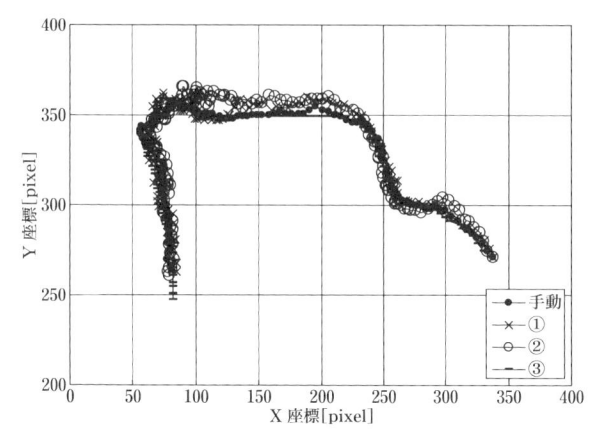

2次元的な座標で示した浮遊バグの飛跡

図2-16 重力に平衡した自由浮遊バグの飛跡整理の様子(森太郎)

①中心規準の分散：エリア内の閾値以下の輝度データの切り捨てを行い，切り捨てられていない輝度データに対し，エリア中心規準の分散をとり，それを類似度指標として利用した。
②重みを付けた中心規準の分散：エリア中心基準の分散の場合，辺縁部の面積が大きくなり，1 pixel 情報密度が中心部と辺縁部とで異なってくる。エリア中心でバグを捉えるためには中心部の情報密度を高めた方がより効果的ゆえに，母集団の数を距離で補正した。
③三点の分散：エリアの中心だけでなく，エリアの端点でも①と同様の分散をとり，それぞれの値を比較した。

2.2 マクロ把握に必要な空気の色付け

　重力に平衡した自由浮遊バグによる視観察は，空間の全域を観測対象としながら，その一方で，視観察対象空間の一部の領域にしかTPが飛来しない恐れもあることから，大雑把な意味でマクロ把握になるのではないか，また全域を視観測対象としたことでマクロ把握になるのではないか，と考える向きもあるかも知れないが，空間内の各々の場所でどのような流れ方をしているかという流れの詳細記述を解析の目的としている点では，流れ場のミクロ把握と考えなければならない。

　流れ場のマクロな把握は，解析対象空間の大小には関係なく，その空間全域を平均化して，一つの塊としてとらえるところに特徴がある。例えば，対象空間がある濃度のガスに満たされていて，ある時刻に開口部が開放され，別のある濃度のガスが流入する状況を想定してみよう。別のガスが流入したとしても，最初に満たされていたガスと流入したガスに混合が起こらなければ，最初に満たされていたガス濃度で占められている領域が経時的に減少し，やがては全域があるガス濃度の流入ガスに置換されることになる。それぞれの領域を占めたガスの濃度に変化が現れることはない。しかし，実際には，対象空間に別のガスが流入した時点から，拡散・混合が始まり，最初に満たされていたガスの空間平均濃度は減少し続け，時間が十分に経過すると，最後は濃度ゼロに到達する。

　マクロ把握においては，対象空間内にガスの濃度むらが存在していたとしても，その存在を解析対象にしないことが多い。最初に満たされていたガスと流入ガスの希釈混合を前提にして，最初に満たされていたガスの空間平均濃度の減衰から，流入空気量を把握しようという立場が，マクロ把握になる。

　この論拠は，流入ガス量が多ければ多いほど，最初に満たされていたガスの空間平均濃度の減衰が速やかに生じ，その経時的な濃度変化の推移から，流入空気量を推定することが可能になる，というところにある。もちろん，流入ガスの立場に立っても，同様の論述が可能になる。ある濃度のガスの流入によって，対象空間に流入するガス濃度は上昇し，最終的に空間濃度は到

達濃度に達し，やがて濃度変化のない状況が出現する．その流入ガスの濃度上昇は，流入ガス量が多ければ多いほど，速やかに到達濃度へと推移するので，その経時的な濃度変化から，流入空気量を推定することが可能になる．

マクロ的な立場では，最初に満たされていたガスの空間平均濃度減衰の推移に注目しても，別のある濃度のガスが流入する際の空間平均濃度上昇の推移に注目しても，全く同一の解析結果になることを前提にして，対象空間への流入空気量を解析する．そのためには，最初に満たされていたガス，あるいは流入させたガスのいずれかを用い，対象空間の空気に色付けして，その濃度変化を観察しなければならない．この色付けに使用されるガスをトレーサガス(tracer gas)という．

トレーサガスとして使用するための条件として，次に示すように
①人体に安全で，火災や爆発の恐れがない．
②入手し易く，ガス濃度測定器が安価に購入できる．
③測定対象空間に多量に存在していない．
④測定時に吸着(吸収)や放出が少ない．
等々，測定に支障が及ばないことが肝要になってくる．

例えば，水を気化させても，一般的には生活空間や人体に支障が出る恐れはない．水蒸気(H_2O)の入手は容易であり，測定対象空間の相対湿度と空気温度を温湿度計で計測しさえすれば，絶対湿度(kg／kgDA)をトレーサガス濃度として用いることはできるが，周囲に水蒸気が存在している上に，一種の間接測定となることから，精度面の向上は大変困難なものとなってくるだろう．また，窒素ガス(液体窒素)や酸素の入手は容易であり，微量を気化(N_2，O_2)させたとしても，人体や安全に支障はないけれども，周囲濃度が80％や20％という高濃度の状況では，測定時の濃度変化に対する十分な分解能を期待することはできない．

一酸化炭素(CO)は外界濃度が低い(0 ppm)．一般的に可燃性で，人体に極めて有毒なガスの一つになっている．複数のメーカーから測定器が開発・市販されており，その購入も容易ではあるが，ピュアガスの購入が難しい上に，人体に対する恕限度濃度(10～20 ppm)，最大濃度(100 ppm)が低く，測定可能な濃度帯域のスパンは狭い．札幌中央市場内で使用されている搬送車

から発生するCO量を推定し、ガス濃度から外気流入量の算定を行ったことがあるが、実空間の測定に際し、有毒なトレーサガスの使用は、相当に高いリスクを覚悟しなければならない。二酸化炭素(CO_2)は毒性なしで不燃といわれているが、高濃度になった場合、全くの無害という訳ではないので注意を要する。また、外気濃度(概ね350 ppm)は、生活活動のリズムに合わせて、昼間高、夜間低の変動をすることに対する配慮も必要となる。しかし、外界濃度と、人体への恕限度濃度(1000～2000 ppm)に至る測定帯域には十分な余裕があり、ピュアな二酸化炭素ガスの購入も容易であることから、トレーサガスとしての使用頻度は極めて高い。

有機系ガス(C_mH_n)の多くは、外界濃度も十分に低く、入手がそれほど困難ではない。例えば、北海道で採炭している現役の事業所は皆無となったが、敗戦後の一時期、数え切れないほどの事業所が採炭を行っていた。災害防止のために常時坑内のメタンガス(CH_4)濃度の測定を行う必要があったため、計測器の購入は比較的容易であった。その当時のレポートに、トレーサガスとしてメタンガス(CH_4)やプロパンガス(C_3H_8)を使用した換気量の実測例を散見できるのは、そのような背景による。しかしながら、実際にガス濃度を精度良く測定するためには、ガスクロ(gas chromatograph)のような高価な計測器が必要になる。また、ある濃度のもとで周囲空気と十分に混合すると、家庭電化製品、例えば冷蔵庫等のスパークで爆発する危険性も皆無ではない。

現在、一般にトレーサガスとして用いられているいくつかのガスを、使用頻度、購入の難易度・価格、ガス濃度の計測機器種、安全性等の項目に分けて整理すると表2-1のようになる。

水蒸気が、温湿度条件に応じて木製建材や家具の表面で吸放湿されるように、一部のトレーサガスは、ガス濃度上昇時には壁材表面で吸着され、ガス濃度下降時に再放出される、ともいわれている。トレーサガス濃度の測定に際し、トレーサガスの供給やサンプリングに使用するチューブ、ガス切替機、ガス濃度測定器を含め、測定系のトレーサガスの吸着・放出には十分な配慮が必要となる。

表2-1　換気量測定に使用されるトレーサガス

種類	使用頻度	購入の難易	濃度測定器	安全性
H_2O	稀	容易	相対湿度計	無害無毒・不燃
CO	極稀	標準ガス・高価	一酸化炭素濃度計 gas chromatograph	有毒・可燃
CO_2	頻繁	容易・安価	二酸化炭素濃度計 gas chromatograph	通常の測定濃度で毒性無・不燃
SF_6	頻繁	容易・高価	6フッ化硫黄濃度計 gas chromatograph	変圧器・開閉器に使用。高濃度で有毒・腐食性あり
N_2O	頻	容易・高価	亜酸化窒素濃度計 gas chromatograph	手術時に使用。有毒(麻酔作用)・可燃
CH_4	頻	容易	メタンガス濃度計 gas chromatograph	通常の測定濃度では毒性無。測定時、可燃・爆発にいたる限界濃度に要注意
HFC_{134a}	稀	容易	gas chromatograph	ヒートポンプの熱媒に使用。通常の測定濃度では毒性無

2.3　瞬時一様拡散

　ある微小時間 dt[h]の間，室 i から室 j への流入空気量 F_{ij}[m³/h]と室 j から室 i への流出空気量 F_{ji}[m³/h]が一定，という仮定が成立する条件にあり，室 i における a ガスの濃度を C_{ai}[m³/m³]，室 j における a ガスの濃度を C_{aj}[m³/m³]とし，室 j における a ガスの発生量を f_{aj}[m³/h]，室容積を V_j[m³]としたときのトレーサガス a の濃度平衡式は，一般に次のような常微分方程式として表現される。

$$V_j\left(\frac{dC_{aj}}{dt}\right)=\sum_{i=1}^{m}F_{ij}\cdot C_{ai}-\sum_{i=1}^{m}F_{ji}\cdot C_{aj}+f_{aj} \tag{2-12}$$

ただし，室 j に m 室が接し，i＝j → $F_{ij}=0$

　微小時間 dt におけるガス濃度の収支がポジティブであれば，対象室 j の a ガス濃度は上昇傾向にあり，反対にネガティブであれば a ガス濃度は下降傾向となる。そして，その濃度上昇あるいは下降の度合いは，室容積 V_j の規模の大小に左右され，室容積が大きければ大きいほど，濃度上昇あるいは下降の度合いは小さくなり，容積が小さければ小さいほど，濃度上昇あるい

は下降の度合いは大きくなる。ここで重要なことは，このときの室容積 V_j に対し，a ガスの濃度をほぼ一様と仮定することが可能な内部領域をイメージしているのではなく，流域的に一空間と見なせる幾何学的な容積を対象にしていることにある。実際の室容積 V_j の中では，ガス濃度むらが必ず存在する。それゆえ，ガス濃度を室平均濃度と仮定した場合でも，ガス濃度平衡式で表現される流入ガス濃度や流出ガス濃度と現実の流入ガス濃度や流出ガス濃度とが一致しない場合が往々にして起こり得る。

また，隣室からのガス流入や自室にガス発生がある時，そのガスが自室容積 V_j 全体に一様な濃度へと拡散混合するにはそれなりの時間を必要とする。例えば，測定対象室として住宅居間の空間規模を想定した場合の微小時間と，体育館の空間規模を想定した場合の微小時間とでは，大きな違いが現れる。空間規模にかかわりなく，微小時間内におけるガス濃度の平衡式としては，式 2-12 を用いることになるけれども，実際の微小時間には，室規模に応じた違いが現れることになる。

現実は，無作為に測定対象室に瞬時一様拡散が出現し，黙っていても式 2-12 が成立する，という訳ではない。そこで，ガス濃度の計測時には，擬似的ではあっても積極的に式 2-12 が成立するように，

①測定対象室に拡散ファンを持込み，強制的に短時間で拡散・混合させ，一様な濃度状態を出現させる。

②測定対象室内に，ガス放出箇所をできるだけ多く設置すると共に，放出先端には極小の拡散ファンを 2 台対向型に取り付けて，短時間で一様濃度の状態を出現させる。

③測定対象室内に，ガス濃度のサンプリング箇所をできるだけ多く設置して（manifold sampling），室平均濃度（瞬時一様拡散濃度）に近いガス濃度の計測を心掛ける。

というような工夫が一般的に行われている。

等温空間の場合，強制的な攪拌を行うことによって，測定対象室における一様濃度の入手はそれほど困難なことではないし，式 2-12 を解析の拠り所にすることも，それほど問題にはならないであろう。一方，非等温空間の場合には，強制的な攪拌をすること自体，測定対象の設定状況を変更させるこ

とに直結する。それゆえ，非等温空間における強制撹拌は忌避要件になるけれども，式2-12を解析の拠り所にする限り，「瞬時一様拡散」にあることが前提になってくるので，一様と見なせる程度の拡散の促進あるいは室平均濃度のサンプリングと，測定対象条件の保全との兼ね合いが，大変重要な課題になってくるのである。

　ある熱的な系において室温を非定常解析する場合も，一般的には1室1温と瞬時一様拡散を原則にして，構成壁面の熱流出入や室内発熱や窓面透過日射熱等の熱平衡に基づいて微小時間内の室温上昇(下降)を推定している。例え，上下温度分布があったとしても，対象空間平均温度とした仮想を当然とし，熱拡散に時間遅れがあったとしても，微小時間内の一様拡散が，数値解析の大前提になっている。式2-12で示した常微分方程式の表現が可能な物理的系(1次の水タンク系にアナロジーが可能な場合の処理)においては，瞬時一様拡散であることが暗黙裡の成立要件となっているのである。

　同様に，上述の「瞬時一様」要件が満たされているとすれば，室jにおけるトレーサガスbの濃度平衡式は次のようになる。

$$V_j\left(\frac{dC_{bj}}{dt}\right) = \sum_{i=1}^{m} F_{ij} \cdot C_{bi} - \sum_{i=1}^{m} F_{ji} \cdot C_{bj} \qquad (2\text{-}13)$$

　室iの室容積をV_iとした時，トレーサガスaの濃度平衡式は次のようになる。

$$V_i\left(\frac{dC_{ai}}{dt}\right) = \sum_{j=1}^{n} F_{ji} \cdot C_{aj} - \sum_{j=1}^{n} F_{ij} \cdot C_{ai} \qquad (2\text{-}14)$$

ただし，室iにn室が接し，j=i → $F_{ji}=0$

　室iにおけるトレーサガスbの発生量がf_{bi}であったとき，トレーサガスbの濃度平衡式は次のようになる。

$$V_i\left(\frac{dC_{bi}}{dt}\right) = \sum_{j=1}^{n} F_{ji} \cdot C_{bj} - \sum_{j=1}^{n} F_{ij} \cdot C_{bi} + f_{bi} \qquad (2\text{-}15)$$

　室j，室iにおける空気移動(換気)量の平衡式は次のようになる。当該式

は，流れ場における連続の式(質量保存の式)に相当する。非圧縮性を前提にしているので，非定常項は含まない。時々刻々(瞬時毎)の釣り合い式になる。

$$\sum_{i=1}^{m} F_{ij} - \sum_{i=1}^{m} F_{ji} = 0 \qquad (2\text{-}16)$$

$$\sum_{j=1}^{n} F_{ji} - \sum_{j=1}^{n} F_{ij} = 0 \qquad (2\text{-}17)$$

2室換気でも，それ以上の多数室換気でも，解析に必要となる基本の連立方程式は，式2-12から式2-15の濃度の平衡式，式2-16から式2-17の空気移動(換気)量の平衡式で表現され，多数室換気量はその解析結果から得ることができる。

2.4　トレーサガス(tracer gas)の放出量とガス濃度

北海道大学大学院工学研究科・建築環境学分野(1971年当時：工学部建築工学科建築環境学講座)が行ってきた換気測定法に関する研究には，長い歴史がある。

70年代の初めに講座の助手として研究指導されていた本間宏先生の換気測定法は非常にユニークで，ドライアイスの連続的な昇華重量を測定対象空間のガス供給量として利用していた。その当時，ガス供給量に基づいた換気測定の事例は，北海道大学工学部建築工学科建築環境学講座による研究報告が唯一のものではなかったか，と思われる。一般的な換気測定法では，測定対象空間が1室か，多数室かに関係なく，トレーサガス濃度の減衰情報を用いていた。現時点でも濃度減衰法のもっている簡便性や利便性には無視できないものがある。

しかし，トレーサガスの濃度減衰に基づいた換気量の測定では，終日一定という外界条件(恒常性)がその前提となっている。今から30年程前の北海道住宅は隙間が多く，風速変動に応じて外気浸入量は大きく変動していたと考えられる。その当時の本間先生は，住宅の気密性能が恒常系の換気を想定する状況にはないと判断し，トレーサガスの放出量とガス濃度変動から換気

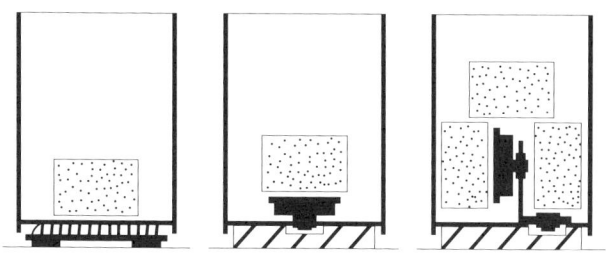

2章　空気の動きを探るための工夫　59

図 2-17　ドライアイスの昇華重量から得られる CO_2 ガス放出量(伊与田温)

量の経時的な変動がどのような状況にあるのか，その推移を把握しようとしたのであろう。

ドライアイスを昇華させて CO_2 ガスを連続的に発生させる装置は，図 2-17 に示すようにブリキの空き缶の底にアイロンヒーターを設置し，その周囲を発泡系の断熱材で被覆したものである。それを台秤に載せ，重量変化から CO_2 ガス放出量を算出する。上部に拡散ファンを装着している。

図 2-19 に示す実大規模の試験室を測定対象として，2室にトレーサガスを交互に放出し，放出時と非放出時における2室の換気量の変動を測定した。

図 2-21 を見ると，ビラム風速計から得られた風量(通気口断面×気流速)とトレーサガス法から算定された換気量の数値的なオーダーと変動の推移の間には，明らかな類似性が認められ，トレーサガス供給量に基づいた換気量測定の有意性を知ることができる。一般的な多数室の換気にかかわった解析

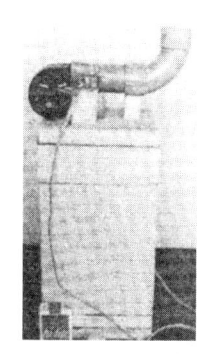

図 2-18　CO_2 ガス連続発生装置[1970](伊与田温)

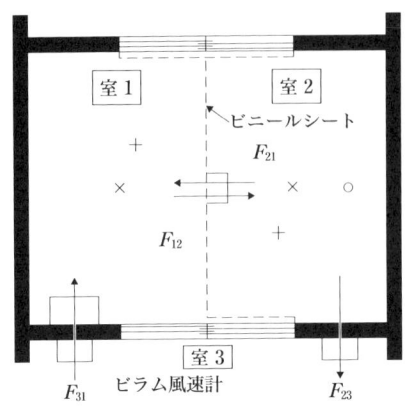

図中注記:
測定対象室の床面積：10.64 m²
室高さ：2.4 m
室1と室2の間に上下2個の換気口。
上部はCL−0.25 m，下部はFL+0.25 mに設置。
窓はビニールシートで密閉，室1と室2の間にビニールとベニヤ板を使用して2室化を行った。
外壁2個の換気口，隔壁2個の換気口に，通過風量検定用にビラム風速計4個を設置。
+：ガス発生装置，○：拡散ファン，×：ガス測定点

図2-19　測定対象室とその測定概要

法は次章において詳述するが，ここでは2室モデルにおける1トレーサガスの場合の問題点について取り上げてみたい。2室モデルでは6解式を成立させ6個の未知数を同定することになる。しかし，1トレーサガスでは，次に示すように4解式の下で6未知数にせざるを得ない(ただし，室1でガス供給がある場合)。

$$V_1\left(\frac{dC_{a1}}{dt}\right) = F_{21} \cdot C_{a2} + F_{31} \cdot C_{a3} - (F_{12} + F_{13})C_{a1} + f_{a1}$$

$$V_2\left(\frac{dC_{a2}}{dt}\right) = F_{12} \cdot C_{a1} + F_{32} \cdot C_{a3} - (F_{21} + F_{23})C_{a2}$$

(2-18)

$$F_{21} + F_{31} - (F_{12} + F_{13}) = 0$$
$$F_{12} + F_{32} - (F_{21} + F_{23}) = 0$$

(2-19)

ここで，対象室の気密性が高い，また，対象室と外気の間の換気量に次のような補完関係が成立する，と仮定すると，1トレーサガスを用いた際の，未知数の方が解式の数よりも多くなったという条件を緩和できるようになる。

$$V_1\left(\frac{dC_{a1}}{dt}\right) = F_{21} \cdot C_{a2} + F_{31} \cdot C_{a3} - (F_{12} + F_{13})C_{a1} + f_{a1}$$ (2-20)
$F_{31} > 0, \ F_{13} = 0$ または $F_{13} > 0, \ F_{31} = 0$

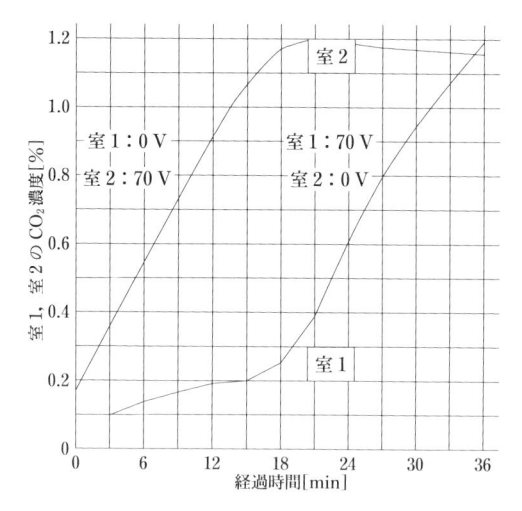

図 2-20 測定対象室の測定濃度（伊与田温）

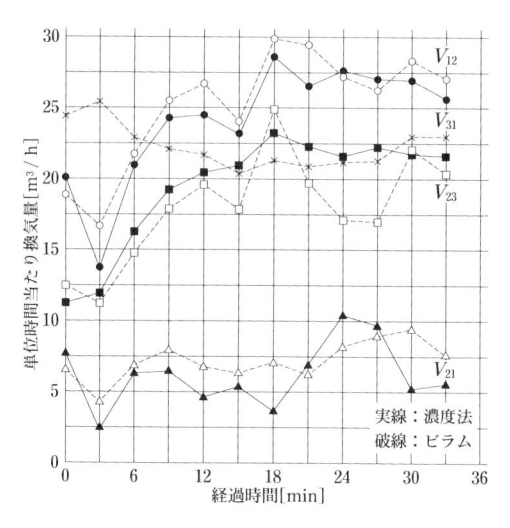

図 2-21 測定対象室の測定濃度と室間換気量[1970]（伊与田温）

$$V_2\left(\frac{dC_{a2}}{dt}\right) = F_{12} \cdot C_{a1} + F_{32} \cdot C_{a3} - (F_{21} + F_{23})C_{a2} \qquad (2\text{-}21)$$

$F_{32} > 0$, $F_{23} = 0$ または $F_{23} > 0$, $F_{32} = 0$

　上 2 式に，先に示した換気量の平衡式としてさらに 2 式を付け加えると，実質的に解式数 4 で未知数 4 の条件になる。各濃度測定時の微小時間の間，換気量は一定(変動しない)と仮定することで，線形連立方程式として解析を進めることができる。その算定を濃度測定毎に繰り返すことで，換気を変動現象としてとらえることができるようになる。しかし，測定対象空間において，通気口以外の窓枠や構造体隙間の空気流れの存在を認め，しかも浸入量の影響を無視できないと考えなければならない場合には，先のような便法は成立しない。

　解式の数が未知数の数より多い場合には，ある区間の換気量を一定と仮定し，各濃度測定時における各室の濃度平衡式を組み立て，さらに最小自乗法を利用して未知数の数と解式の数を合わせる正規方程式化を試み，換気量を同定できるようにしなければならない。空気流れのマクロ解析とは，このような集中定数化による 1 室 1 濃度の手続きが前提になっているのである。

3章　室間換気量の測定

　　3.1　1室換気
　　3.2　恒常系の測定と変動系の測定
　　3.3　温度成層と混合
　　3.4　多数室換気とモデリング(modeling)
　　3.5　解析式に求められる条件

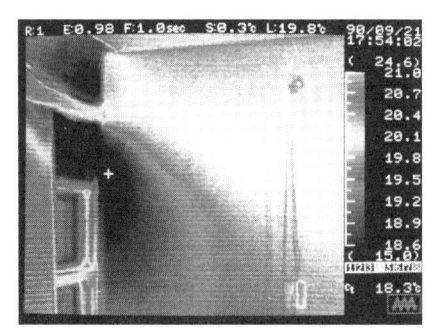

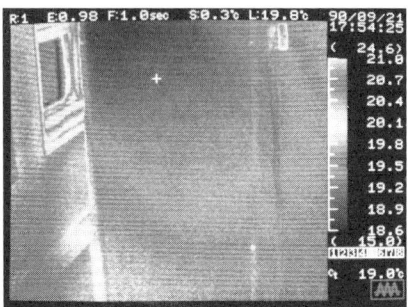

上方開放時の夜間の外気流入：札幌(山本忠司)

混ぜる努力をしても一気には混じり合うことがない身の回りの空気。成層させる努力をしても直ぐに混じり合ってしまう身の回りの空気。生活空間におけるリーズナブルなむらの解消・生成を測る尺度とその活用法は，いかなる手法で見出すことができるのか。

本章で取り上げる室間換気量の測定法は，日本建築学会霞ヶ関ビル記念賞(1990年)を受賞した研究である「多種トレーサガス法に基づく多数室換気量の測定法に関する研究」や空気調和・衛生工学会学会賞(2003年)を受賞した論文「多種トレーサガス法に基づく多数室換気量の測定」を拠り所にしている。それらの業績紹介からは，室間換気量の測定にかかわって解決しなければならない現状の検討項目に加え，今後の緒課題も窺い知ることができる。

　霞ヶ関ビル記念賞(研究)の業績は次のように紹介されている。

　「本研究は，実際に建てられている建物の換気量を計測する方法を検討したものである。建物は一般に2以上の室から形成されるので，換気量の決定には，建物全体のみならず，各室間の空気流れを知る必要がある。

　多数室の換気量の測定に関する研究は，十数年前から，わが国をはじめ，諸外国で盛んに研究されており，本論文の著者が行ったトレーサガス減衰の手法は，必ずしも新しいものではない。しかしながら，その影響要因は多く，測定時間，測定時間間隔，計測器精度，濃度分布，換気量変動などがあり，逐次推定法では発散し，解が得られないことがあるなど，換気量決定には，検討解決すべき問題が多い。

　本論文では，これらの諸問題のうち，適正なる計測時間を定める方法を理論的，実験的結果から提案し，さらに3室モデルについて，推定した換気量の判定方法を明らかにし，さらに実測よりこの方法の適合性を確かめている。この方法は，換気量が時間的に変化する場合にも応用可能で，実際の設計上も，実時間での測定も可能で，実用性も高いと判断される。

　本研究は，荒谷・佐々木君が数年前より手掛けてきた研究を基礎として，絵内君がカナダ国立研究所における在外研究員として行った研究の成果である。短時日のうちに2編の論文にまとめ，筆頭筆者としてASHRAE論文集に採用され，発表されたことは大変意義深く，高く評価される。

　この業績は，本研究がまだ緒に就いたばかりであるにもかかわらず，換気量推定の技術の推進に大いに貢献していると考えられ，さらに，今後の発展が期待される。よって本研究は霞ヶ関ビル記念賞にふさわしいものとして評価する。」

空気調和・衛生工学会論文賞の業績は次のように紹介されている。

「本論文は，多種ガスを用いた多数室換気量測定の正確な算定法の提案と実測例の提示により，その有用性を示したものである。

近年，住宅の気密性能の向上に伴い，室内空気汚染が問題になっており，換気の重要性は非常に高くなっている。しかし，複数の空間から構成される住宅では，空気は一方向の流れだけでなく，相互に空気が移動し混ざり合うため，換気量を把握するのは簡単ではない。従来でも，部屋数と同数の多種ガスを用いて室間を移動する空気量を測定する方法は考えられていたが，ガス放出直後や反対に時間が十分経過し，濃度差と濃度変動幅が小さくなった時点では換気量の算定が難しく，ガス放出後何時間経過した時点のガス濃度を用いて換気量を算定するのが適当かという問題が存在していた。これに対し，本論文では具体的に算定時刻の推定法を示し，その誤差の確認を行っており，従来は経験的に行われていた算定時刻の推定を適切に求めることができるようになった。

流出入ガスは，瞬時一様拡散を前提にしているが，実際のガス供給では，拡散に時間や空間の濃度分布も存在しており，ガスの供給方法や解析方法は計測結果を大きく左右する要素となっている。本論文では，瞬時ガス供給では，妥当な算定時刻を選択する必要があり，一定ガス供給では供給直後を除けば，算定時間の厳密な検討は不要であるばかりか，換気量の経時変化の推定法も可能であり，さらに測定誤差も軽減する効果があることが明らかにされている。算定法については，積分法は安定した算定結果を得られるが，算定精度は微分法が勝っていることなどが示され，多種ガスを用いた測定及び解析を行う際に貴重な手引きとなる。さらに，本論文では，一般的な換気にとどまらず，パッシブ換気などの新たな換気の考え方を提案している。パッシブ換気とは，夏期に建物の上部のみを開放することで，室内温度が外気温度よりも高くなった場合に外気を導入し，逆に外気が室温よりも高い場合には，外気の流入を抑える熱対流型換気や冬期の温度差を利用して，動力を不要とする換気方式である。本論文では，これらの換気方式に対して実家屋を用いた測定を行うことで，多種ガス法による多数室換気計測の可能性や実用性の高さをも示している。

以上のとおり，本論文は多数室換気の測定方法に関する問題解決にとどまらず，新しい住宅換気の考え方の提案やその可能性を示しており，その学問的価値および実用上の価値はきわめて大きいと判断する。よって，本論文は空気調和・衛生工学会賞に値するものと認める。」

 本章では，以上のように紹介された多数室換気の要点を押さえながら，最も基本的な1室換気を手始めに，それを恒常系と考えた場合と変動系として想定した場合とでは，測定手法の何が異なってくるか，生活空間内の温度分布を前提にした温度成層と混合問題に対する妥当な対処法と空間平均的な換気量の算定法とはどのようなものなのか，室数と多種ガス数を踏まえたモデリングの解決法や解析法に求められる必要性とは何か，について検討を加えることにする。

3.1　1室換気

(1)濃度変動の推定

 解析に際し，ある微小時間 dt[h]の間，外気 o から対象室 j への流入空気量 F_{oj}[m³/h]と室 j から外気への流出空気量 F_{jo}[m³/h]を一定と仮定する。外気の a ガス濃度を C_{ao}[m³/m³]，室 j における a ガス濃度を C_{aj}[m³/m³]とし，室 j における a ガスの発生量を f_{aj}[m³/h]，その室容積を V_j[m³]とした時のトレーサガス a の濃度平衡式は一般に次のような常微分方程式として表現される。

$$V_j\left(\frac{dC_{aj}}{dt}\right) = F_{oj}C_{ao} - F_{jo}C_{aj} + f_{aj} \rightarrow \left(\frac{dC_{aj}}{dt}\right) = N \cdot C_{ao} - N \cdot C_{aj} + \frac{f_{aj}}{V_j} \quad (3\text{-}1)$$

ただし，$F_{oj} = F_{jo}$ とし，$F_{jo}/V_j = N$ と簡略化して換気回数[回/h]に置換する。

 ここで，外気濃度 C_{ao} 及び発生量 F_{aj} が一定条件下にある場合，次のようにラプラス変換 $L\{C_{aj}\}$ を利用して解析解を得ることができる。

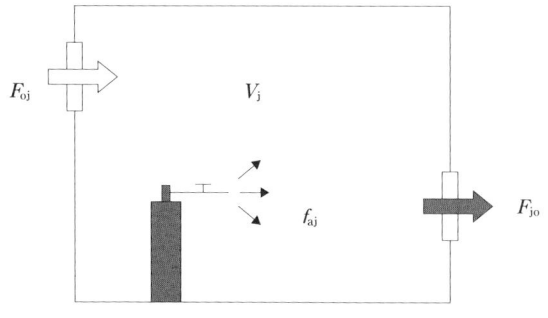

図 3-1　1 室換気モデル

$$L\left\{\left(\frac{dC_{aj}}{dt}\right)\right\} = s \cdot L\{C_{aj}\} - C_{aj}(+0)$$

$$sL\{C_{aj}\} - C_{aj}(+0) = \frac{N \cdot C_{ao} + f_{aj}/V_j}{s} - N \cdot L\{C_{aj}\} \qquad (3-2)$$

$$L\{C_{aj}\} = (C_{ao} + f_{aj}/F_{jo})\left[\frac{1}{s} - \frac{1}{s+N}\right] + \frac{C_{aj}(+0)}{s+N} \qquad (3-3)$$

上式にラプラス逆変換の操作を加えると，解析解は次のようになる。

$$\begin{aligned}C_{aj}(t) &= (C_{ao} + f_{aj}/F_{jo})\{1 - \exp(-N \cdot t)\} + C_{aj}(+0)\exp(-N \cdot t) \\ &= (C_{aj}(+0) - C_{ao} - f_{aj}/F_{jo})\exp(-N \cdot t) + (C_{ao} + f_{aj}/F_{jo}) \quad (3-4)\end{aligned}$$

$t = 0 \to C_{aj}(t) = C_{aj}(+0)$

$t = \infty \to C_{aj}(t) = (C_{ao} + f_{aj}/F_{jo})$

　前章で取り上げた瞬時一様拡散を，初期条件濃度の考え方と関連付けて再度検討してみよう。ある微小時間 dt[h] の間，室 j に a ガスを f_{aj}[m^3/h] 発生させた場合のトレーサガス a の到達濃度は，室容積 V_j[m^3] の平均濃度として表現される。従って，それ以後の外界条件を一定と考える仮定が成立する場合，その微小 dt 時間内の到達濃度を初期濃度とすると，室 j のガス濃

度の推移は一つの指数関数で表現することができる。

$$C_{aj}(+0) = \int_0^{dt} f_{aj} dt / V_j \rightarrow C_{aj}(t) = C_{aj}(+0)\exp(-N \cdot t) \qquad (3\text{-}5)$$

　このことから，瞬時一様拡散とは，ある測定対象系において微小時間内に一定ガス発生があった時，式3-5に基づいた室容積平均濃度の仮定が妥当なのか，否かにかかっていることがわかってくる。
　ある1室モデル空間の濃度減衰が計測され，外界(周囲)濃度を差し引いた減衰状況を片対数グラフに直線近似した際の傾きはF_{jo}/V_j即ち，換気回数N[回/h]を意味している。従って，その室の容積が既知であれば，それを手掛かりにして流出入空気(換気)量を推定することが可能になる。1室モデルを対象に，一般に広く用いられているトレーサガス濃度の減衰を用いて換気量を推定する測定法の骨子は，式3-5に基づいている。
　この1室モデルの換気量測定法の拠り所が，瞬時一様拡散にあることを知っておく必要がある。現状では，その前提条件に合致させるために対象空間に必要と思われる台数と能力の拡散ファンを設置して濃度むらや拡散の時間遅れを解消し，濃度測定を行っている。

(2)濃度応答の重畳

　先の室jの換気量が変動しないと仮定して，時刻τ_1に$f_{aj}(t)$のガス供給があると，微小dt時間内の濃度上昇は，

$$C_{aj}(\tau_1) = f_{aj}(\tau_1) \cdot dt / V_j \qquad (3\text{-}6)$$

となるゆえ，時刻τ_1以降の濃度変化は次のようになる。

$$C_{aj}(t) = C_{aj}(\tau_1)\exp(-N[t-\tau_1]) \qquad (3\text{-}7)$$

　従って，$t=0$及び$t=\tau_1$の両方の影響を加えたガスaの濃度変化は，

$$C_{\mathrm{aj}}(t)=C_{\mathrm{aj}}(+0)\exp(-N[t-0])+C_{\mathrm{aj}}(\tau_1)\exp(-N[t-\tau_1]) \qquad (3\text{-}8)$$

となる。同じく換気量が時間的に変動しないものとして，微小時間 Δt 毎に $f_{\mathrm{aj}}(t)$ のガス供給があるとすると，

$$t=0 \to C_{\mathrm{aj},0}=C_{\mathrm{aj}}(+0)$$

$$t=\tau_1 \to C_{\mathrm{aj},1}=C_{\mathrm{aj},0}\exp(-N[\Delta t])+C_{\mathrm{aj}}(\tau_1)=E\cdot C_{\mathrm{aj},0}+C_{\mathrm{aj}}(\tau_1)$$

$$t=\tau_2 \to$$
$$C_{\mathrm{aj},2}=C_{\mathrm{aj},0}\exp(-N[2\Delta t])+C_{\mathrm{aj}}(\tau_1)\exp(-N[\Delta t])+C_{\mathrm{aj}}(\tau_2)$$
$$=\exp(-N[\Delta t])\{C_{\mathrm{aj},0}\exp(-N[\Delta t])+C_{\mathrm{aj}}(\tau_1)\}+C_{\mathrm{aj}}(\tau_2)$$
$$=E\cdot C_{\mathrm{aj},1}+C_{\mathrm{aj}}(\tau_2)$$

ここで $E=\exp(-N\Delta t)$ とすると，$f_{\mathrm{aj}}(t)$ なるガス供給が連続的に行われ，Δt 時間前の濃度 $C_{\mathrm{aj},(n-1)}$ が既知の場合，

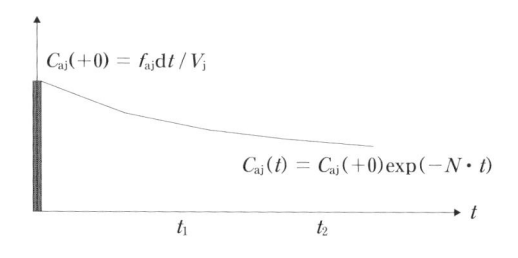

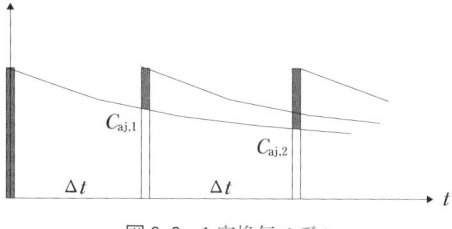

図 3-2　1 室換気モデル

$$t = \tau_n \to C_{\mathrm{aj},n} = E \cdot C_{\mathrm{aj},(n-1)} + C_{\mathrm{aj}}(\tau_n) \tag{3-9}$$

となるので，式3-9に示す操作を逐次的に繰り返すことによって，時刻 τ_n のガス濃度を推定することができる。

式3-6の濃度上昇が，時刻 τ_n 毎に，室jに加えられた場合，時刻 t の濃度は重ね合わせによって入手できる。$d\tau$ が微小の場合，積分方程式の表現も可能になる。

$$\begin{aligned} C_{\mathrm{aj}}(t) &= \frac{\sum f_{\mathrm{aj}}(\tau) d\tau}{V_{\mathrm{j}}} \exp(-N[t-\tau_n]) \\ &\to \frac{1}{V_{\mathrm{j}}} \int_0^t f_{\mathrm{aj}}(\tau) \exp(-N[t-\tau]) d\tau \end{aligned} \tag{3-10}$$

ここで大切なことは，ガス供給量が時間変動しても構わないが，式3-6に表されるように瞬時一様拡散になっていること，さらに，式3-8で想定している時間的なスケールの中で，換気量が時間的に変動しないこと，にある。

「換気量の測定」を線形問題ととらえるか，非線形問題としてとらえるかは，測定対象系が式3-10に示した重ね合わせが可能な系にあるか，否かに帰着する。それはまた，「現在，想定している時間的なスケールの中で，換気量が時間的に変動しない」という仮定が成立するか，否かにかかっている，といえよう。

$f_{\mathrm{aj}}(t) = $ const. として，整式すると，

$$\begin{aligned} &\frac{1}{V_{\mathrm{j}}} \int_0^t f_{\mathrm{aj}}(\tau) \exp(-N[t-\tau]) d\tau \to \frac{f_{\mathrm{aj}}}{V_{\mathrm{j}}} \int_0^t \exp(-N[t-\tau]) d\tau \\ &C_{\mathrm{aj}}(t) = \frac{f_{\mathrm{aj}}}{V_{\mathrm{j}}} \int_t^0 \exp(-N \cdot \xi)(-d\xi) = \frac{f_{\mathrm{aj}}}{F_{\mathrm{jo}}} \{1 - \exp(-N \cdot t)\} \end{aligned} \tag{3-11}$$

のようにして，濃度変化を得ることができる。

ここで得られた式3-11は，トレーサガスのステップ供給に対する濃度応答であり，式3-4に対して，外気(周辺)のガス濃度を $C_{\mathrm{ao}} = 0$，室jの初期ガス濃度を $C_{\mathrm{aj}}(+0) = 0$ として整式化の操作を行うと，完全に一致する。

$$\begin{aligned}C_{aj}(t) &= (C_{ao} + f_{aj}/F_{jo})\{1 - \exp(-N \cdot t)\} + C_{aj}(+0)\exp(-N \cdot t) \\ &= f_{aj}/F_{jo}\{1 - \exp(-N \cdot t)\}\end{aligned} \quad (3\text{-}12)$$

3.2 恒常系の測定と変動系の測定

　対象空間の換気状況を測定者がどのようにとらえるか，恒常状態にあると見なすのか，変動状態にあると考えるのか，その測定系のとらえ方次第で，換気量の測定法は大きく異なってくる。例えば，恒常系で1室換気量を測定する場合，先に紹介したようにトレーサガスをインパルス状に放出し，式3-5を拠り所にしてガス濃度の減衰から推定することが広く行われている。この測定法は，測定に必要なトレーサガスの消費量が少なく，測定も短時間ですませることが可能になることから，大変経済的で，効率的な手法といわれている。

　1室換気であっても，変動系の場合，トレーサガスを一定量(あるいは既知量の下で)連続的に放出し，測定ガス濃度の変動から時間的な換気の変動量を推定することになる。それゆえ，トレーサガス一定供給法を採用すると，減衰法に比べ測定中に放出するトレーサガスの消費量が多くなり，また測定期間が短くて1日，長ければ数日に及ぶ場合もある。このことから，トレーサガス一定供給法は，適用に際し，予めそれなりの費用と時間が必要となる測定手法であることを覚悟しなければならない。

　恒常系において，多数室換気量の測定を1種ガスで行う一般的な方法は，ある室でトレーサガスをインパルス状に放出し，全対象室の濃度減衰を測定する。注意深く，各室の残留ガス濃度が無視し得るほどに低下したことを確認した後，次の室でトレーサガスをインパルス状に放出し，全室でその濃度変化を測定する。

　そのような測定操作を対象室の数だけ行った後に，各測定結果を重ね合わせ，未知換気量の数に見合った連立方程式を成立させてから，室間換気量を算定することになる。このように，各室毎の測定に際し，残留ガス濃度が無視しえるほどに低下したことを逐次確認した後にガス放出した場合には，1種ガスであっても，個々の測定濃度を別種のガス濃度と仮想することもでき

るので，1種ガスによる多数室換気量の測定も不可能ではない。しかし，変動系の場合，1種ガスで行う多数室換気量の測定は，定濃度法に限定され，供給ガス量から得られる情報は外気侵入量のみとなる。

(1) 定濃度法による換気量変動の測定

パッシブ換気システムには解決すべき問題点が数多くある。その一つは冷外気の予熱であり，もう一つは換気の動力である内外温度差が1年を通して一定という訳にはいかないことや外気風速変動の影響を受け易いことであろう。

定濃度法はそのような換気変動を前提にした換気システムの検証に供することができる。図3-3に示す試験住宅では，アースチューブと床下暖房によ

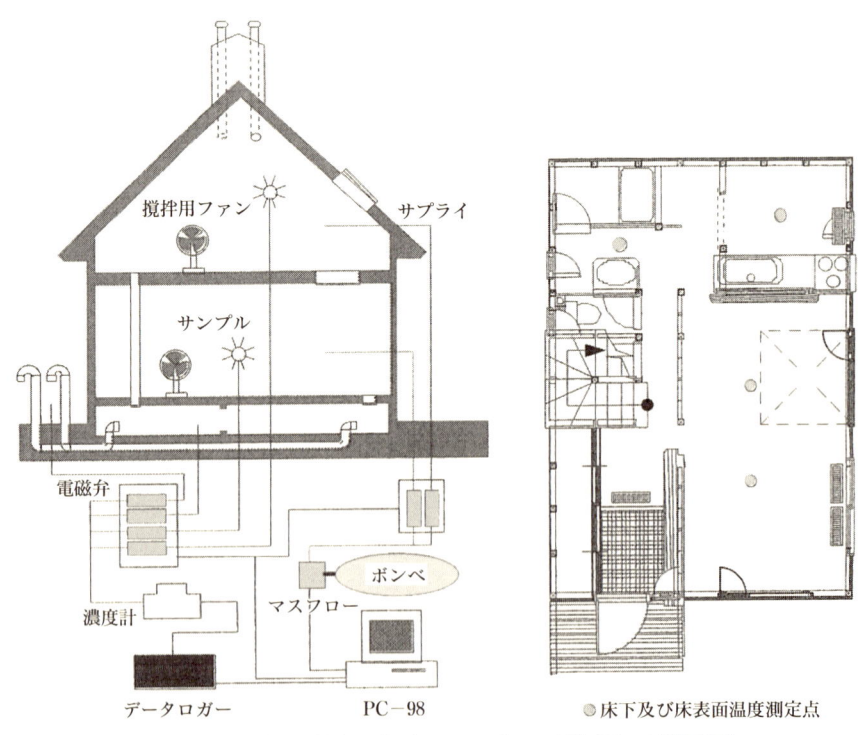

図3-3 対象住戸と換気量計測システム（CO_2定濃度法：宮浦睦明）

る冷外気の予熱，排気筒の採用による温度差換気が試みられた。先に紹介したパッシブ換気システムが抱えている諸課題の解決を先駆的に試みた試験住宅の換気量の測定事例を紹介する。

図3-3に示すように，1階，2階，床下の3室に分け，1階居室，2階居室の換気量の測定を行った。1階居室と2階居室の設定濃度を等しくした場合，2室の室間換気の影響を無視できるので，結果的に設定濃度を等しくするに要したガス供給量の情報から，床下経由の給気と隙間経由の侵入外気量を同定できる。1階居室，2階居室，床下，外気の4箇所のCO_2ガス濃度測定は，電磁弁の切り替えによって1台の濃度計で行った。CO_2ガス供給は，1階居室，2階居室の2箇所を対象に，電磁弁の切り替えによって1台のマスフローコントローラーで1400 ppmになるように調整した。測定対象空間内の濃度むらを少なくするために，拡散用ファンを常時稼動させ，CO_2ガスのサンプリングは多点で行った。結果を図3-4～図3-6に示す。

暖房期の換気量の変動は内外温度差の変動に対応し，非暖房期の換気量変動は外気風速の変動に対応していることが理解される。また，2階居室へ直接流入する外気量は微々たるもので，主たる流路は，アースチューブ → 床下空間 → 1階居室 → 2階居室 → 排気筒という一方向流れとなっている。2階居室は1階居室のユーズドエア(used air)を使用することになるので，空気質の面では注意しなければならない。8月になると，内外温度差を殆ど期待できなくなり，必要換気量(100 m^3/h)を下回るようになる。短いが，この期間は窓開放等の対応が必要になる。先のユーズドエアの問題はともかくとして，工夫次第で解決可能なパッシブ換気システムを，シーズン変動や少換気量の出現からのみ批判するのは，狭量といわねばならない。

(2) 多数室換気量推定の決定論的方法と確率論的方法

90年代の前半，著者と奥山博康博士との間で行われた空気調和・衛生工学会論文集における紙上討論は，彼が提唱した確率論的な解析手法や非負最小自乗法の採用の是非にあるのではなく，換気変動を測定者がどのように判断するか，あるいは判断すべきか，に争点があったといえる。恒常系を対象にした1種ガス法の重ね合わせは既に述べた通りであるが，隙間風の存在を

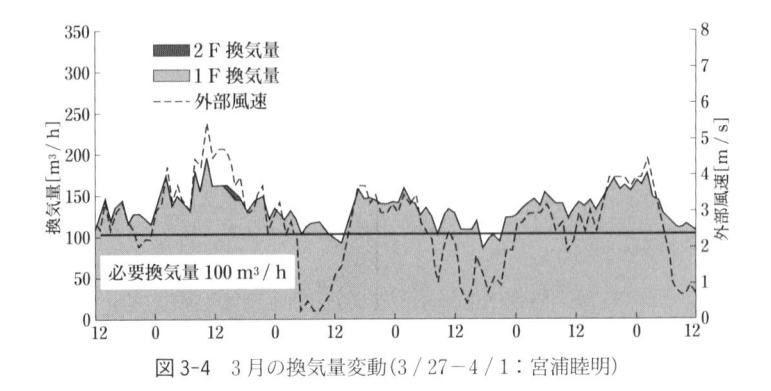

図 3-4　3月の換気量変動(3/27−4/1：宮浦睦明)

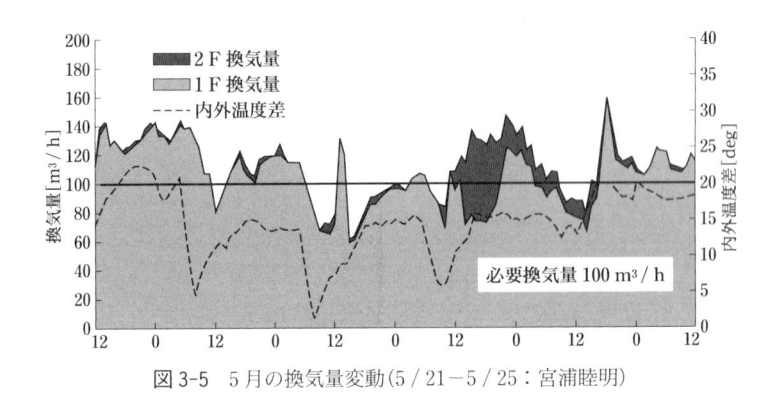

図 3-5　5月の換気量変動(5/21−5/25：宮浦睦明)

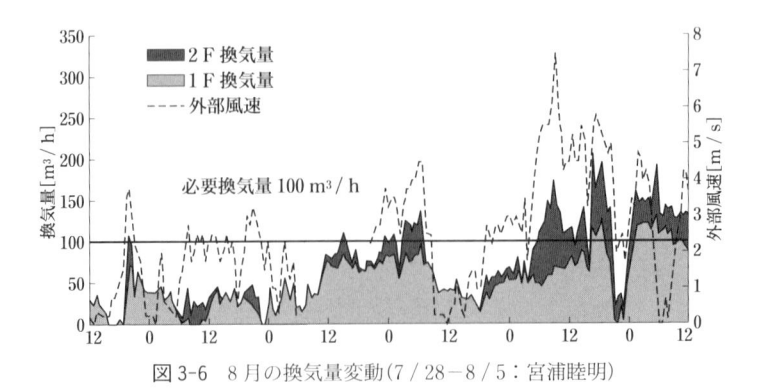

図 3-6　8月の換気量変動(7/28−8/5：宮浦睦明)

当然とする低気密な住居に住まい，部分間欠暖房を生活習慣とするわが国にあって，外気風速や内外温度差(あるいは暖房室と非暖房室間の温度差)の影響は，無視し得るのだろうか。多量の給排気を行った場合には，先の外気風速や温度差による変動要因は，相対的に軽微なものになると考えて良いのだろうか。機械換気を行ったならば，未知数よりもなるべく多くの測定値を用いて，最小自乗法のような確率論的な方法を用いた方が状況を良く説明できる，機械換気によって相対的に軽微になる外気風速や内外温度差(室間温度差)の影響は，最小自乗法を用いると，統計的に処理できるというのが，その当時の奥山博士の見解だったのではないかと思われる。

先の2章において紹介したように，北海道大学工学部建築環境学講座で行われた換気測定法の研究の歴史は長い。70年代の初め，荒谷登先生や本間宏先生の下で考案された測定法は非常にユニークで，ドライアイスの連続的な昇華重量とCO_2ガス濃度変動から換気を時間的な変動量として推定していた。奥山博士が主張したガス濃度変動情報の重ね合わせ(確率論的方法)の利便性を否定するものではないが，荒谷先生等の発想は，低気密住宅の場合，機械換気成分が加わっていても恒常系の換気状況にはない，という測定コンセプトに基づいていたのである。

確かに，流入外気量の推定に的を絞った場合には，全室のトレーサガス濃度を一定にするガス供給量から流入外気量を算定できるとする図3-4〜図3-6の解析結果は，決定論的な換気算定法の極みかも知れない。外気風速や内外温度差(室間温度差)が大きく変動したり，室容積が大きく異なった室で構成された多数室であったりした場合には，ガス濃度の一定制御は難しいけれども，林基哉博士や福島明博士等は，実家屋を対象にして定濃度法による外気侵入量の計測を試みている。また，80年代に佐々木隆博士や林基哉博士によって行われた「風力による建物の自然換気」の研究も換気を時間的な変動量として取り扱っている。

3.3 温度成層と混合

室内外に温度差があったり，室内に熱源があったりすると，その空間の断

熱気密性能に応じて上下温度分布が形成される。従前は，このような温度分布をネガティブな面からのみ評価する傾向にあった。しかし，夏期の温度環境計画に際し，床付近に冷熱源があれば，床付近に冷気の積層が形成される。また，最下層域の温熱源からの上昇気流が非拡散的に処理され，最上層に滞留した温気を上方開口から円滑に排気することが可能になれば，居住域の温度上昇を効果的に防止することができる。それらの工夫によって，その温度環境は確実に向上するに違いない。このように，高断熱高気密建物を対象に温度成層をポジティブに利用する着想も考えられて良い。

今まで，換気量の測定に際し，瞬時一様拡散を必須の条件にしてきたが，強制的な混合によって，空間全域の一様拡散を実現させようとすると，肝心の温度成層の消失に直結しかねない。ここでは，どのようにすると，温度成層を保持したまま，空気移動量の計測が可能になるか，その一端を紹介する。

(1) 温熱源からの上昇気流の非拡散的処理

例えば，人体は生活域の代表的な温熱源である。その人体をイメージしつつ，上方開放冷房空間を想定した模型を用い，熱源表面と周囲空気温度の差をパラメーターにして，周囲空気温度分布と上昇気流の性向をビジュアルに観察した。

模型の底面積は 1200×750 mm，高さ 950 mm で，模型空間は実大規模の 1/2～1/3 縮尺になっている。

人体を模した面発熱中空円筒は，人体の等価径を 150 mm と仮定して，模型空間の縮尺に合わせ，径 70 mm，高さ 100 mm に製作し，アルミペイントを塗付し，発泡ポリスチレン板の台座に固定した(椅子座を想定したことになる)。温度成層をつくるために，冷水パネルを用いて模型空間の床面を冷却し，気流の視観察はスモークワイヤー法で行った。

これらの模型実験から，次の知見を得た。
① 発熱体とその周囲空気の温度差が少なければ，発熱体からの流出熱はそのまま下層域に止まる。
② 発熱体とその周囲空気の温度差が大きくなるに従って，上昇気流の到達高さは高くなる。

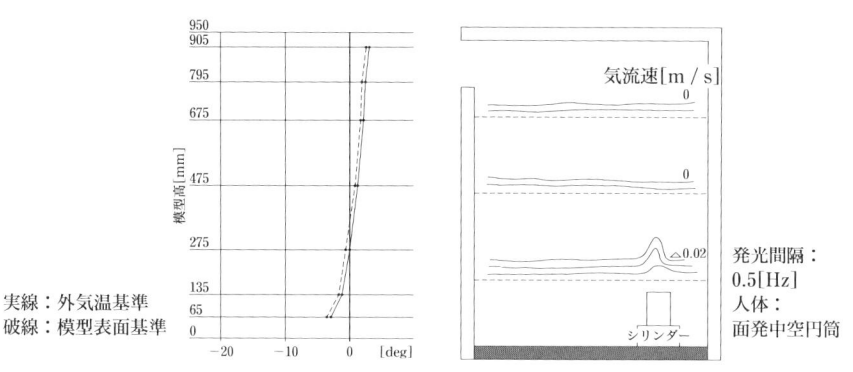

3 章 室間換気量の測定　77

実線：外気温基準
破線：模型表面基準

発光間隔：
0.5[Hz]
人体：
面発中空円筒

図 3-7　温度成層空間の上昇気流(ti＝12.8℃，ts＝12.1℃：松村博文)

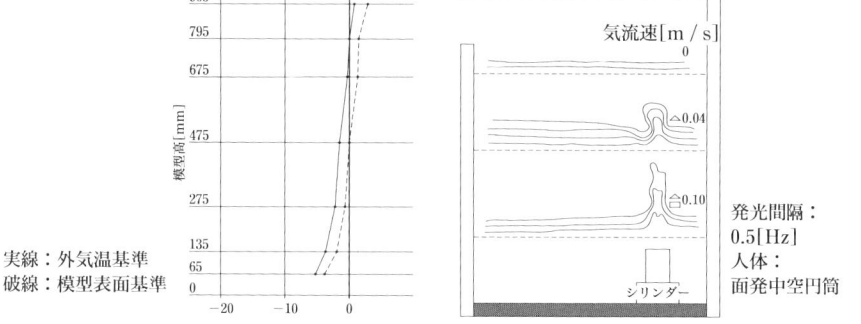

図 3-8　温度成層空間の上昇気流(ti＝13.2℃，ts＝14.8℃：松村博文)

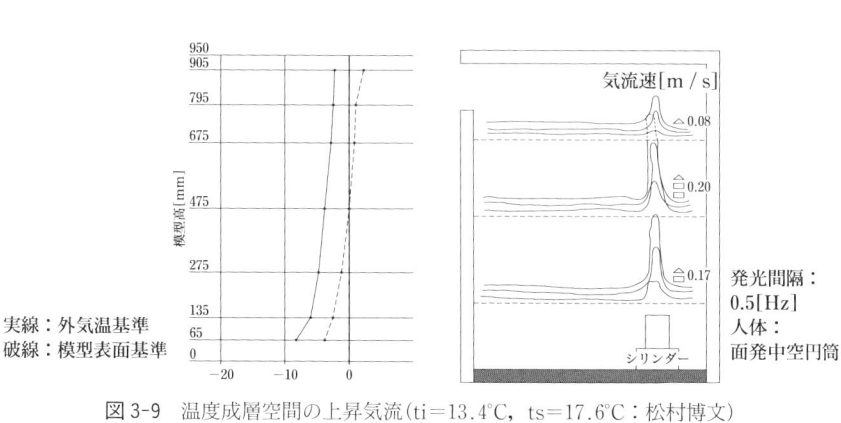

図 3-9　温度成層空間の上昇気流(ti＝13.4℃，ts＝17.6℃：松村博文)

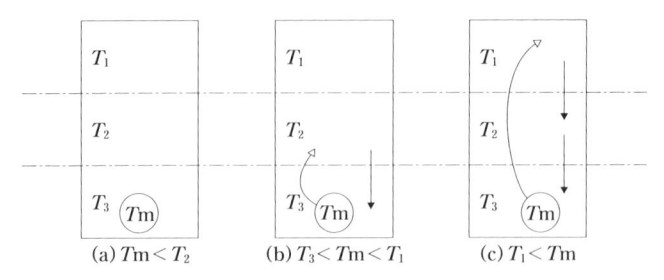

図 3-10　温度成層空間の上昇気流の模式(1室3温)と熱取得モデル

　生活域の発熱体の流出熱を非拡散的に排出するためには，発熱体周囲の空気温度を下げて，到達高さを稼ぎ，円滑に上方開口へと導く，あるいは発熱体の放射伝熱成分の比率を小さくし，発熱体の表面温度を周期空気の温度よりも大幅に高くして，非拡散的な排熱を円滑化させる，等の工夫をしなければならない。

　建築環境と人体生理にかかわった研究で著名な Hardy DuBois 博士によれば，人体表面温度 T_m は常温の範囲で周囲の空気温度 T_a を加味して決定できるという(1938年)。

$$T_m = 0.3 \times T_a + 24 \tag{3-13}$$

　式3-13を用いて，人体表面温度を入手できれば，人体からの流出熱がどの仮想域の熱取得になるか，を想定することができる。温度成層を想定した場合は，最下層域から上昇した空気移動量に見合う下降流がその補填量となる。この成分は直下の下層域と逐次的に混合する流れとして考えれば良い。

　室温変動の数値解析に際し，1室1温にするか，あるいは対象空間の温度分布に配慮して1室3温するかは，ケースバイケースであるが，もしも，夏期の温度環境解析を目指した場合，先の熱取得モデルは大変有用な解析ツールになるであろう。

(2)温度成層のある空間の換気量の測定

　夜間に侵入した冷外気が下層域を冷却し，温度の成層が形成されると，昼

3章 室間換気量の測定　79

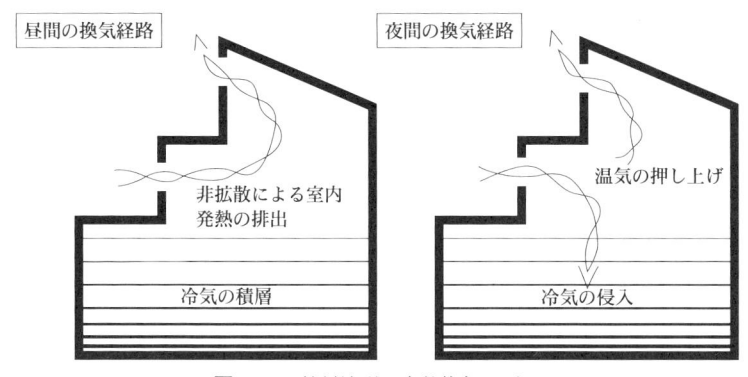

図3-11　熱対流型の自然換気モデル

間にその冷気の積層が持ち越される。室内発熱(温気)を居住域で拡散させることなく，建物の上方開口から円滑に排出させて室温の上昇を防ぐことを考える「熱対流型の自然換気」は，上下に連続した仮想空間を想定すると，換気量変動の性状把握が可能になる。上方開放の熱対流型換気では，昼間の換気経路と夜間の換気経路が異なっている，と予想されることを大事にしたい。そこで解析式を構築する前に，パルス状にトレーサガスを放出し，どのような流れ性状になっているかを把握する必要がある。予めあらゆる換気経路に対処可能な解析式が提案されている訳ではない。例え，都合良く換気量の変動が同定されたとしても，その結果が，実際の流れ性状に合致しているかどうか，常に疑ってかかることが肝要で，いずれの場合でも，常に再吟味は必要になってくるに違いない。

　図3-11に示した換気モデルを5層の仮想室に分割し，トレーサガス濃度の上昇と減衰を測定した。測定期間中，対象系の換気の性状に変動がないと仮定して，各仮想室の到達濃度(一定放出時における定常期の濃度)を推定した。

$$C_{ai} = \sum (C_{ai}(t) - C_{a0}) \times dt / T \tag{3-14}$$

ただし，C_{ai}：仮想室 i の到達濃度[m³/m³]
　　　　C_{a0}：外気濃度[m³/m³]

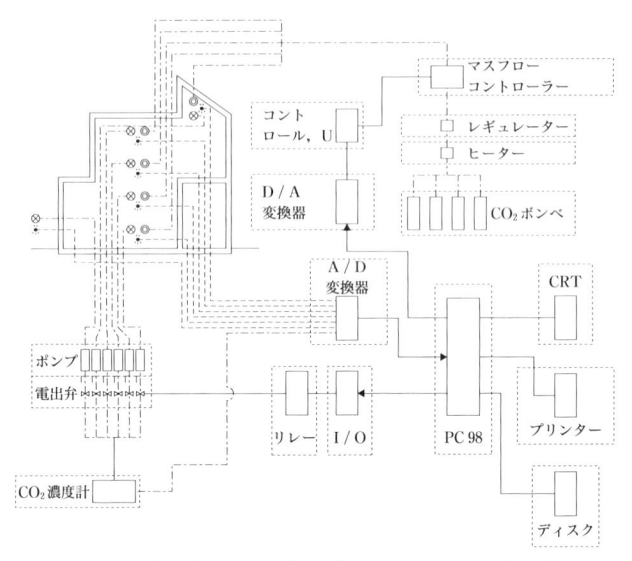

図 3-12　実験住宅温度・換気量測定システム（池永徹博）

$C_{ai}(t)$：時刻 t の時の仮想室 i の濃度 $[m^3/m^3]$
dt：測定時間間隔 $[h]$
T：トレーサガス放出時間 $[h]$
F_{ij}：i 室から j 室への換気量 $[m^3/h]$
f_{ai}：a ガスを i 室へ一定放出したガス量 $[m^3/h]$

　夜間のガス濃度変動の測定を通じ，最下層のガス放出部から順次上層にガスが混合拡散する以外に，最下層域から最上層の下の層へ高濃度ガスが直接的に流出する短絡的な流れ F_{52} の存在が確認された。そこで，夜間は，昼間の解析式を基に，短絡流れ成分と第 2 仮想室の濃度減衰時の濃度平衡式を付加して解析することにした。

第 1 仮想室（最上層域）：
$$C_{ao} \cdot F_{01} + C_{a2} \cdot F_{21} - C_{a1} \cdot F_{10} = 0$$
$$F_{01} + F_{21} - F_{10} = 0$$
(3-15)

第 2 仮想室：（昼間 $F_{52}=0$）

$$C_{ao} \cdot F_{02} + C_{a3} \cdot F_{32} + C_{a5} \cdot F_{52} - C_{a2} \cdot F_{21} = 0$$
$$F_{02} + F_{32} + F_{52} - F_{21} = 0 \qquad (3\text{-}16)$$

第 3 仮想室：

$$C_{ao} \cdot F_{03} + C_{a4} \cdot F_{43} - C_{a3} \cdot F_{32} = 0$$
$$F_{03} + F_{43} - F_{32} = 0 \qquad (3\text{-}17)$$

第 4 仮想室：

$$C_{ao} \cdot F_{04} + C_{a5} \cdot F_{54} - C_{a4} \cdot F_{43} = 0$$
$$F_{04} + F_{54} - F_{43} = 0 \qquad (3\text{-}18)$$

第 5 仮想室（最下層域）：（昼間 $F_{52}=0$）

$$C_{ao} \cdot F_{05} - C_{a5} \cdot F_{54} - C_{a5} \cdot F_{52} + f_{a5} = 0$$
$$F_{05} - F_{54} - F_{52} = 0 \qquad (3\text{-}19)$$

昼間は濃度平衡式に換気量平衡式を加えた 10 式が基本式であり，夜間は短絡流れ成分に配慮し，式 3-20 を加えて，計 11 式を解析の対象式にした。第 2 仮想室の時刻 t の濃度平衡（夜間のみ加えて解析）

$$V_2 \frac{dC_{a2}(t)}{dt} = C_{a0}(t) \cdot F_{02} + C_{a3}(t)F_{32} + C_{a5}(t)F_{52} - C_{a2}(t)F_{21} \qquad (3\text{-}20)$$

内外温度差による換気動力を殆ど期待できない昼間は，2 階窓より流入した外気量の大半が最上層とその下の層（仮想室①と②）経由でハイサイド窓より排出されるが，それでも必要換気相当の量は，最下層の居住域まで流下していることがわかる。この測定結果の肝心な所は，昼間，温度成層が持続する流れになっていること，また，夜間は 2／3 が最下層域まで流下する流れとなって，建物構造体の冷却に寄与していることにある。

図 3-13 の結果は，上方開放熱対流型換気の作業仮説がたまたま成立した一例かも知れない。しかし，1 室をいくつかの積層した仮想室に分割することで，瞬時一様拡散と温度成層の双方を満足させる測定法とすることが可能

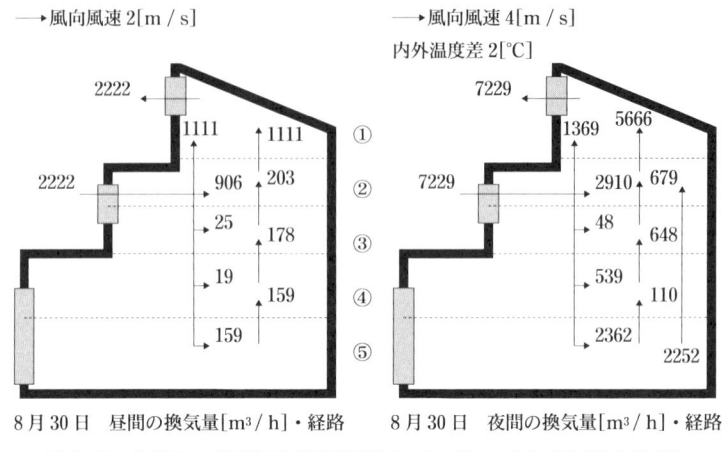

図3-13 換気量の算定結果(最下層域でCO$_2$ガス一定放出)(池永徹博)

になったのである。このことからも換気量の測定に際し，妥当と思われる換気経路のモデル化が測定作業に負けない位に重要な作業であることが理解されるだろう。

3.4 多数室換気とモデリング(modeling)

多種ガス法は測定対象室にガスを供給し，その濃度変動から総換気量，室間換気量を推定する。フィールド測定に際し，①トレーサガスを放出する際，どのような放出が妥当な方法になるのか，次いで，②各室でガス・サンプリングを行う際，どのようなサンプリングを行うと妥当なサンプリング方法になるのか，最後に，③逐次的にガス濃度を測定するけれども，解析に際し，ガス放出後，いつの時点のガス濃度を用いると，妥当な換気量として得ることが可能になるのか，という大きな宿題が残されていた。ここでは，上述の内から検討すべきいくつかの課題を取り上げる。

(1)多数室モデルの解析解と妥当な算定時刻

1988年9月，カナダ国立研究所建築研究部(Institute for Research in Construction / National Research Council Canada：IRC / NRC)において

文部省派遣在外研究の機会を得た。「積雪寒冷地における大空間の熱対流に関する研究」が在外研究の主題であったが，Dr. Sherif A. Barakat 科長とDr. Chia Yu Shaw 主任研究官から提示された IRC 客員研究員としての研究課題は多種トレーサガス法であった。その当時，建築環境学講座では，既に多種ガス法の研究を開始しており，困惑を覚えたけれども，北米における多種ガス法の深層を探るために，Shaw 博士の指導を受けることとなった。

基本的な解析式と瞬時一様拡散の関連問題は，先に触れているが，IRC においても1対象室に多点のガス供給と扇風機による混合促進策，多点のガス・サンプリング(manifold sampling)を行っていた。建築環境学講座では，スティール製の空き缶に8本の銅パイプをハンダ付けし，それに等長のビニールチューブ8本を装着し「蛸足サンプリング」と称していた。IRC の

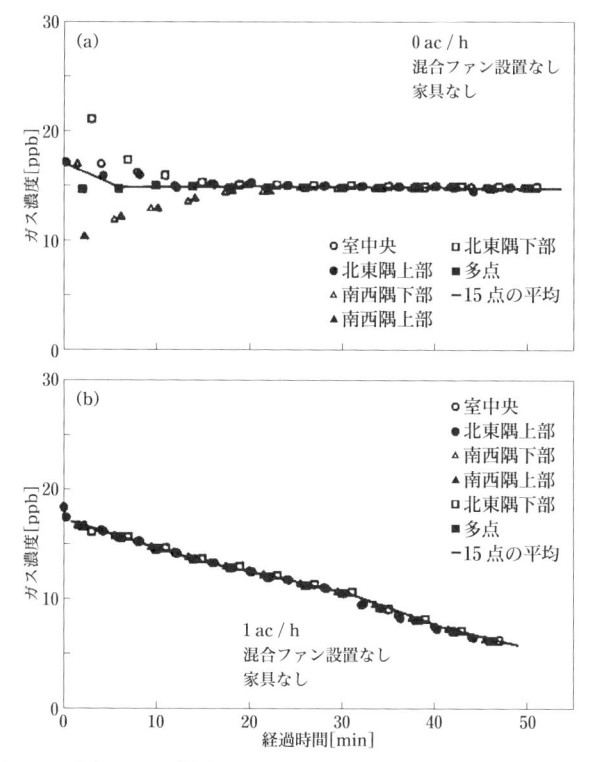

図3-14 選択された位置のSF₆ガス濃度の時刻的推移(C. Y. Shaw)

方では，50 φ の銅管に 8 本の銅パイプをハンダ付けし，それに等長のビニールチューブ 8 本を装着していた。その姿や形ばかりでなく，サンプリングチューブの本数まで一致していることに大変驚いたものだ。確かに，洋の東西を問わず，人間の考えることには大差がなく，研究・開発の進捗レベルも同時刻的といえる。もしかして差があるとすれば何か，を学ぶために，多種ガス法への分野に足を踏み入れることになった。

間口 4800 mm，奥行き 4800 mm，室高 2870 mm の測定対象室において，図 3-14 に示すように，換気なし，拡散ファンなしでトレーサガス（SF_6）を放出すると，一様になるには 20 分以上の時間経過を必要とする。室内に混合ファンがなくとも，換気回数 1 回／h が確保された状況では，供給空気の流れよって混合が促進され，1 分程度で一様になる。ここで重要なことは，15 箇所の平均値（manifold sampling）を採用した場合，20 分の拡散時間の経過を待たずに，一様に近い状況を擬似的に入手できることにある。

ステップ的にガス供給された時の多数室モデルの解析解を入手できれば，ガス濃度変動に影響を与える変数や要因の働きを前もって知ることができる。1 室モデルの場合，換気回数を指数とする指数関数 1 式による表現は既に導出している通りである。

$$C_{aj}(t) = (C_{aj}(+0) - C_{ao} - f_{aj}/F_{jo})\exp(-N \cdot t) + (C_{ao} + f_{aj}/F_{jo}) \quad (3\text{-}4')$$

2 室モデルでは，ガス濃度平衡で 4 式，換気量の平衡で 2 式，計 6 式が基礎式となる。

$$\begin{aligned}
V_1 \frac{dC_{a1}}{dt} &= C_{a0} \cdot F_{01} - C_{a1}(F_{10} + F_{12}) + C_{a2} \cdot F_{21} + f_{a1} \\
V_1 \frac{dC_{b1}}{dt} &= C_{b0} \cdot F_{01} - C_{b1}(F_{10} + F_{12}) + C_{b2} \cdot F_{21} \\
V_2 \frac{dC_{a2}}{dt} &= C_{a0} \cdot F_{02} + C_{a1} \cdot F_{12} - C_{a2}(F_{20} + F_{21}) \\
V_2 \frac{dC_{b2}}{dt} &= C_{b0} \cdot F_{02} + C_{b1} \cdot F_{12} - C_{b2}(F_{20} + F_{21}) + f_{b2}
\end{aligned} \quad (3\text{-}21)$$

$$F_{01}+F_{21}-F_{10}-F_{12}=0$$
$$F_{02}+F_{12}-F_{20}-F_{21}=0 \tag{3-22}$$

外気濃度基準に整式し，各室の換気回数 N_1，N_2 を定義する。次に，室1にaガス，室2にbガスを供給しているが，軸対称を念頭に単純化すると，室1にトレーサガスを一定供給した場合の解析解を踏まえ，室2にbガスの解析解も推定できる。

$$N_1=(F_{10}+F_{12})/V_1$$
$$N_2=(F_{20}+F_{21})/V_2 \tag{3-23}$$

$$V_1\frac{dC_1}{dt}=-C_1\cdot N_1V_1+C_2\cdot F_{21}+f_1$$
$$V_2\frac{dC_2}{dt}=C_1\cdot F_{12}-C_2\cdot N_2V_2 \tag{3-24}$$

$i=1$，2 とすると，濃度変動のプロファイルは次のようになる。

$$C_i(t)=X_i\exp(-a\cdot t)+Y_i\exp(-b\cdot t)+Z_i \tag{3-25}$$

ただし，$b>a$
$$A=N_1+N_2,\quad B=N_1N_2-(F_{21}/V_2)(F_{12}/V_1)$$
$$a=[A-(A^2-4B)^{0.5}]/2,\quad b=[A+(A^2-4B)^{0.5}]/2 \tag{3-26}$$

$$Z_1=f_1(N_2V_2)/[N_1V_1N_2V_2-F_{21}F_{12}]$$
$$Y_1=[(N_1-a)C_1(0)-(F_{21}/V_1)C_2(0)-(f_1/V_1)+aZ_1]/(b-a) \tag{3-27}$$
$$X_1=[(b-N_1)C_1(0)+(F_{21}/V_1)C_2(0)+(f_1/V_1)-bZ_1)]/(b-a)$$

$$Z_2=f_1F_{12}/[N_1V_1N_2V_2-F_{21}F_{12}]$$
$$Y_2=[(N_2-a)C_2(0)-(F_{12}/V_2)C_1(0)+aZ_2]/(b-a) \tag{3-28}$$
$$X_2=[(b-N_2)C_2(0)+(F_{12}/V_2)C_1(0)-bZ_2]/(b-a)$$

式 3-25 は，計算開始時刻に 2 室のガス濃度とガス供給量，室間換気量が既知であれば，その時刻を改めて $t=0$ に置換することで，逐次的に計算を進めることができることを意味している。

ここで，$F_{12}=F_{21} \gg F_{10}$，F_{20} と仮定し，$F=F_{12}=F_{21}$ として整式すると，A，B は次のようになる。

$$\begin{aligned}
&A = N_1 + N_2 = (F_{10} + F_{12})/V_1 + (F_{20} + F_{21})/V_2 = F(V_1 + V_2)/(V_1 V_2) \\
&B = N_1 N_2 - (F_{21}/V_2)(F_{12}/V_1) = F^2/V_1 V_2 - F^2/V_2 V_1 = 0 \\
&b - a = (A^2 - 4B)^{0.5} = F/V_1 + F/V_2 = A = 2K \\
&b - N_1 = [A + (A^2 - 4B)^{0.5}]/2 - N_1 = F/V_1 + F/V_2 - F/V_1 \\
&\qquad = F/V_2 \\
&N_1 - a = F/V_1
\end{aligned} \quad (3\text{-}29)$$

$f_1=0$ として，式 3-27 に代入すると，次のようになる。

$$\begin{aligned}
Y_1 &= [(N_1-a)C_1(0) - (F_{21}/V_1)C_2(0) - (f_1/V_1) + aZ_1]/(b-a) \\
&= [C_1(0)/V_1 - C_2(0)/V_1](F/A) \\
X_1 &= [(b-N_1)C_1(0) + (F_{21}/V_1)C_2(0) + (f_1/V_1) - bZ_1]/(b-a) \\
&= [C_1(0)/V_2 + C_2(0)/V_1](F/A) = [V_1 C_1(0) + V_2 C_2(0)]/(V_1+V_2)
\end{aligned} \quad (3\text{-}30)$$

係数 X_1 は，初期値が室 1 と室 2 の気積を合わせた重み平均濃度になることを意味し，もう一方の Y_1 は，2 室の気積や初期濃度に差がなければ，X_1 に比べて極めて小さな値になることを意味している。

$$\begin{aligned}
&Y_1 \exp(-b \times t) \ll X_1 \exp(-a \times t) \\
&C_1(t) = Y_1 \exp(-b \times t) + X_1 \exp(-a \times t) \\
&\qquad = X_1 \exp(-a \times t)
\end{aligned} \quad (3\text{-}31)$$

次に，2 室モデルを構成する 2 室の室規模が同程度であれば，$2V_1 \fallingdotseq V_1 + V_2$，$2V_2 \fallingdotseq V_1 + V_2$ とする仮定が成立するので，次のような操作によって

指数 a と指数 b を推定することができる。

　指数 a は，室1と室2の気積を合わせた測定対象系の総気積と外気流入量との関係を現し，指数 b は，測定対象系の総気積と(外気流入量＋室間換気量)との関係を現していることがわかる。

$$\begin{aligned}
a &= [A-(A^2-4B)^{0.5}]/2 = A/2-K = (N_1+N_2)/2-K \\
&= [(F_{10}+F_{12})/V_1+(F_{20}+F_{21})/V_2]/2-K \\
&= [F_{10}/(2V_1)+F_{20}/(2V_2)]+(F_{12}/V_1+F_{21}/V_2)/2-K \\
&= (F_{10}+F_{20})/(V_1+V_2)+(F/V_1+F/V_2)/2-K \\
&= (F_{10}+F_{20})/(V_1+V_2) \\
b &= [A+(A^2-4B)^{0.5}]/2 = A/2+K \\
&= (F_{10}+F_{20})/(V_1+V_2)+(F_{12}/V_1+F_{21}/V_2) \\
&= (F_{10}+F_{20})/(V_1+V_2)+2(F_{12}+F_{21})/(V_1+V_2)
\end{aligned} \quad (3\text{-}32)$$

$$\begin{aligned}
C_1(t) &= Y_1\exp(-b\times t)+X_1\exp(-a\times t) \\
C_2(t) &= Y_2\exp(-b\times t)+X_2\exp(-a\times t) \\
T_b &= 1/b, \quad T_a = 1/a
\end{aligned} \quad (3\text{-}33)$$

　実際に具体的な換気量を設定し，$f_1=0$ の条件で下式を適用すると，図3-15に示すような結果が得られる。指数 a ＜指数 b ゆえ，指数 a の項は濃度減衰の全般を記述する。一方，濃度減衰の前半部分を重点的に表現している指数 b の項の影響が減少すると，指数 a の項は後半の濃度減衰を表現することになる。

　時間が十分に経過した状態，例えば $t > T_a$ では，$\exp(-b\times t)$ を含む項は，限りなくゼロと見なせるようになり，$\exp(-a\times t)$ を含む項が支配的となるので，室1と室2の濃度の比は一定の値に近づいてくる。

$$C_1(t)=(X_1/X_2)C_2(t) \quad (3\text{-}34)$$

　6個の室間換気量は，$\exp(-b\times t)$ が有意な時間帯で算定されねばならな

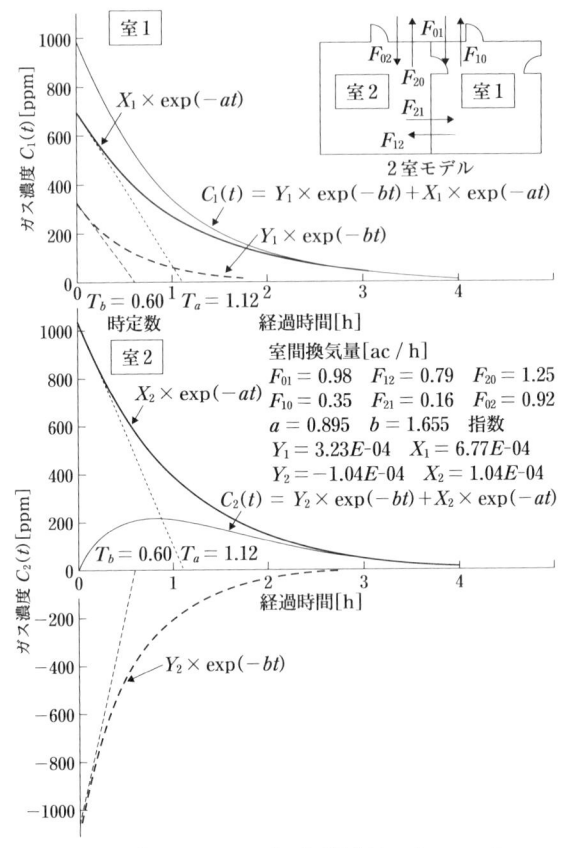

図3-15 式3-31によるガス濃度減衰のプロファイル

い。従って，室間換気量を算定する際に，式3-40のような状況下で室1と室2の濃度データを入力したとしても，その有意性は既に失われている。それゆえ，$T_a=1/a$は室間換気量を算定する際の有効な濃度測定値$C_1(t)$，$C_2(t)$を得る上限の時間区分を表しているといえる。式3-33より，$T_b=1/b$の物理的な意味を直接的に解き明かすことは難しいが，$\exp(-b \times t)$を含む項の影響が，主に濃度減衰の前半にあることを想定すると，$T_b=1/b$は対象2空間内のトレーサガスと各々の室内空気との間の混合条件，あるいは十分な混合を考えるに必要とされる下限の時間区分を判断する指標の一つ

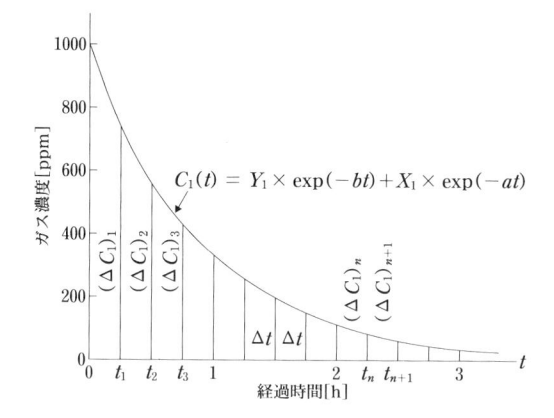

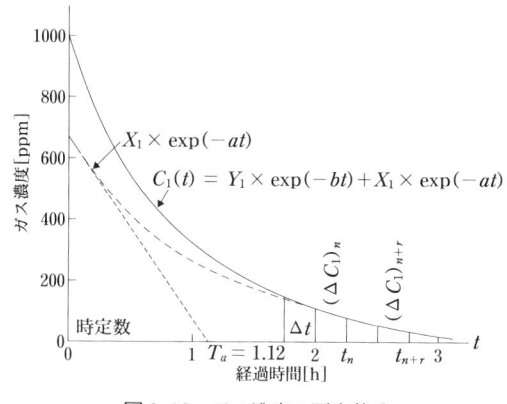

図 3-16 ガス濃度の逐次積分

としての利用が可能になるに違いない。

では，式 3-33 の 2 個の指数 a, b, 4 個の係数 X_1, Y_1, X_2, Y_2 にかかわった情報はどのような濃度変動データの処理から入手できるのであろうか。6 個の換気量を一定と仮定した 2 室モデルの場合，2 室の内の 1 室のガス濃度が減衰の条件下にあるとすると，逐次積分法の援用操作から 2 個の指数と 4 個の係数を決定することができる。

図 3-16 に示すように等時間間隔 Δt で，式 3-33 を逐次的に 0 から t_1 まで積分して $(\Delta C_1)_1$, t_1 から t_2 まで積分して $(\Delta C_1)_2$, t_n から t_{n+1} まで積分して

$(\Delta C_1)_{n+1}$ とすると,次のようになる。

$$(\Delta C_1)_1 = \int_0^{t_1} C_1(t)dt = (-X_1/a)[\exp(-a\Delta t)-1] \\ + (-Y_1/b)[\exp(-b\Delta t)-1] = (RX)_1 + (RY)_1 \quad (3\text{-}35)$$

$$(\Delta C_1)_2 = \int_{t_1}^{t_2} C_1(t)dt = (-X_1/a)\exp(-a\Delta t)[\exp(-a\Delta t)-1] \\ + (-Y_1/b)[\exp(-b\Delta t)][\exp(-b\Delta t)-1] \\ = (RX)_1\exp(-a\Delta t) + (RY)_1\exp(-b\Delta t) = (RX)_2 + (RY)_2 \quad (3\text{-}36)$$

$$(\Delta C_1)_3 = \int_{t_2}^{t_3} C_1(t)dt = (RX)_1\exp(-a\Delta t)^2 + (RY)_1\exp(-b\Delta t)^2 \\ = (RX)_2\exp(-a\Delta t) + (RY)_2\exp(-b\Delta t) \quad (3\text{-}37)$$

十分に時間が経過し,濃度が減衰した時,式3-37の $\exp(-b\Delta t)^{n-1}$ は $\exp(-a\Delta t)^{n-1}$ に比べて無視し得るほど小さくなるので,

$$(\Delta C_1)_n = (RX)_{n-1}\exp(-a\Delta t) + (RY)_1\exp(-b\Delta t)^{n-1} \\ = (RX)_n \quad (3\text{-}38) \\ (\Delta C_1)_{n+1} = (RX)_n\exp(-a\Delta t)$$

$$[(\Delta C_1)_{n+1}/(\Delta C_1)_n] = \exp(-a\Delta t) = E_{n+1} \\ [(\Delta C_2)_{n+1}/(\Delta C_2)_n] = \exp(-a\Delta t) = E_{n+1} \\ a = -ln(E_{n+1}) \\ T_a = 1/a \quad (3\text{-}39)$$

t が大きくなると,式3-33は次のようになる。

$$C_1(t) = X_1\exp(-a \times t) \\ C_2(t) = X_2\exp(-a \times t) \quad (3\text{-}40)$$

$C_1(t)$ と $C_2(t)$ を t_n から t_{n+r} まで積分すると, X_1, X_2 は次の操作から得ら

れる。

$$\int_{t_n}^{t_{n+r}} C_1(t)\mathrm{d}t = (-a/X_1)[\exp(-at_{n+r}) - \exp(-at_n)]$$

$$\begin{aligned}X_1 &= (-a) = \int_{t_n}^{t_{n+r}} C_1(t)\mathrm{d}t / [\exp(-at_{n+r}) - \exp(-at_n)] \\ X_2 &= (-a) = \int_{t_n}^{t_{n+r}} C_2(t)\mathrm{d}t / [\exp(-at_{n+r}) - \exp(-at_n)]\end{aligned} \qquad (3\text{-}41)$$

濃度変化の積分は濃度測定値の数値積分から得られる。最初濃度がゼロの状態で，室1にパルス状にガス供給があった場合，$t=0$ の時点で，その影響は室2に及んでいない。室2の濃度がゼロとなるゆえ，Y_2 は次のようになる。

$$C_2(0) = Y_2 + X_2 = 0 \quad Y_2 = -X_2 \qquad (3\text{-}42)$$

$$\begin{aligned}\int_0^{n\Delta t} C_2(t)\mathrm{d}t &= (-Y_2/b)[\exp(-b \cdot n\Delta t) - 1] \\ &\quad + (-X_2/a)[\exp(-a \cdot n\Delta t) - 1] \\ b &= Y_2[\exp(-b \cdot n\Delta t) - 1] / \left\{ \int_0^{n\Delta t} C_2(t)\mathrm{d}t - (-X_2/a)[\exp(-a \cdot n\Delta t) - 1] \right\} \\ T_b &= 1/b\end{aligned} \qquad (3\text{-}43)$$

式3-43の左辺の b 及び右辺の指数 b は未知量ゆえ，Newton法等の収束法を用いて，数値解析的に入手することになる。指数 b が求まれば，未知係数は Y_1 のみになる。

式3-33に示した室1の濃度変動を $t=0$ から $t=n\Delta t$ まで積分する。

$$\begin{aligned}Y_1 = b \Bigl\{ &\int_0^{n\Delta t} C_1(t)\mathrm{d}t - (-X_1/a)[\exp(-a \cdot n\Delta t) - 1] \Bigr\} \\ &/ [\exp(-b \cdot n\Delta t) - 1]\end{aligned} \qquad (3\text{-}44)$$

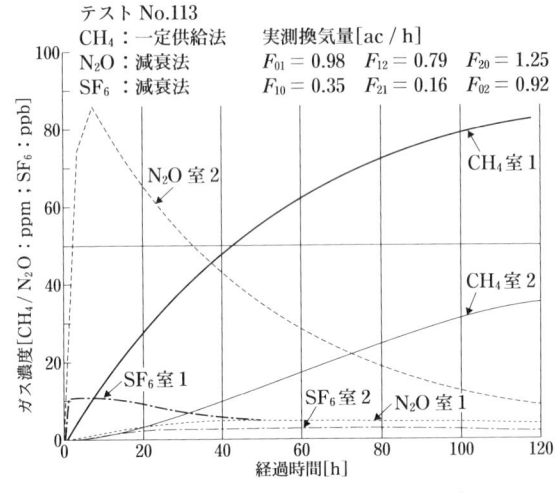

図 3-17　実測ガス濃度変動(C. Y. Shaw)

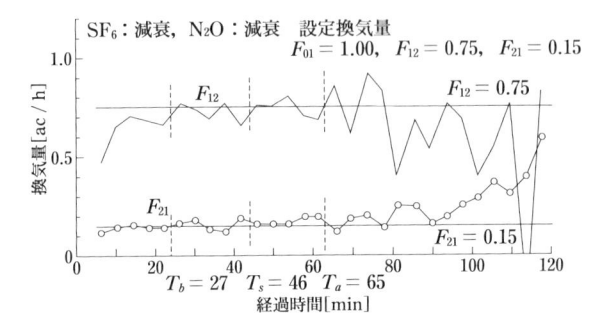

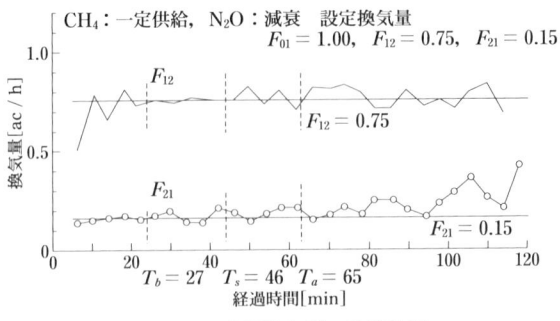

図 3-18　室間換気量の計算結果

上式の定積分は，測定濃度の数値積分から得ることができるので，係数 Y_1 は代数的に求めることができる。以上の手順で実測濃度変動から指数(a, b)と2組の係数(X_1, Y_1)，(X_2, Y_2)が得られると，その指数，係数を用いて図3-15に示すような濃度変動の数値計算が可能になる。そのような数値計算による濃度変動と，実測濃度変動曲線の交差した時刻 T_s は，換気量の算定に供すべき時刻，即ち，瞬時一様拡散を想定し得る妥当な時刻の目安とすることができる。

しかし，この時刻 T_s は定まった狭い時間幅を指すのではなく，むしろ室間換気量を安定して算出し得る時間帯の目安に近い。実際には，先の時刻を拠り所にして，時定数 T_a，T_b との間で測定された同時刻濃度変動より算定された複数組の計算結果の平均値，あるいはその区間の最小自乗法による算定値が，その対象空間の室間換気量として用いられることになる。

図3-15の図中の2室モデルは，著者が在外研究に従事した Building Performance Section(Institute for Research in Construction：IRC)にある 4.8 m×4.8 m×2.87 m(高)の実大実験室から構成されている。

この2実験室で実測した濃度変動を図3-17に，その変動から算定した室間換気量を図3-18に示す。繰り返しになるが，ガス放出直後，あるいは過度に時間が経過したところでは，室間換気量の計算値は設定値から大きくずれ込むけれども，時定数 T_a，T_b に挟まれた時間帯の計算値は落ち着いた動きを見せる。

図3-19は2室モデルで行われた17回の室間換気量の実測結果に基づいて整理した時定数と妥当な算定時刻との関係をプロットしたものである。

以上の検討より，

①時定数 T_a は外気との間の換気量(総換気量)に支配される。

②妥当な算定時刻は時定数 T_b が減少すれば，それにつれて小さくなる。

　しかし，極端に外気との間の換気量が減少し，時定数 T_a が大きくなった場合，妥当な算定時刻は，その影響によって大きくなる。

ことが明らかになってきた。

以上が，実大規模の2室モデルを対象にした妥当な算定時刻の検討である。次いで，3室モデルの場合にも，同じような推論が可能かどうかの検証を

試みた。3室モデルでは，ガスの濃度平衡式が9式，換気量の平衡式が3式，合わせて12式が基礎式となる。

$$V_1 \frac{dC_{a1}}{dt} = C_{a0} \cdot F_{01} - C_{a1}(F_{10} + F_{12} + F_{13}) + C_{a2} \cdot F_{21} + C_{a3}F_{31} + f_{a1}$$

$$V_1 \frac{dC_{b1}}{dt} = C_{b0} \cdot F_{01} - C_{b1}(F_{10} + F_{12} + F_{13}) + C_{b2} \cdot F_{21} + C_{b3}F_{31} \quad (3\text{-}45)$$

$$V_1 \frac{dC_{c1}}{dt} = C_{c0} \cdot F_{01} - C_{c1}(F_{10} + F_{12} + F_{13}) + C_{c2} \cdot F_{21} + C_{c3}F_{31}$$

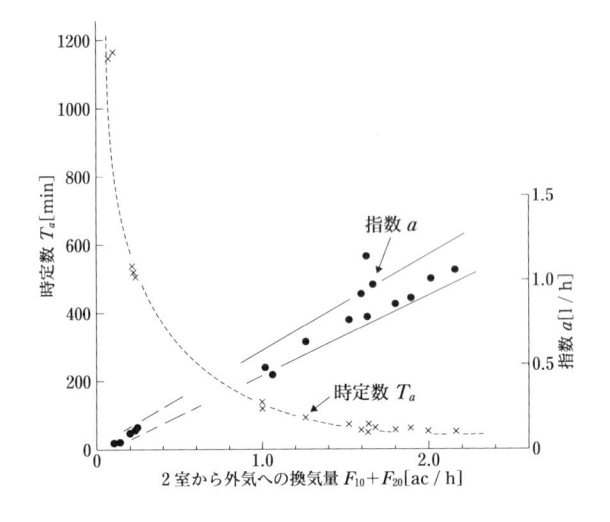

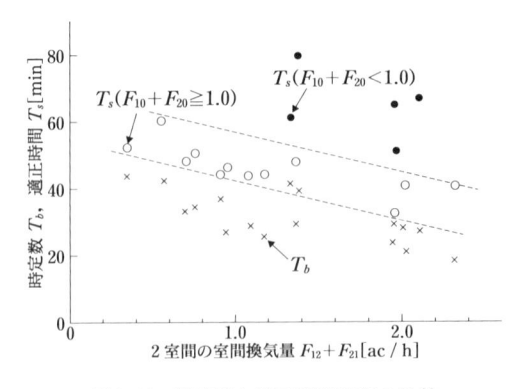

図 3-19　時定数と適正推定時刻の動静

$$V_2\frac{dC_{a2}}{dt}=C_{a0}\cdot F_{02}-C_{a2}(F_{20}+F_{21}+F_{23})+C_{a1}\cdot F_{12}+C_{a3}F_{32}$$

$$V_2\frac{dC_{b2}}{dt}=C_{b0}\cdot F_{02}-C_{b2}(F_{20}+F_{21}+F_{23})+C_{b1}\cdot F_{12}+C_{b3}F_{32}+f_{b2} \quad (3\text{-}46)$$

$$V_2\frac{dC_{c2}}{dt}=C_{c0}\cdot F_{02}-C_{c2}(F_{20}+F_{21}+F_{23})+C_{c1}\cdot F_{12}+C_{c3}F_{32}$$

$$V_3\frac{dC_{a3}}{dt}=C_{a0}\cdot F_{03}-C_{a3}(F_{30}+F_{31}+F_{32})+C_{a1}\cdot F_{13}+C_{a2}F_{23}$$

$$V_3\frac{dC_{b3}}{dt}=C_{b0}\cdot F_{03}-C_{b3}(F_{30}+F_{31}+F_{32})+C_{b1}\cdot F_{13}+C_{b2}F_{23} \quad (3\text{-}47)$$

$$V_3\frac{dC_{c3}}{dt}=C_{c0}\cdot F_{03}-C_{c3}(F_{30}+F_{31}+F_{32})+C_{c1}\cdot F_{13}+C_{c2}F_{23}+f_{c3}$$

$$F_{01}+F_{21}+F_{31}-F_{10}-F_{12}-F_{13}=0$$
$$F_{02}+F_{12}+F_{32}-F_{20}-F_{21}-F_{23}=0 \quad (3\text{-}48)$$
$$F_{03}+F_{13}+F_{23}-F_{30}-F_{31}-F_{32}=0$$

各室で3種のガス濃度の時間変動が得られるとき，その同時刻濃度情報を用い，12の連立方程式を解いて，12個の室間換気量を得ることができる。外気濃度を基準にした濃度変動の解析解は，以下の3式を原型にして入手することができる。

$$N_1=(F_{10}+F_{12}+F_{13})/V_1$$
$$N_2=(F_{20}+F_{21}+F_{23})/V_2 \quad (3\text{-}49)$$
$$N_3=(F_{30}+F_{31}+F_{32})/V_3$$

$$V_1\frac{dC_1}{dt}=-C_1N_1V_1+C_2\cdot F_{21}+C_3\cdot F_{31}+f_1$$
$$V_2\frac{dC_2}{dt}=C_1\cdot F_{12}-C_2N_2V_2+C_3\cdot F_{32} \quad (3\text{-}50)$$
$$V_3\frac{dC_3}{dt}=C_1\cdot F_{13}+C_2\cdot F_{23}-C_3N_3V_3$$

ここではトレーサガスをステップ入力とした場合の単位応答(ラプラス変換・逆変換による解析解)を示す。式 3-50 から C_2, C_3 の項を消去して次式を得る。

$$\left(\frac{d^3 C_1}{dt^3}\right) + (N_1 + N_2 + N_3)\left(\frac{d^2 C_1}{dt^2}\right) + [N_1 N_2 + N_2 N_3 + N_3 N_1 \\ - (F_{13}/V_1)(F_{31}/V_3) - (F_{32}/V_3)(F_{23}/V_2) - (F_{21}/V_2)(F_{12}/V_1)]\left(\frac{dC_1}{dt}\right) \\ + [N_1 N_2 N_3 - N_1(F_{23}/V_2)(F_{32}/V_3) - N_2(F_{31}/V_3)(F_{13}/V_1) \\ - N_3(F_{12}/V_1)(F_{21}/V_2) - (F_{12}/V_1)(F_{23}/V_2)(F_{31}/V_3) \\ - (F_{13}/V_1)(F_{32}/V_3)(F_{21}/V_2)]C_1 \\ + [(F_{23}/V_2)(F_{32}/V_3) - N_2 N_3](f_1/V_1) = 0 \quad (3\text{-}51)$$

ここで，次のように整式する。

$$\begin{aligned}
K_a &= N_1 + N_2 + N_3 \\
K_b &= N_1 N_2 + N_2 N_3 + N_3 N_1 - (F_{13}/V_1)(F_{31}/V_3) - (F_{32}/V_3)(F_{23}/V_2) \\
&\quad - (F_{21}/V_2)(F_{12}/V_1) \\
K_c &= N_1 N_2 N_3 - N_1(F_{23}/V_2)(F_{32}/V_3) - N_2(F_{31}/V_3)(F_{13}/V_1) \\
&\quad - N_3(F_{12}/V_1)(F_{21}/V_2) - (F_{12}/V_1)(F_{23}/V_2)(F_{31}/V_3) \\
&\quad - (F_{13}/V_1)(F_{32}/V_3)(F_{21}/V_2) \\
K_{d1} &= [(F_{23}/V_2)(F_{32}/V_3) - N_2 N_3](f_1/V_1)
\end{aligned} \quad (3\text{-}52)$$

$$\left(\frac{d^3 C_1}{dt^3}\right) + K_a\left(\frac{d^2 C_1}{dt^2}\right) + K_b\left(\frac{dC_1}{dt}\right) + K_c C_1 + K_{d1} = 0 \quad (3\text{-}53)$$

$$L\{C_1(t)\} = \{s^3 C_1(0) + s^2[C_1'(0) + K_a C_1(0)] \\ + s[C_1''(0) + K_a C_1'(0) + K_b C_1(0)] - K_{d1}\} / \\ \{s(s^3 + K_a s^2 + K_b s + K_c)\} \quad (3\text{-}54)$$

式 3-53 に対してラプラス変換を行う。各室濃度の初期条件を次のように想定する。

$$C_1'(0)=[-N_1V_1C_1(0)+F_{21}C_2(0)+F_{31}C_3(0)+f_1]/V_1$$

$$\begin{aligned}C_1''(0)=&-(N_1+N_2)C_1'(0)-[N_1N_3-(F_{13}/V_1)(F_{31}/V_3]C_1(0)\\&+(N_3/V_1)f_1+(F_{21}/V_1)C_2'(0)+[N_3(F_{21}/V_1)\\&+(F_{23}/V_1)(F_{31}/V_3]C_2(0)\end{aligned} \quad (3\text{-}55)$$

$$C_2'(0)=[F_{12}C_1(0)-N_2V_2C_2(0)+F_{32}C_3(0)]/V_2$$

式 3-56 のように整式した 3 次方程式の解を得ることができれば，

$$(s^3+K_as^2+K_bs+K_c)=(s-a')(s-b')(s-c') \quad (3\text{-}56)$$

式 3-54 は次のように展開できる。

$$\begin{aligned}L\{C_1(t)\}&=W_1/s+X_1/(s-a')+Y_1/(s-b')+Z_1/(s-c')\\W_1&=K_{d1}/(a'\cdot b'\cdot c')\end{aligned} \quad (3\text{-}57)$$

ここで，$a'=-a$，$b'=-b$，$c'=-c$ として，式 3-57 の分数関数に対してラプラス逆変換を行うと，室 1 の濃度変動の解析解は，3 つの指数関数の和として得ることができる。

$$C_1(t)=W_1+X_1\exp(-a\cdot t)+Y_1\exp(-b\cdot t)+Z_1\exp(-c\cdot t) \quad (3\text{-}58)$$

$i=1, 2, 3$ として，式 3-53 に対応させると

$$\begin{aligned}C_i(t)&=W_i+X_i\exp(-a\cdot t)+Y_i\exp(-b\cdot t)+Z_i\exp(-c\cdot t)\\W_i&=K_{di}/(-a\cdot b\cdot c)\\K_{d1}&=[(F_{23}/V_2)(F_{32}/V_3)-N_2N_3](f_1/V_1)\\K_{d2}&=-[N_3(F_{12}/V_1)+(F_{13}/V_1)(F_{32}/V_3)](f_1/V_2)\\K_{d3}&=-[N_2(F_{13}/V_1)+(F_{12}/V_1)(F_{23}/V_2)](f_1/V_3)\end{aligned} \quad (3\text{-}59)$$

また，指数関数の係数 X_i, Y_i, Z_i は，各々次のようになる ($i=1,2,3$ とする)。

$$\begin{aligned}
X_1 = -\{&[(N_2-a)(N_3-a)-(F_{32}/V_3)(F_{23}/V_2)]C_1(0) \\
&+[(N_3-a)(F_{21}/V_1)+(F_{23}/V_1)(F_{31}/V_3)]C_2(0) \\
&+[(N_2-a)(F_{31}/V_1)+(F_{21}/V_1)(F_{32}/V_2)]C_3(0) \\
&+(N_2+N_3-a)(f_1/V_1)+K_{d1}/a\}/[(c-a)(a-b)] \\
Y_1 = -\{&[(N_2-b)(N_3-b)-(F_{32}/V_3)(F_{23}/V_2)]C_1(0) \\
&+[(N_3-b)(F_{21}/V_1)+(F_{23}/V_1)(F_{31}/V_3)]C_2(0) \\
&+[(N_2-b)(F_{31}/V_1)+(F_{21}/V_1)(F_{32}/V_2)]C_3(0) \\
&+(N_2+N_3-b)(f_1/V_1)+K_{d1}/b\}/[(a-b)(b-c)] \\
Z_1 = -\{&[(N_2-c)(N_3-c)-(F_{32}/V_3)(F_{23}/V_2)]C_1(0) \\
&+[(N_3-c)(F_{21}/V_1)+(F_{23}/V_1)(F_{31}/V_3)]C_2(0) \\
&+[(N_2-c)(F_{31}/V_1)+(F_{21}/V_1)(F_{32}/V_2)]C_3(0) \\
&+(N_2+N_3-c)(f_1/V_1)+K_{d1}/c\}/[(b-c)(c-a)]
\end{aligned} \quad (3\text{-}60)$$

$$\begin{aligned}
X_2 = -\{&[(N_3-a)(F_{12}/V_2)+(F_{13}/V_2)(F_{32}/V_3)]C_1(0) \\
&+[(N_1-a)(N_3-a)-(F_{31}/V_3)(F_{13}/V_1)]C_2(0) \\
&+[(N_1-a)(F_{32}/V_2)+(F_{12}/V_1)(F_{31}/V_2)]C_3(0) \\
&+(F_{12}/V_1)(f_1/V_2)+K_{d2}/a\}/[(c-a)(a-b)] \\
Y_2 = -\{&[(N_3-b)(F_{12}/V_2)+(F_{13}/V_2)(F_{32}/V_3)]C_1(0) \\
&+[(N_1-b)(N_3-b)+(F_{31}/V_3)(F_{13}/V_1)]C_2(0) \\
&+[(N_1-b)(F_{32}/V_2)-(F_{12}/V_1)(F_{31}/V_2)]C_3(0) \\
&+(F_{12}/V_1)(f_1/V_2)+K_{d2}/b\}/[(a-b)(b-c)] \\
Z_2 = -\{&[(N_3-c)(F_{12}/V_2)+(F_{13}/V_2)(F_{32}/V_3)]C_1(0) \\
&+[(N_1-c)(N_3-c)-(F_{31}/V_3)(F_{13}/V_1)]C_2(0) \\
&+[(N_1-c)(F_{32}/V_2)+(F_{12}/V_1)(F_{31}/V_2)]C_3(0) \\
&+(F_{12}/V_1)(f_1/V_2)+K_{d2}/c\}/[(b-c)(c-a)]
\end{aligned} \quad (3\text{-}61)$$

$$\begin{aligned}
X_3 =& -\{[(N_2-a)(F_{13}/V_3)+(F_{12}/V_3)(F_{23}/V_2)]C_1(0) \\
& +[(N_1-a)(F_{23}/V_3)+(F_{13}/V_1)(F_{21}/V_3)]C_2(0) \\
& +[(N_1-a)(N_2-a)-(F_{21}/V_2)(F_{12}/V_1)]C_3(0) \\
& +(F_{13}/V_1)(f_1/V_3)+K_{d3}/a\}/[(c-a)(a-b)] \\
Y_3 =& -\{[(N_2-b)(F_{13}/V_3)+(F_{12}/V_3)(F_{23}/V_2)]C_1(0) \\
& +[(N_1-b)(F_{23}/V_3)+(F_{13}/V_1)(F_{21}/V_3)]C_2(0) \\
& +[(N_1-b)(N_2-b)-(F_{21}/V_2)(F_{12}/V_1)]C_3(0) \\
& +(F_{13}/V_1)(f_1/V_3)+K_{d3}/b\}/[(a-b)(b-c)] \\
Z_3 =& -\{[(N_2-c)(F_{13}/V_3)+(F_{12}/V_3)(F_{23}/V_2)]C_1(0) \\
& +[(N_1-c)(F_{23}/V_3)+(F_{13}/V_1)(F_{21}/V_3)]C_2(0) \\
& +[(N_1-c)(N_2-c)-(F_{21}/V_2)(F_{12}/V_1)]C_3(0) \\
& +(F_{13}/V_1)(f_1/V_3)+K_{d3}/c\}/[(b-c)(c-a)]
\end{aligned} \quad (3\text{-}62)$$

式 3-52 に示す係数は，3 次方程式の解との間で次のような関係が成立する。

$$\begin{aligned}
K_a =& N_1+N_2+N_3 = a+b+c \\
K_b =& N_1N_2+N_2N_3+N_3N_1-(F_{13}/V_1)(F_{31}/V_3)-(F_{32}/V_3)(F_{23}/V_2) \\
& -(F_{21}/V_2)(F_{12}/V_1) = a \cdot b + b \cdot c + c \cdot a \\
K_c =& N_1N_2N_3-N_1(F_{23}/V_2)(F_{32}/V_3)-N_2(F_{31}/V_3)(F_{13}/V_1) \\
& -N_3(F_{12}/V_1)(F_{21}/V_2)-(F_{12}/V_1)(F_{23}/V_2)(F_{31}/V_3) \\
& -(F_{13}/V_1)(F_{32}/V_3)(F_{21}/V_2) = a \cdot b \cdot c
\end{aligned} \quad (3\text{-}63)$$

$c>b>a$ なる時，それらの時定数は $T_c<T_b<T_a$ となる。2 室モデルの時と同様に，換気量の算定に妥当な時刻 T_s は，最大の時定数よりも小さく設定されなければならない。また，最小の時定数よりも小さい設定はトレーサガスが対象空間内で十分に混合拡散されていない，と考えられるので，避けなければならない。

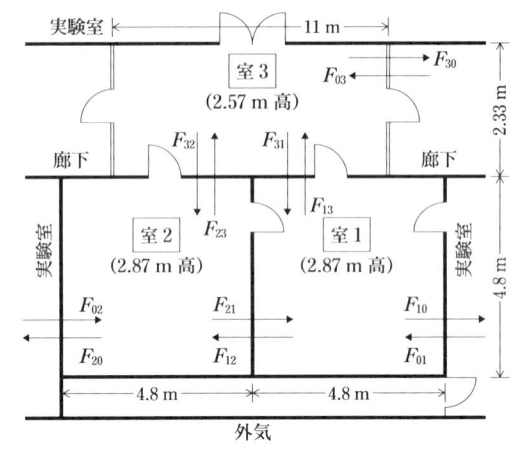

図3-20 3室モデルの対象空間(IRC / NRC)

$$T_c \leq T_s \leq T_a \tag{3-64}$$

図3-15に示した実大実験室に接続する廊下部分に，室1，室2と空間容積がほぼ等しい室3を仮設し，3室モデルを対象にして妥当な算定時刻の検討を行った．3室モデルの平面図を図3-20に示す．

検討は次のような手順で行った．

①空間規模や攪拌機器の設置の有無で異なってくるが，十分な初期混合の時間を確保するために，例えば，$t_0 = 25$分経過後の室間換気量を算定し，それに基づいて3次方程式の解である指数 a，b，c を求め，$T_c < t < T_a$ を確認する．

②先の室間換気量を用い，$t_1 = t_0 + \Delta t$ における各々の室のガス濃度 C_1，C_2，C_3 を計算し，この計算濃度 C_1，C_2，C_3 と実測濃度 C_{1m}，C_{2m}，C_{3m} の比がある許容差の範囲内(例えば100±2％)に収まった場合，妥当な算定時刻は t_0 と t_1 の間にあると仮定する．

③もしも収まらなかった場合には，②の操作を繰り返し，計算濃度 C_1，C_2，C_3 と実測濃度 C_{1m}，C_{2m}，C_{3m} の比がある許容差の範囲内に収まるようにする．

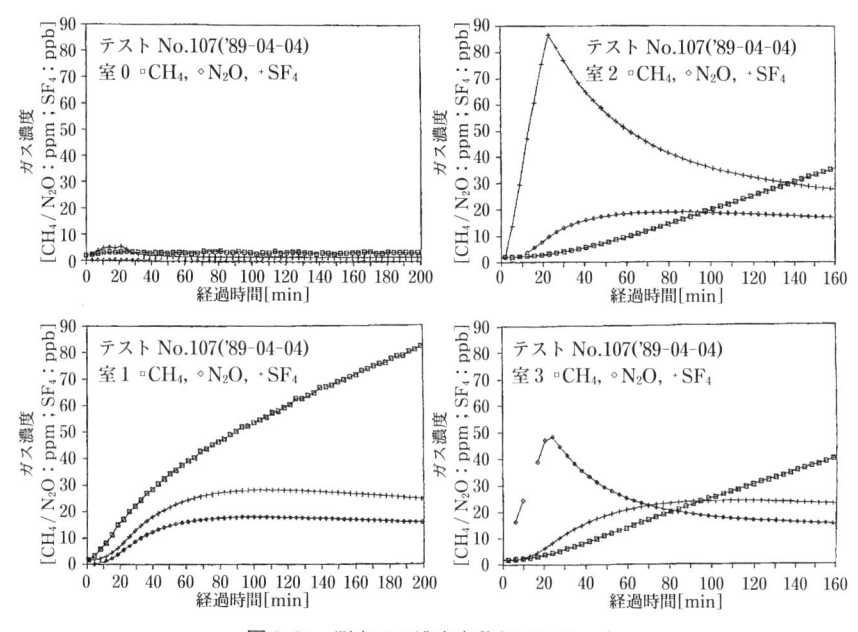

図 3-21 測定ガス濃度変動(C. Y. Shaw)

　濃度測定結果の一例を図3-21に示す。室0は測定対象室以外の濃度(境界条件)の測定結果を示す。室3に接続する廊下や大実験室の濃度は無視し得るほどの低濃度の状況にあることがわかる。

　本検討例では，室1が一定ガス供給に，室2，室3がパルス供給になっている。算定結果を図3-22に示す。室間換気量の算定値は，概ね一定に求まっているが，詳細に検討すると，F_{12}とF_{21}は増大傾向を示し，F_{13}，F_{31}，F_{23}，F_{32}は減少傾向を示している。

　実際の妥当な算定時刻は，先に触れた増大傾向と減少傾向が折り合うガス放出後41分を経過したところにあり，その後，60分を経過する頃になると，計算値は波状に大きく変動する推移を示すようになる。

　3室モデルで行った14回の測定結果から，指数，時定数，妥当な算定時刻の関係を見ると，最小の指数aは，外気と3室間の合計量(総換気量)に関係していることがわかった。この性質は2室モデルと共通している。

　最大の指数cは，室間換気量の合計量に影響されている。妥当な算定時

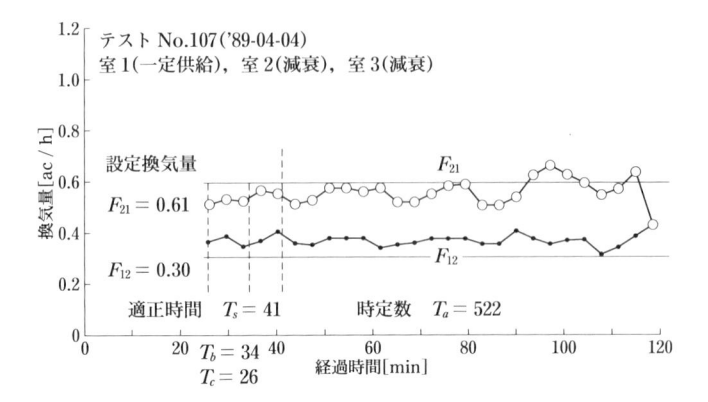

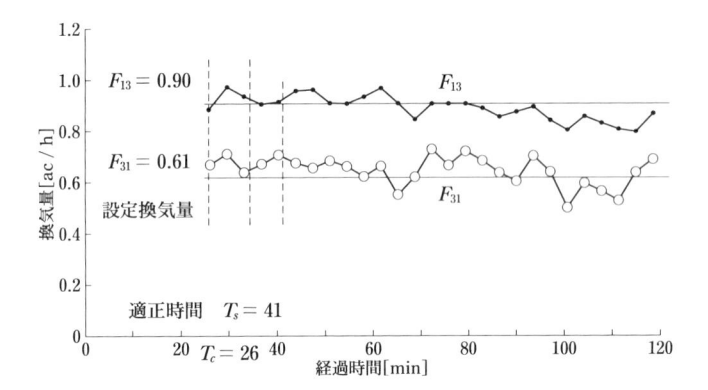

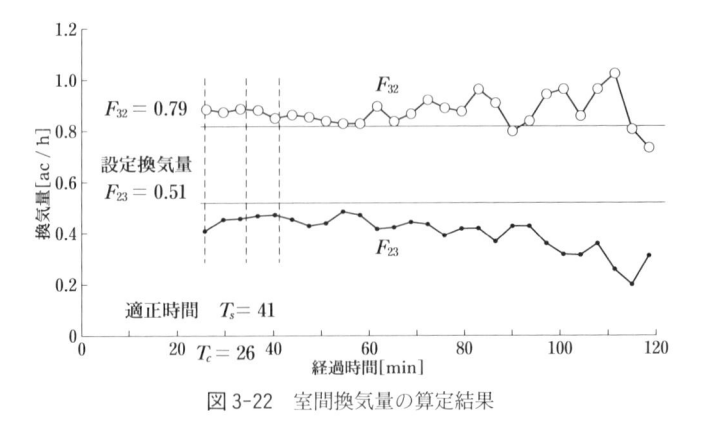

図 3-22 室間換気量の算定結果

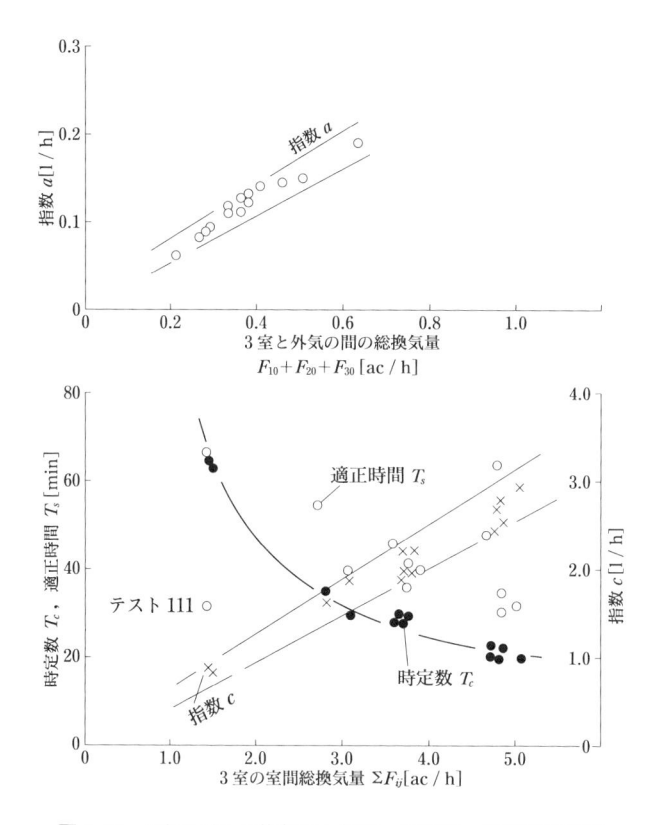

図 3-23 3室モデルの換気量と指数，時定数，適正推定時間

刻 T_s は，図示したテスト 111 を除けば，概ねこの最大指数 c の時定数 T_c より大きい値で得られている。従って，この時定数 T_c は妥当な算定時刻の目安の一つとなるに違いない。

このような方法で見出した妥当な算定時刻を，『物理的な根拠に乏しい』と論難する研究者がいない訳ではない。しかし，いつの時点の濃度データを用いると妥当な換気量として入手できるのかは，現状のフィールド測定において今なお最大の関心事となっている。その理由は，実験室実験の場合，トレーサガス法以外の方法(例えば，オリフィス法等)を用いて，設定条件の換気量の再現性や検定が可能になるけれども，一般の住宅などを測定対象とし

たフィールド測定の場合には，算定された室間換気量の数値が妥当か否かの厳密な検証は，実際の問題として不可能に近いと思われるからである。

(2) パルス供給法による事前モデリングの有効性

夏期に屋根面の天窓を開放した場合の昼夜の換気量変動を把握しようと試み，事前にパルス供給法を用いて，空気流れの実態を探った。

対象住戸の平面と断面を図3-24に示す。この住宅の仕様は，外壁が(GW：100 mm)，屋根が(GW：200 mm)，基礎が(FP：60 mm)，有効開口面積が($1.6\,cm^2/m^2$)相当で，パッシブ換気＋床下暖房を採用した戸建木造2階建の建売住宅である。測定に際し，ガス分析計の制約からトレーサガス数を4種以内に制限されたため，モデル化が容易なように食堂と台所の間に界壁を設け，(台所＋UT＋浴室)を計測器の設置室とし，2階北側室の扉

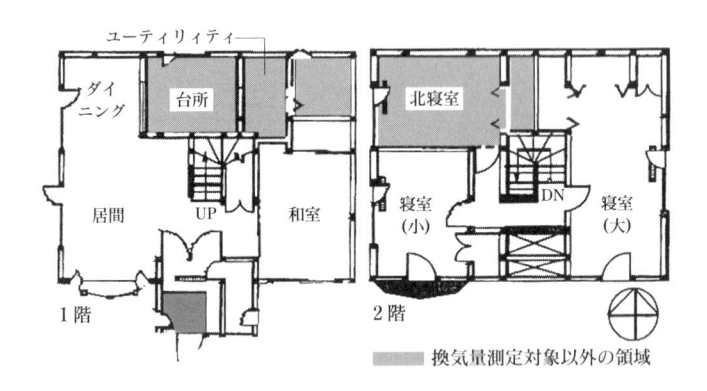

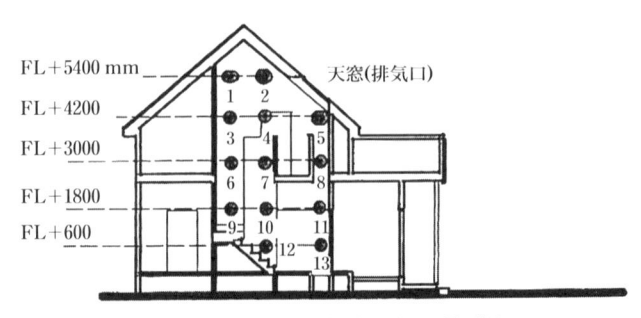

図3-24 測定対象住戸の平面・断面図

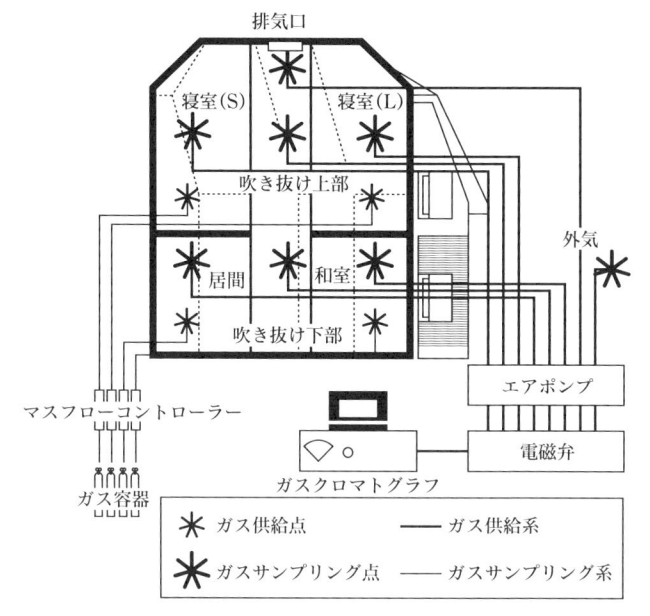

図 3-25 ガス供給・サンプリングシステム(梶井浩史)

も密閉した。結果的に，中央の階段室(吹き抜け)を挟んで，上階に2室，下階に2室，計4室が測定対象空間となった。

階段室を除く1階の居間と和室，2階の小寝室，大寝室に4種のトレーサガス(CO_2, CH_4, N_2O, SF_6)を各1種ずつマスフローコントローラーで制御し，パルス法によって 0.083 h(約5分間)供給した。

濃度測定に使用したガスクロマトグラフ・ガス分析計は，4種の標準ガス濃度(CO_2[1070 ppm], CH_4[102 ppm], N_2O[98.6 ppm], SF_6[100 ppm])を基準値としてサンプリング空気のガス濃度を決定する。

昼間の流れ性状は次のように観察された。1階居間の経時的な濃度応答のピークは「居間 ⇒ 階段室吹き抜け下部 ⇒ 排気出口」と推移し，居間から吹き抜けを伝い天窓に達する上昇流が存在する。1階和室では，「和室 ⇒ 吹き抜け下部 ⇒ 居間 ⇒ 排気出口」の順に応答が現れているが，排気出口のピークは小さく，天窓に達する前に拡散されている状況にある。2階小寝室の経時的な応答のピークは，「小寝室 ⇒ 階段室吹き抜け上部 ⇒ 排気出

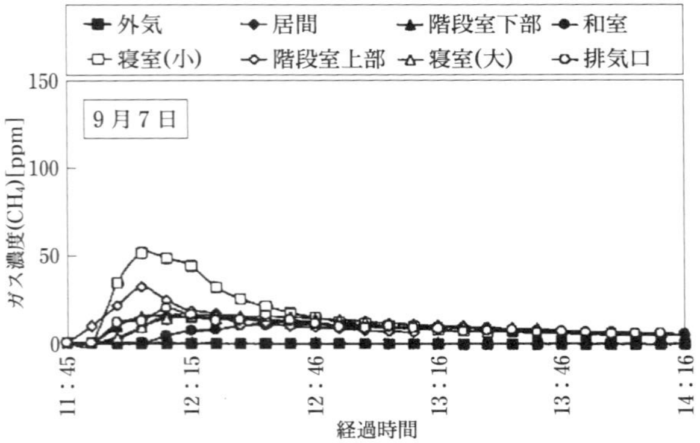
外気
居間
階段室下部
和室
寝室(小)
階段室上部
寝室(大)
排気口
9月7日
ガス濃度(CH_4)[ppm]
150
100
50
0
11：45
12：15
12：46
13：16
13：46
14：16
経過時間

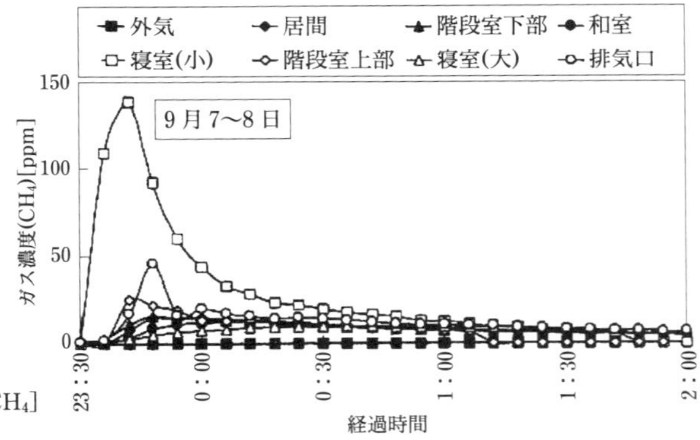
外気
居間
階段室下部
和室
寝室(小)
階段室上部
寝室(大)
排気口
9月7〜8日
ガス濃度(CH_4)[ppm]
150
100
50
0
23：30
0：00
0：30
1：00
1：30
2：00
経過時間

[CH_4]

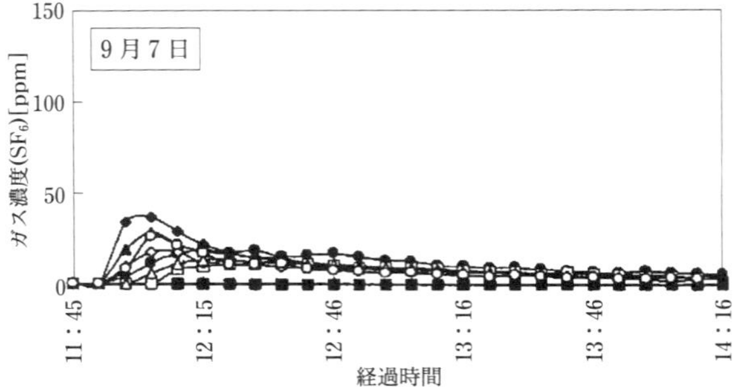
9月7日
ガス濃度(SF_6)[ppm]
150
100
50
0
11：45
12：15
12：46
13：16
13：46
14：16
経過時間

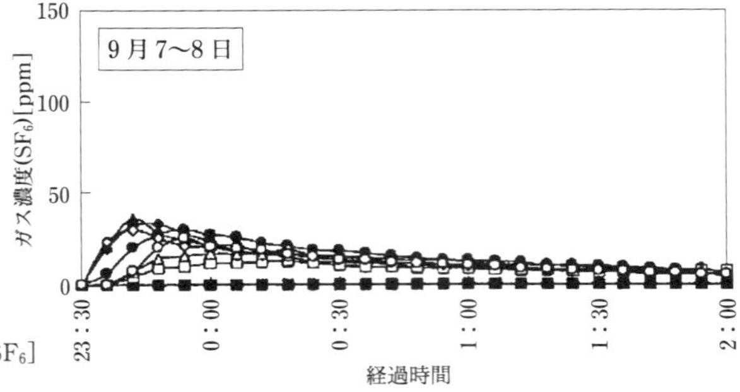
9月7〜8日
ガス濃度(SF_6)[ppm]
150
100
50
0
23：30
0：00
0：30
1：00
1：30
2：00
経過時間

[SF_6]

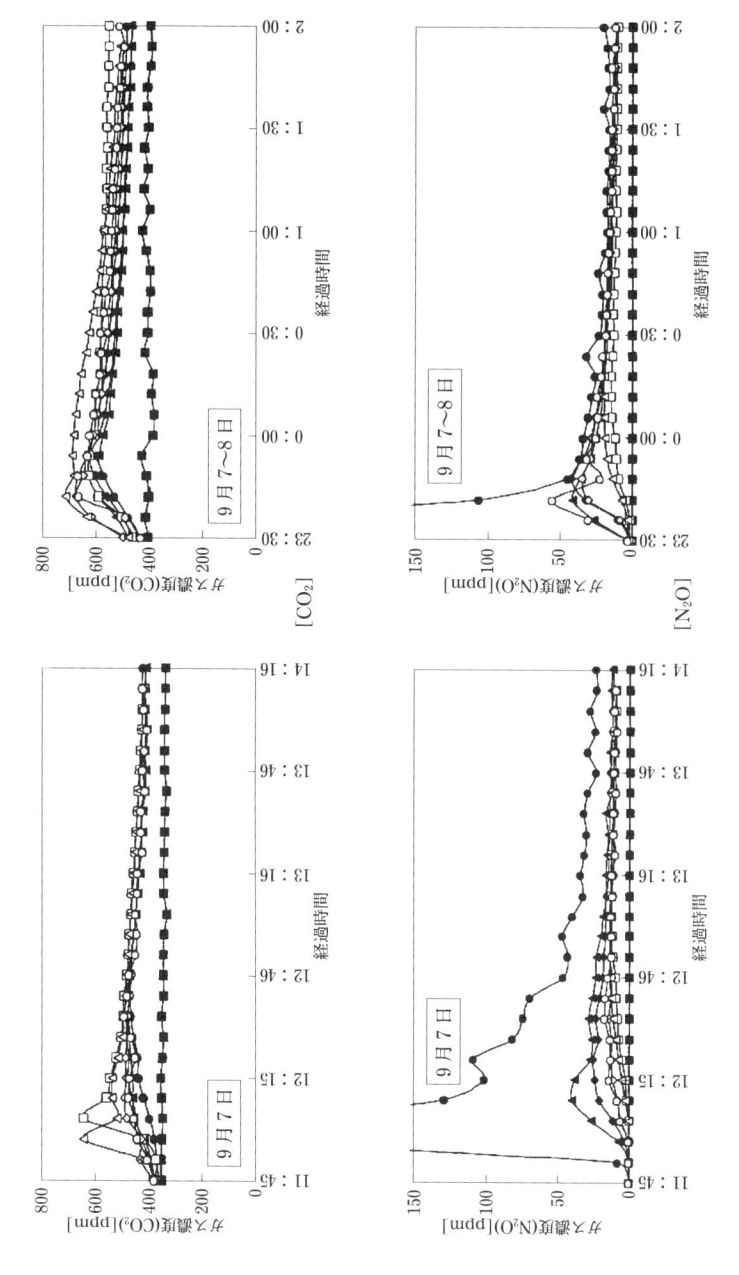

図 3-26 ガス濃度変動 (梶井浩史). 左側：昼間, 右側：夜間

口」の順に現れ，天窓に向かう排気流れが存在する．2階大寝室の応答は「大寝室 ⇒ 小寝室 ⇒ 階段室吹き抜け上部 ⇒ 排気出口」と推移し，排気される前に2階室相互の交換換気の存在も推察される．

　夜間の流れ性状は次のように観察された．1階居間の経時的な濃度応答のピークは「居間 ⇒ 階段室吹き抜け下部 ⇒ 排気出口」となり，昼間と同じく吹き抜けを伝って，天窓に達する上昇流が存在する．1階和室の「和室 ⇒ 排気出口」の応答は，昼間よりも円滑で，高効率の排気状況にあることを示している．2階小寝室の場合も，天窓に向かう排気流れが想定される．2階大寝室の応答は「大寝室 ⇒ 階段室吹き抜け上部 ⇒ 排気出口」と推移し，温排気が天窓に向かう流れ状況にあることが推察される．

　前節の「3.3　温度成層と混合」のところで，吹き抜け空間を上下に仮想の5層の空間に分割し，最上層のハイサイド窓と上から2層目の窓を開放した場合の熱対流型換気の性状を紹介した．その際，「2層目の窓開口から流下する外気は直接各層に連結し，各層に流入した外気は必ず上下に積層した直列の仮想室経由で最上層のハイサイド窓開口から排気される」という仮説をもとに解析を進めたが，実際には，夜間に最下層域まで流下した多量の冷外気は，最下層からその直上層を越えて，その3層も上の層に直接流入する流れを可視化法で観察し，その流れをバイパス流れとして取り扱い，各室を逐次的に経由する交換換気と区別した．その結果として，昼夜でガス濃度収支式，換気量収支式の表現・構成を変更せざるを得なかった．

　本測定対象空間も，同じように上方開放で吹き抜け空間を有しているが，冷外気の流入口と温排気の流出口が屋根面に付設した天窓の1開口であったため，昼夜の濃度減衰プロファイルの検討から，夜間にバイパス流れを必要とするほどにはならないと判断した．

　熱対流型の換気経路の想定（ガス濃度収支式，換気量収支式の表現・構成）は，いずれの場合も，一義的に想定されるのではなく，可視化法やパルス法を用いた流れの観察から導きだされるものでなければならない．換気経路のモデリングは，対象住戸（測定空間）の特性，冷外気の入り口位置と流入量の多少，温排気の出口位置と流出量の多少によって必ずや異なってくるものと考えなければならない．換気量のフィールド測定においては，換気経路の事

(3) 2室モデルと4室モデル

図3-24に示す住宅を対象に，2種のトレーサガスによる測定しかできない場合，1階空間を室1，2階空間を室2とするモデル化を行うに違いない。また，4種のトレーサガスによる測定が可能な場合，1階の2室，2階の2室を測定対象として，4室モデルで解析を進めるに違いない。しかし，階段室(吹き抜け)を解析対象空間に加えた場合，全体で5室になるので，4種ガスでもトレーサガス数は不足することになる。同一空間を対象に，2室モデルと4室モデルを適用し，どのようなところに差異が現れてくるか，の検討を行った。

2室モデルでは，冷外気が直接的に1階，2階に流下する換気経路を想定し，瞬時一様拡散の仮定の下で，室1に N_2O ガス，2階に CO_2 ガスを一定供給した。4室モデルでは，階段室を含む吹き抜け空間を便宜的に『実体容積なしの換気連絡路』と仮想した上で，外気と対象4室との間の換気，4室相互の室間換気を考えた。同じく，瞬時一様拡散の仮定の下で，1階の2室に SF_6，CH_4 ガスを，2階の2室に N_2O，CO_2 ガスを一定供給した。

12分毎に算定した排気量の変動は大きいが，ガス濃度の1時間積算値を用いた排気量は変動も緩やかになり，昼夜で比較すると，風速の大きい昼間

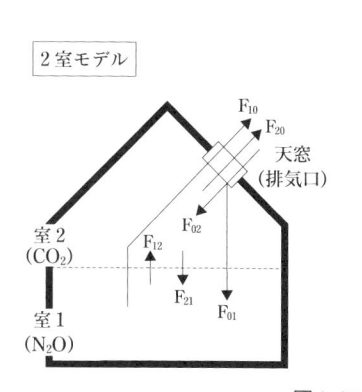

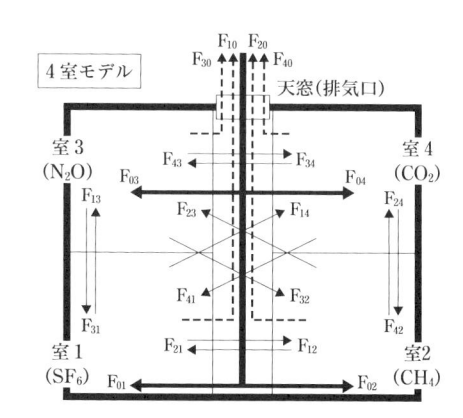

図3-27 対象空間のモデル化

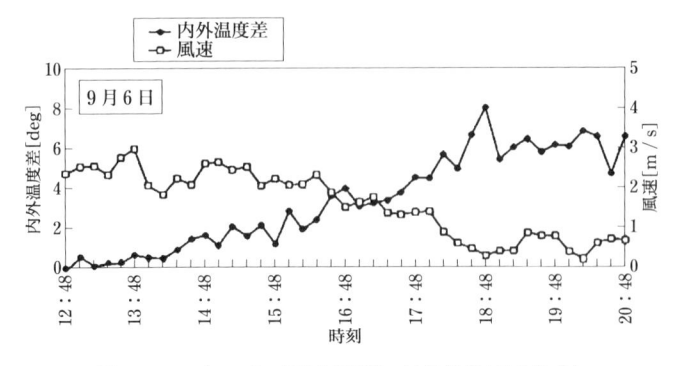

図 3-28　2室モデル測定時間帯の外気条件(梶井浩史)

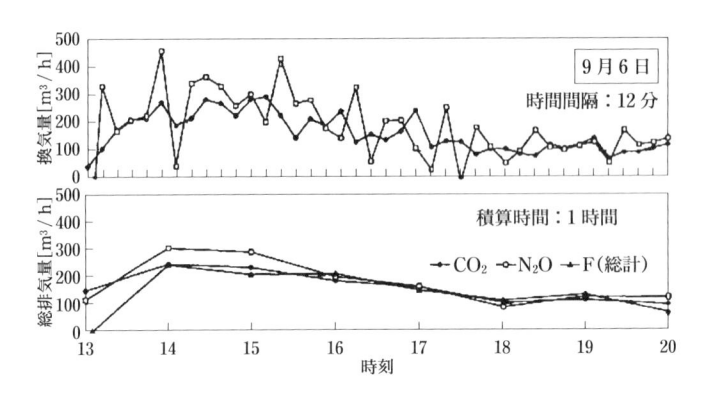

図 3-29　2室モデルによる外気流入量の変動の様子(梶井浩史)

よりも内外温度差が増大する夜間の一致度合いが高くなった。この理由は，吹き抜け上部に風が吹き込む昼間の拡散に比べ，冷外気が流下し，それによって各室で攪拌・混合される夜間の場合，住戸全体の平均濃度を反映した出口濃度となるためと考えられる。

　1階，2階において供給した2種ガスの出口濃度による夜間の排気量が概ね一致したということは，夏期の天窓の開放(熱対流型)換気時の天窓の流出入量に比べ，建物隙間の流出入量は相対的に無視が可能なほどに少量であり，天窓のような大きな開口を開放した場合，1開口の(流入/流出)系という2相的な流れにモデリングすることが可能になる，という仮定が成立すること

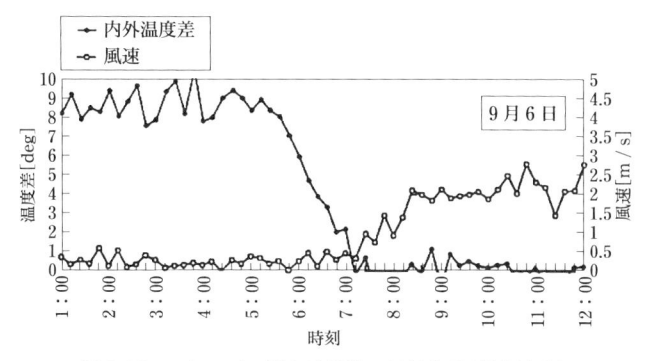

図 3-30　4室モデル測定時間帯の外気条件(梶井浩史)

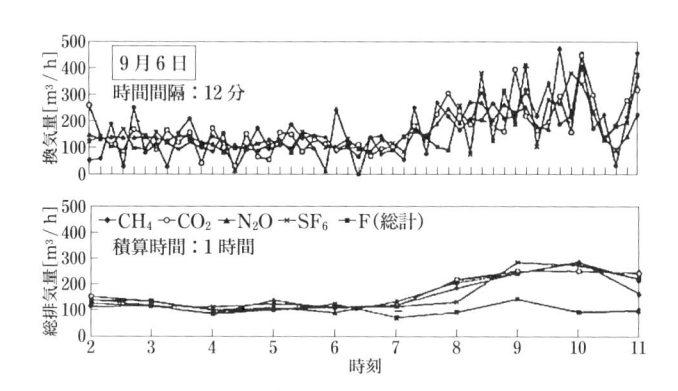

図 3-31　4室モデルによる外気流入量の変動の様子(梶井浩史)

を意味している。

　2室モデルでは，階段室を含む吹き抜け空間を取り込んでいるので，出口排気濃度による排気量と各室の排気量は一致する。

　排気出口濃度で算出した排気量の経時的な変化を図3-31に示す。4室モデルの場合も，12分毎に算定した排気量の変動は大きいが，ガス濃度の1時間積算値を用いた排気量は変動も緩やかになり，昼夜で比較すると，風速の大きい昼間よりも内外温度差が増大する夜間の一致度合いが高いという測定結果が得られた。この傾向は2室モデルと一致した。

　本測定で採用した4室モデルでは，階段室を含む吹き抜け空間を便宜的に

実体容積なしの換気連絡路(ダクト)として想定しているので,総排気量と対象4室の排気量の総和は,経時的な変動の様子が相似形になっても,量的な面では等しくない。2室モデルでは,1階全体を対象にN_2Oガスを供給し,2階全体を対象にCO_2ガスを供給しているために,4室モデルとの同時刻的な比較はできない。しかし,換気の主動力が内外温度差となる夜間の排気量は一致し,主動力が風速に取って代わる昼間の排気量は,その影響度合いが階によって異なってくるので,一致しないことが,共通の現象として得られた。従って,昼間の排気量は外気侵入量の総和とならないので,各室への侵入外気量で換気量を見積もるべきであろう。4室モデルでは,便宜的に実体容積なしの換気連絡路(ダクト)を用いたが,各室への侵入外気量の算定が比較的正確にできるので,室間換気量情報の入手が必要な場合には,4室モデルを適用すれば良い。

(4)実体容積なしの換気連絡路

先のフィールド測定は,外気条件が変動する状況下で,夏期に天窓を開放した場合の熱環境と換気量変動の把握に力点がおかれており,多種ガス法の精度的な検証や4室を超えた空間を実体容積なしの換気連絡路と仮想した室間換気量測定の是非を検討することは難しい。

そこで,現在の独立行政法人・建築研究所の人工気象室(室規模:間口12 m,奥行13 m,室高9 m)内に建設された実大実験住宅を用いて多種ガス法の精度的な検証や,トレーサガス数を超えた空間を実体容積なしの換気連絡路と仮想した室間換気量測定の妥当性の検討を行った。この実大実験住宅の最大の特徴は,外界の温度変動や風速変動の影響を全く受けないこと,任意に内外温度差の決定が可能なこと,内径50 mm・長さ375 mmの直管(ノーマルシリンダー)の開閉によって,外界と室間の隙間の配置とその面積(気密性能)を任意に設定できること,各シリンダーの内外差圧から通過風量(換気量)を計測できることにある。

測定対象住宅の平面及び給排気口の位置を図3-32に示す。4室,5室のモデル化が容易なように台所とユーティリティの間のドアを開放して1室化を試み,壁隙間をアナロジーしたシリンダーの開口は,2階の最上位置と1階

の最下位置のみを開放し(h＝6040 mm)，基本的に暖房期にある北海道の独立住宅の使用状況と気密性能水準を想定した。測定システムの概要を図3-33 に示す。

当該の試験住宅はリビングが室1，台所が室2，南寝室が室3，北寝室が室4，階段室が室5に対応する。実際の空間構成は階段室(室5)を仲介空間にして5室相当といえる。しかし，トレーサガス数が4種に限られているので，階段室のガス濃度むらや階段室を介すことで，ガス拡散・移流に必要となるであろう時間遅れを無視し，図3-34 に示すような4室へのモデル化を試みた。本章では，このような簡略化を「実体容積を持たない換気の連絡路」によるモデリングと称している。濃度測定に際し，階段室の上下2箇所で4種ガス濃度を計測しているが，4室モデルの解析に際しては，階段室のガス濃度を用いてはいない。

5室モデルの場合，4室モデルと同様4種のトレーサガスを一定供給し，

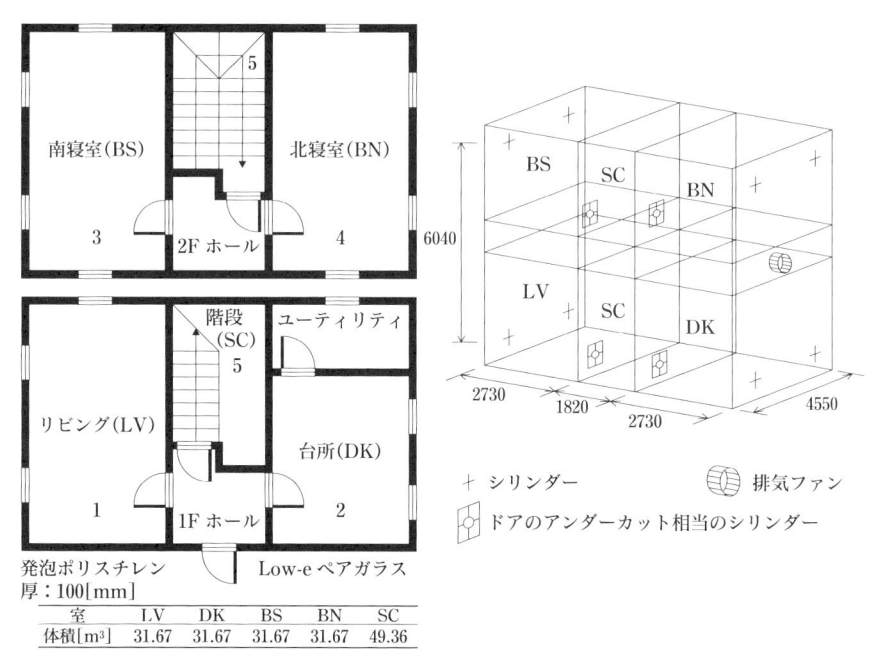

室	LV	DK	BS	BN	SC
体積[m³]	31.67	31.67	31.67	31.67	49.36

図 3-32 シリンダーハウスの平面とシリンダーの設定位置(建築研究所)

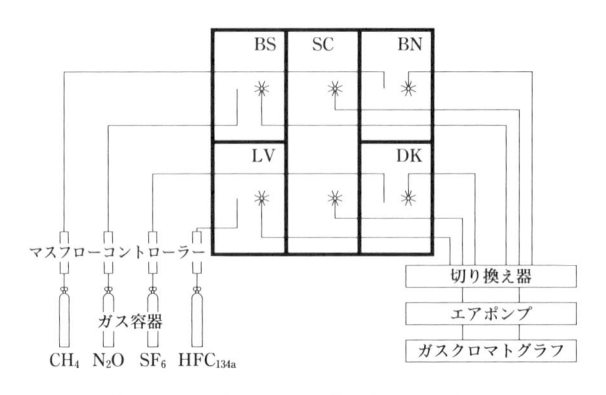

図 3-33　測定システム（島田潔・福島史幸）

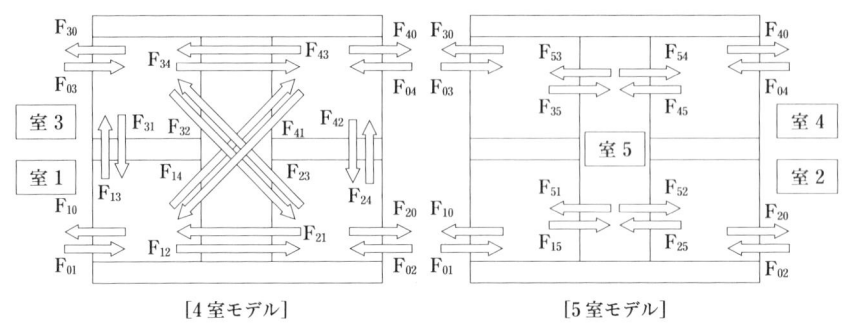

図 3-34　4室モデルと5室モデルの室間換気（島田潔・福島史幸）

　定常に達した後に，ガス供給を一端中断，ガス濃度の完全な減衰を確認後，階段室にガスを放出した。ガス供給を2回に分けているが，人工気象室の外界条件は恒常状態にあるので，各室のそれぞれに異なったトレーサガスを供給する条件が成立し，5種ガス・5室モデルのモデリングが可能となったのである。
　ある室のガス濃度が極端に低濃度か，あるいはゼロの場合は，その室に外気が多量に流入してガス濃度が希釈されたか，あるいはその室にトレーサガスが全く流入していない状況にあることを意味している。ガス濃度変動の履歴に基づき，相互関係の希薄な室間換気成分を予め除去したモデリングとすることが望まれる。省略可能と思われる換気成分を残したまま，推定作業を

続けることは，ルーティン作業になるので効率は良いが，室間換気量の算定精度の向上に直結する訳ではない。

温度差換気を前提にした実際の算定作業に際し，4室モデルでは室間換気量20成分を8～12成分に，5室モデルでは室間換気量16成分を8～12成分とする収支式とした。収支式が未知数を上回る場合には，それらを省略することなく並立させ，最小自乗法による整式化を行い，連立方程式にガウス消去法を適用して解を求め，換気量を算定した。

表3-1　測定条件

Test	換気法	内外温度差 [℃]	気密程度 [cm²/m²]	ドアの開閉	ドアのアンダーカット[φ]
1	自然	30	1	閉	160
2	自然	30	1	開	
3	機械	30	1	閉	160
4	機械	30	1	開	
5	自然	30	5	閉	160
6	自然	10	1	閉	160

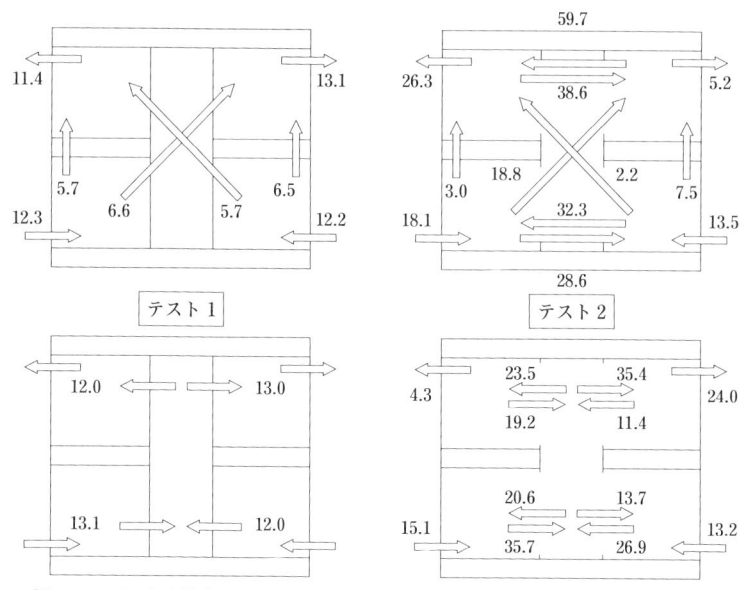

図3-35　温度差換気時の比較(島田潔・福島史幸)。上段：4室，下段：5室

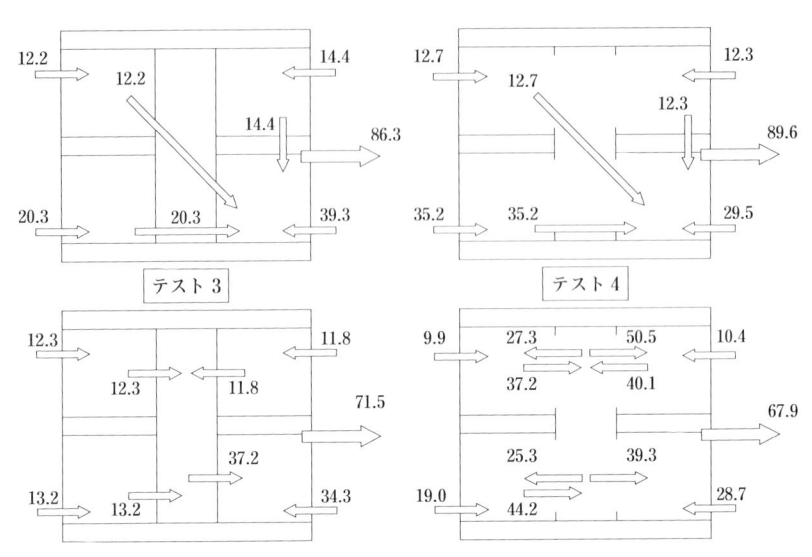

図 3-36　機械換気時の比較(島田潔・福島史幸)。上段：4室，下段：5室

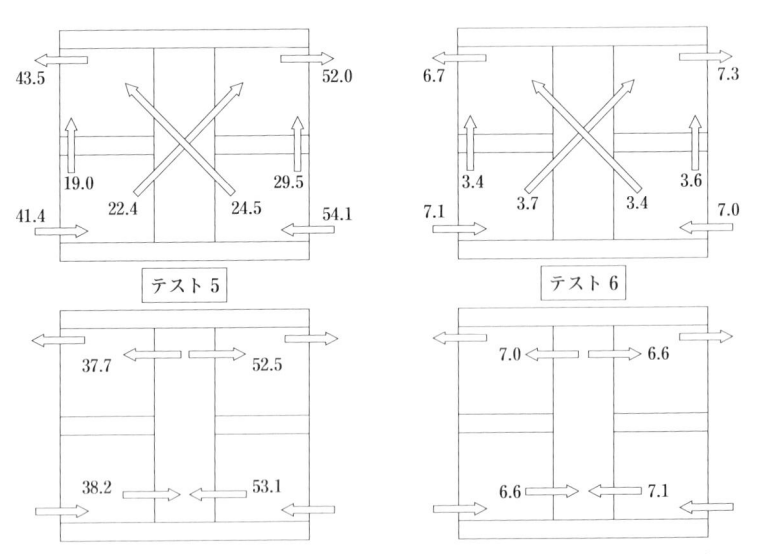

図 3-37　温度差換気時の比較(島田潔・福島史幸)。上段：4室，下段：5室

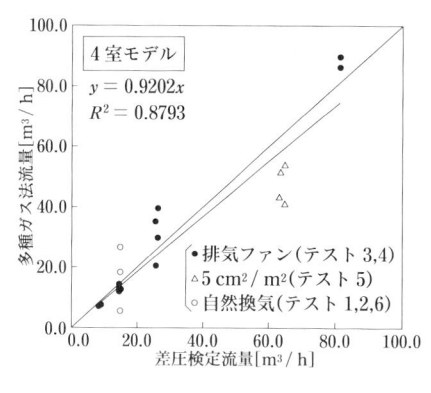

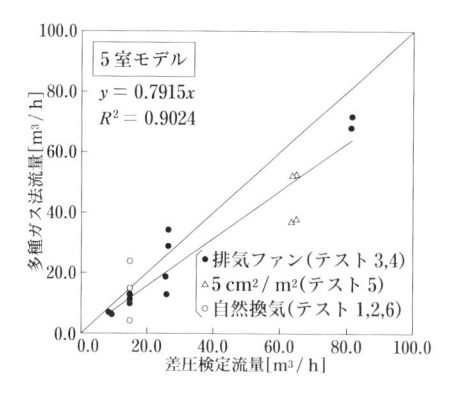

図 3-38 4室モデルと5室モデルの室間換気(島田潔・福島史幸)

　室間換気量の算定結果が設定値に近づいてくる3時間経過後の1時間平均値を図3-35～図3-37に示す。内外差圧に基づいて算定した設定値と多種ガス法による測定値(3時間経過後の1時間平均値)の相関を図3-38に示す。設定値を基準にして精度を検証すると，多種トレーサガス法では，概ねシリンダー通過流量に対してズレ幅が20～30%の範囲内の結果で得られている。シリンダー通過流量を基に4室モデルと5室モデルを比較すると，双方とも少なめに算定された。しかし，これらの結果は，カナダ国立研究所(IRC／NRC)で行われた2室モデル，3室モデルの検証結果とそれほど大きな開きとはなっていない。このことから，測定対象室数の増大が測定精度の低下にダイレクトに結びつく訳ではないことがわかる。

　6回の測定結果全体で見ると，5室モデルの R^2 値が高く，シリンダー流量との相関(傾き)で見ると，4室モデルの方が好結果となった。機械換気の場合，ガス放出直後から設定条件に近い値を得ることができるが，温度差換気では，換気量が増大すると設定値に達するまでに必要とされる時間が増大し，算定結果も低めに現れた。温度差換気では，平均的な室濃度の測定に向けた一工夫が本適用例以上に必要であることが伺える。多数室の室間換気量の測定に際し，室総数よりもトレーサガス数が少ない場合でも，実体容積なしの仮想の連絡路を想定する等々のモデリングの工夫を行うことによって，多種トレーサガス法を用いた限定ターゲットを意図した室間換気量の測定が

可能になることが確かめられた。

3.5　解析式に求められる条件

トレーサガス法による換気量の算定誤差は，大別して次の3要因より派生する。
　①測定対象系とモデリング系の構造的な不一致(独立した多数室化の作業にかかわって，建物の気密性能・設備の状況など，測定者側の都合によるもの)。
　②濃度測定値に内在する確率的な誤差(計測系の感度・測定の有効数値にかかわるもの)。
　③瞬時一様拡散を前提にしたガス供給法・サンプリング法や算定手法に内在する要因(測定対象系の恒常性，変動性にかかわってくるサンプリング時間間隔，算定対象時間帯によるもの)。

本節では，主として数値解析によるガス濃度を用い，感度解析，有効数値，ガス供給法，解析式を取り上げ，測定法に内在する諸課題を検討する。

⑴数値解析濃度を用いた感度解析

ある設定条件の下でガス濃度変動の数値解析を行い，得られたガス濃度から室間換気量を推定する場合，その過程にモデリングや測定系の誤差要因は加わってこない。そこで，2室モデル(式3-21)を事例にして，換気量の逆算のためのガス濃度を数値的に計算した。

$$\begin{aligned}
V_1 \frac{dC_{a1}}{dt} &= C_{a0} \cdot F_{01} - C_{a1}(F_{10}+F_{12}) + C_{a2} \cdot F_{21} + f_{a1} \\
V_1 \frac{dC_{b1}}{dt} &= C_{b0} \cdot F_{01} - C_{b1}(F_{10}+F_{12}) + C_{b2} \cdot F_{21} \\
V_2 \frac{dC_{a2}}{dt} &= C_{a0} \cdot F_{02} + C_{a1} \cdot F_{12} - C_{a2}(F_{20}+F_{21}) \\
V_2 \frac{dC_{b2}}{dt} &= C_{b0} \cdot F_{02} + C_{b1} \cdot F_{12} - C_{b2}(F_{20}+F_{21}) + f_{b2}
\end{aligned} \quad (3\text{-}21')$$

分割時間を1/6000 h(0.6秒)程度に細分化すれば，数値解析的な操作であっても精度的な問題は生じない．それを基に，実際に測定する際のサンプリング間隔に等しい時間間隔(4分)を想定し，ガス濃度の模擬データを収集することにした．同時刻データでない場合には，いずれかのガス濃度の測定時刻に合わせ，他のガス濃度は，直線補間の操作を行うことによって同時刻性を確保した．

計算の境界条件：$V_1 = V_2 = 66 \text{ m}^3$，ガス供給量：$f_{a1} = 0.0069 \text{ m}^3/\text{h}$
$F_{12} = 50.16 \text{ m}^3/\text{h}$，$F_{21} = 40.46 \text{ m}^3/\text{h}$
$F_{10} = 6.93 \text{ m}^3/\text{h}$，$F_{20} = 62.17 \text{ m}^3/\text{h}$

その結果を表3-2に示す．式3-21'から$(F_{10}+F_{12})$，$(F_{20}+F_{21})$を消去すると次式が得られる．

$$F_{21} = \frac{C_{b1} V_1(dC_{a1}/dt) - C_{a1} V_1(dC_{b1}/dt) - C_{b1} f_{a1}}{C_{a2} C_{b1} - C_{b2} C_{a1}}$$
$$F_{12} = \frac{C_{a2} V_2(dC_{b2}/dt) - C_{b2} V_2(dC_{a2}/dt) - C_{a2} f_{b2}}{C_{a2} C_{b1} - C_{b2} C_{a1}} \qquad (3\text{-}65)$$

$$\begin{aligned}
&N_1 = C_{b1} V_1(dC_{a1}/dt) \quad N_2 = C_{a1} V_1(dC_{b1}/dt) \\
&N_3 = C_{a2} V_2(dC_{b2}/dt) \quad N_4 = C_{b2} V_2(dC_{a2}/dt) \\
&D = [C_{a2} C_{b1} - C_{b2} C_{a1}] \quad \text{瞬間供給}：f_{a1}=0,\ f_{b2}=0 \\
&DN_{21} = [C_{b1} V_1(dC_{a1}/dt) - C_{a1} V_1(dC_{b1}/dt) - C_{b1} f_{a1}] \\
&DN_{12} = [C_{a2} V_2(dC_{b2}/dt) - C_{b2} V_2(dC_{a2}/dt) - C_{a2} f_{b2}]
\end{aligned} \qquad (3\text{-}66)$$

表3-2に示すガス濃度を用いて算定した式3-65の分子を構成する項ごとの，あるいは分母の項ごとの値の経時的な推移を図3-39，図3-40の上段に示す．

一定供給法と瞬間供給法(減衰法)を採った図3-39では，一定供給直後の低濃度環境よりも1時間ほど後の数値を用いた高濃度環境における算定値の方が安定している．

この理由は，一定供給法を採用すると，濃度差が空間・時間的に十分に確保されることによって，分子を構成する項の値が時間の経過と共に増加傾向

表 3-2 数値解析から得られた模擬データ。①＝室1，②＝室2

経過時間 [min]	一定供給 ① C_{g1}, ② C_{g2}	瞬間供給 (減衰) ① C_{s1}, ② C_{s2}	瞬間供給 (減衰) ① C_{g1}, ② C_{g2}
0	①　　0	①　　63	①　　0
0	②　　0	②　　0	②　　98
4	①　6.77528	①　59.5301	①　3.69704
8	②　0.63461	②　5.44324	②　79.9872
12	①　19.2568	①　53.4634	①　9.47117
16	②　2.29165	②　9.31251	②　65.8755
20	①　30.5061	①　48.3655	①　13.5263
24	②　4.66701	②　11.9903	②　54.7771
28	①　40.713	①　44.0131	①　16.2825
32	②　7.53087	②　13.7695	②　46.0088
36	①　50.0288	①　40.2803	①　18.0612
40	②　10.7103	②　14.8742	②　39.0451
44	①　58.575	①　37.0395	①　19.1083
48	②　14.0758	②　15.4758	②　33.481
52	①　66.4498	①　34.1984	①　19.6116
56	②　17.5311	②　15.7049	②　29.0049
60	①　73.7334	①　31.6846	①　19.7144

を示し，分子や分母の構成要素の値の有意性が増大することによる。また，一定供給法を採った室1から室2への換気量 F_{12} は，減衰法を採った室2から室1への換気量 F_{21} よりも安定して算定されている。

2室ともに減衰法を採用した図3-40を見ると，時間の経過に伴い，分子と分母の値は急速に減少し，90分を過ぎると換気量の算定結果は不安定になる兆しを示し始める。瞬時一様拡散が成立し，諸々の誤差の混入が避けられているはずの数値解析濃度を使用した場合でも，同時刻性の確保に必要な直線補間に伴う鋸歯状の振動を避けることは難しく，室間の濃度差や自室濃度の時間変化が数値的に有意な形で確保されるのは限られた時間帯となる。

先の検討では，濃度変化の解析解を求め，近似式の指数関数の時定数を目安にして妥当な算定時刻を探った。その理由は，室間の濃度差や自室濃度の時間変化が最も有意になる区間(濃度差の有効数字が有意な時間帯)が，一方の時定数より大きく，他方の時定数より小さくなる時間帯に存在すると考えたからである。

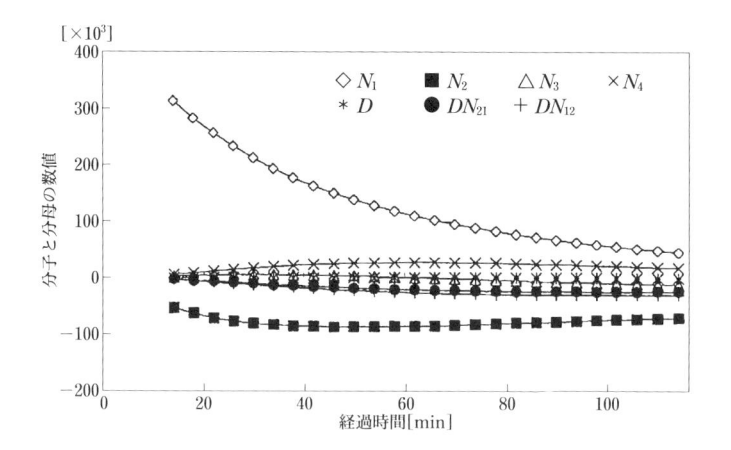

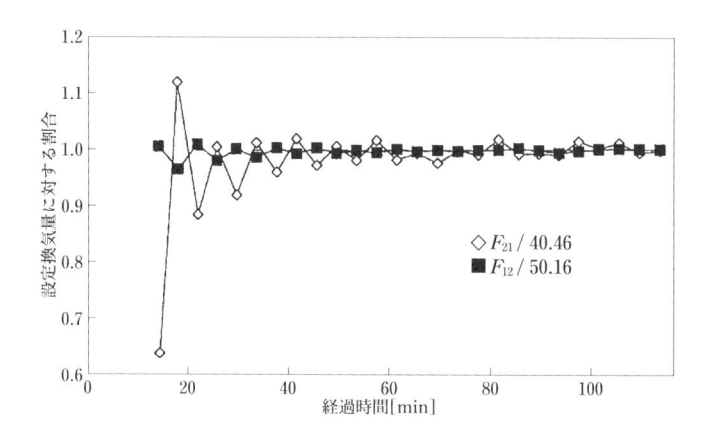

図 3-39 分子・分母の値の推移と室換気量の比（一定供給法＋減衰法）

2室モデルにおける室1の濃度変動の近似関数の指数を求め，

$$C_1(t) = Y_1\exp(-b \times t) + X_1\exp(-a \times t)$$
$$= 31.3\exp(-0.45\,t) - 31.3\exp(-1.98\,t) \longrightarrow$$
$$T_a = 2.25\,\mathrm{h},\quad T_b = 0.50\,\mathrm{h}$$

その時定数から妥当な算定時間帯を $0.50\,\mathrm{h} < T_s < 2.25\,\mathrm{h}$ とする措置は，2室

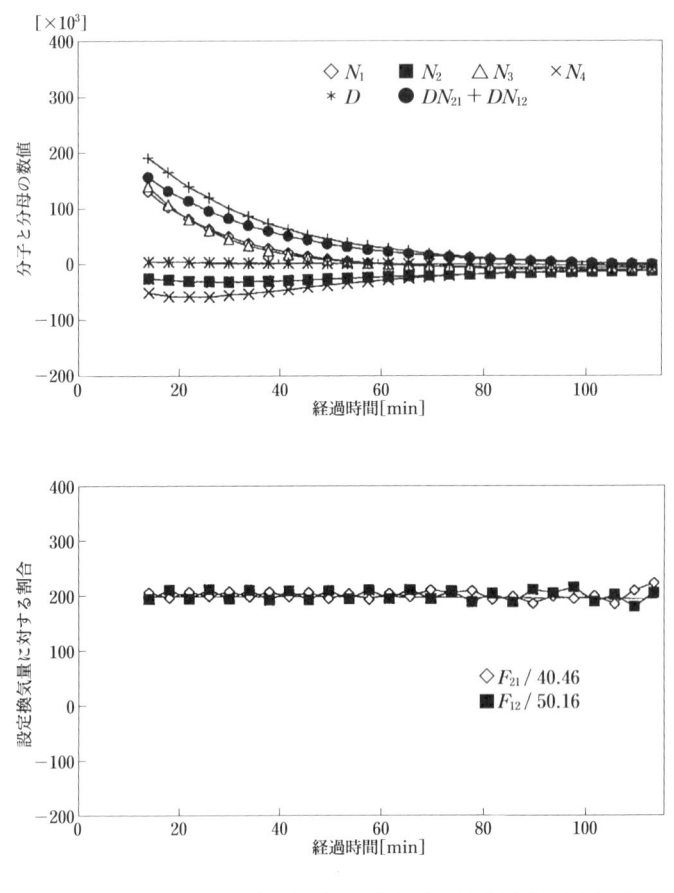

図 3-40　分子・分母の値の推移と室換気量の比(減衰法＋減衰法)

ともに瞬間供給(減衰法)を行った図 3-40 の結果とも矛盾しない。

(2) 同時刻濃度の推定と「まるめ」操作の影響

多種ガス法を採用した場合，トレーサガス毎に計測器とガス切り替え装置を使用して，全室のガス濃度を1台の計測器で測定することが望ましい。その理由は，同一機種であれば，面倒な機種毎のキャリブレーションの手間を省けるだけでなく，室間の濃度差や自室濃度の時間変化の有意性が増大する

表3-3 数値解析から得られた模擬データ。①=室1,②=室2,③=室3

No.		CO₂		CH₄		N₂O
1	①	98.2664	②	1902.78	③	943.444
2	②	3.09054	③	91.4655	①	15.2443
3	③	10.154	①	86.8709	②	21.5869
4	①	361.266	②	1643.42	③	794.315
5	②	17.8585	③	199.555	①	33.2592
6	③	37.1767	①	150.815	②	37.2566
7	①	583.304	②	1425.77	③	671.483
8	②	41.8662	③	279.009	①	46.5014
9	③	76.2963	①	196.691	②	48.3163
10	①	771.663	②	1242.48	③	570.074
11	②	72.4723	③	335.679	①	55.9465
12	③	123.803	①	228.388	②	55.8016
13	①	932.247	②	1087.57	③	486.134
14	②	107.606	③	374.309	①	62.3848
15	③	176.828	①	249.017	②	60.5315
16	①	1069.85	②	956.14	③	416.548
17	②	145.651	③	398.738	①	66.4563
18	③	233.167	①	261.065	②	63.1523
19	①	1188.38	②	844.183	③	358.443
20	②	185.357	③	412.066	①	68.6775

からである。しかし,その場合は,室数が増えるほど,測定待ち時間が増大するので,同時刻濃度の推定に必要となる時間帯域も拡大する。そこで,3室モデルを事例にしたガス濃度の数値解析結果を用いて「まるめ」操作の影響を検討した。

計算の境界条件：$V_1 = V_2 = V_3 = 66 \text{ m}^3$

ガス供給量：$f_{a1} = 0.2 \text{ m}^3/\text{h}$, $f_{b2} = 0$, $f_{c3} = 0$

$C_{ai}(0) = C_{bi}(0) = C_{ci}(0) = 0$, $C_{b2}(0) = 2000$ ppm, $C_{c3}(0) = 1000$ ppm

$F_{01} = 66.0 \text{ m}^3/\text{h}$　$F_{02} = 49.5 \text{ m}^3/\text{h}$　$F_{03} = 16.5 \text{ m}^3/\text{h}$

$F_{10} = 33.0 \text{ m}^3/\text{h}$　$F_{12} = 33.0 \text{ m}^3/\text{h}$　$F_{03} = 49.5 \text{ m}^3/\text{h}$

$F_{20} = 16.5 \text{ m}^3/\text{h}$　$F_{21} = 33.0 \text{ m}^3/\text{h}$　$F_{23} = 49.5 \text{ m}^3/\text{h}$

$F_{30} = 82.5 \text{ m}^3/\text{h}$　$F_{12} = 16.5 \text{ m}^3/\text{h}$　$F_{03} = 16.5 \text{ m}^3/\text{h}$

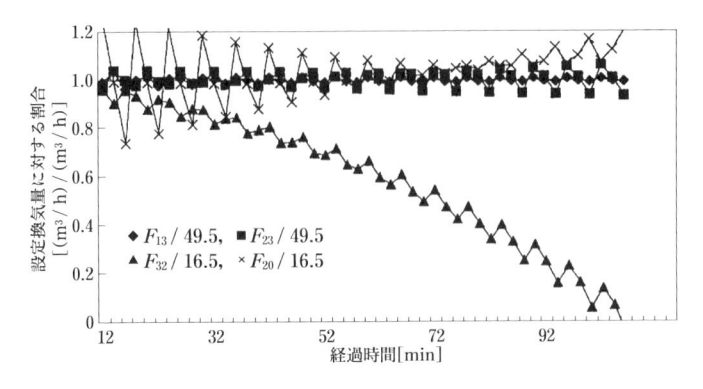

図 3-41 直線補間データによる換気量比の推移(一定供給法+減衰法+減衰法)

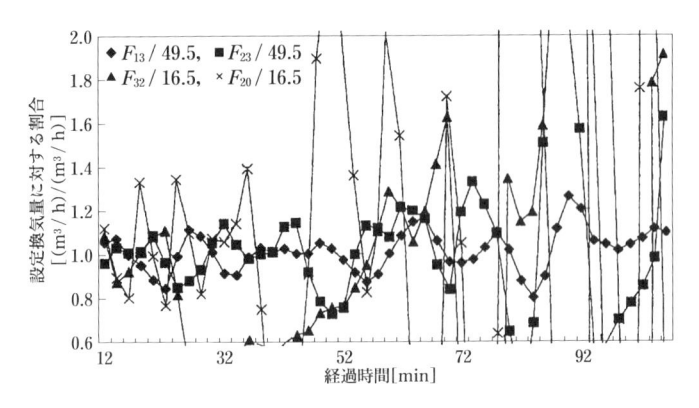

図 3-42 「まるめ」操作データによる換気量比の推移(一定供給法+減衰法+減衰法)

CO_2, CH_4, N_2O ガス毎に1台の計測器で測定し、サンプリング時間間隔を2分として、切り替え装置を動作させると表3-3に示すような数値解析濃度の1次データを得ることができる。取り込みを一巡するには計6分を要する。自室以外の濃度測定をしている2時刻に相当する濃度は、6分毎の濃度データを用い、直線補間などによって推定しなければならない。測定時間間隔の増大は、2室モデルで行った感度解析結果(図3-39, 図3-40)と3室モデルの図3-41を比較してもわかるように、鋸歯状の振動現象を大きくさせるばかりでなく、算定開始直後から設定値を大きく逸脱する推定結果を出現

させる。

　次に，計測器の感度や誤差要因の影響を模擬するために，1次データの10 ppm の位で四捨五入の操作を施した（濃度測定のフルスケールのオーダーを 1000 ppm とすれば，便宜的に1％を誤差要因として脚色）数値解析濃度（2次データ）による算定結果を図 3-42 に示す。1 次データによる推定結果と比較すると，2 次データの方は鋸歯状の振動をさらに大きく上回る変動成分が出現した。

　フィールド実測においては，「まるめ」操作による有効数値の桁落ち（有意性の低下）に近い状況が出現する可能性は高い。これまで，算定結果の有意性を論じるに際し，実測濃度による換気量の算定値が，『設定値に対し 20〜30％以内に収まっている』をもって良しとしてきたが，実際の測定において算定結果を 20〜30％の範囲内に収めるだけでも，相当の困難さや測定者の努力があったことを改めて理解して頂ければ幸いである。

(3) 減衰法と一定供給法の得失

　2室モデルで誘導した式 3-63 は，他の多数室モデルへ直接的に適用できる訳ではないが，一定供給法の性質理解の手助けになる。例えば，恒常条件下で一定供給し，時間が十分に経過すると，相対的に濃度の時間変化量 (dC/dt) の影響は無視できるようになり，F_{21} や F_{12} は次のように整式される。

$$F_{21} = \frac{C_{b1}V_1(dC_{a1}/dt) - C_{a1}V_1(dC_{b1}/dt) - C_{b1}f_{a1}}{C_{a2}C_{b1} - C_{b2}C_{a1}}$$

$$= \frac{-C_{b1}f_{a1}}{C_{a2}C_{b1} - C_{b2}C_{a1}} \tag{3-67}$$

$$F_{12} = \frac{-C_{a2}f_{b2}}{C_{a2}C_{b1} - C_{b2}C_{a1}}$$

　一定供給法による算定結果が安定する要因は，式 3-67 に示す分子や分母の値が時間経過の長短にかかわらず，有意性を保っているからである。では，なぜ一定供給法が常用されないのかといえば，

　①瞬間供給（減衰法）採用時の妥当な算定時刻はガス放出直後を除きそれほ

どの厳密さを要しない。一方，一定供給法はトレーサガス毎に流量制御機器が必要になり，その精度が換気量の算定精度に直接的に反映する。

②有毒性や起爆性を有するトレーサガスもあり，室規模や換気量に応じ，事故を未然に防止するためのガス供給量の限度を事前に知っておく必要がある。

③使用されることの多い SF_6，N_2O などのトレーサガスは高価ゆえ，ガス量が少なくてすむ減衰(瞬間供給)法が好まれる。

④研究者の多くが，測定対象を恒常系ととらえたり，外界変動や内外温度差変動による換気量の変動は，機械換気による空気移動量に比べ，無視し得るほど少ないと仮定したりしている。

等々の理由が考えられる。前章で，ドライアイスの昇華重量から測定対象空間への CO_2 ガスの供給量を算定し，換気量の変動現象を検証した事例を紹介したが，多少とも換気にかかわる研究者・技術者であれば，一定供給法を用いた場合の式 3-67 の分子の有意さの持続による解式の安定性を再認識するべきであろう。

(4) 微分表現と積分表現の得失

最近では，複数のガス濃度を同時に計測できるキャリアガスバッテリー搭載型マイクロセンサー・ガス分析計が開発・市販されるようになり，濃度の同時刻データの入手が容易になってきた。それでも計測時刻の同調可能な計測器が対象室の数だけ用意されている訳ではない。室毎のガス濃度は，切り替え装置を用い，1台で計測することが多い。測定対象室数が増加し，サンプリングの待ち時間が長くなると，外界変動に対する自室濃度の時間変化 (dC/dt) の対応性は鈍化するが，空間濃度の差は増大するので有効数字の劣化の影響は緩和される。反対に短縮すると，ガス濃度の測定誤差は自室濃度の時間変化に直接的に影響されるようになる。換気量の算定精度は，この感度と分解能の兼ね合いに左右される。それゆえ，一つの便法として，t_1 から t_2 までの間，外界条件が変わらないものと仮定して，例えば，式 3-21′ を t_1 から t_2 まで時間積分する解法が考えられて良い。積分表現では，厳密な同時刻性がいくぶん緩和され，濃度の区間積分値 $\int C(t)dt$ は測定誤差を相

殺するので，自室濃度の時間変化$[C(t_1)-C(t_2)]$の桁落ち不安もいくぶん軽減される。

　カナダ国立研究所(IRC / NRC)のキャンパス内に建築された実大実験室で実測された2種ガスのデータを用い，微分表現と積分表現による違いを検討する。測定待ち時間を，室1のSF_6ガス濃度のサンプリング時間間隔Δtとした場合の算定結果を見ると，算定の時間幅がΔtの場合，微分表現と積分表現との差はそれほど明確に現れてはいない。

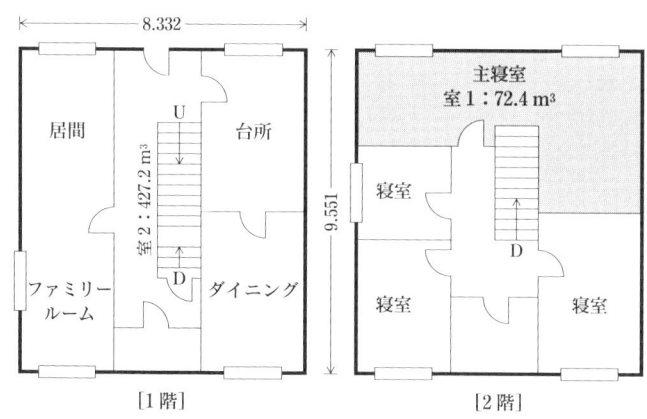

図 3-43　対象住戸平面図(IRC / National Research Council Canada)

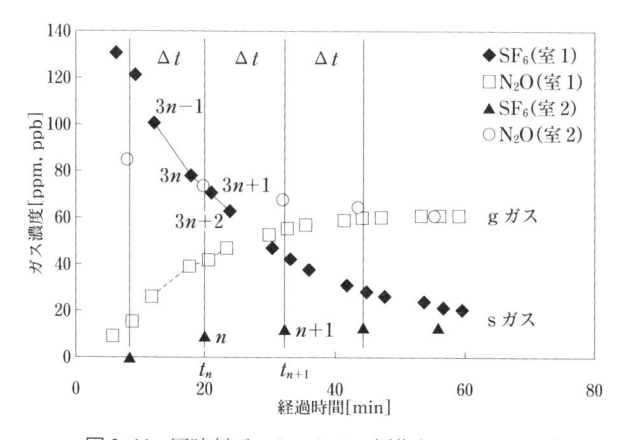

図 3-44　同時刻データのための編集(J. T. Reardon)

表 3-4 適正な積分区間 T による算定結果(Δt=11.8 分)

時間間隔	F_{01}	F_{10}	F_{12}	F_{21}	F_{02}	F_{20}
DIF [m³/h]						
2 Δt :	2.8	57.7	166.2	221.0	123.6	68.8
3 Δt :	4.2	79.6	141.3	216.7	94.1	18.7
4 Δt :	2.9	57.5	150.8	205.3	123.0	68.5
5 Δt :	0.3	185.8	51.7	237.1	88.3	−97.2
INT(積分間隔=Δt) [m³/h]						
2 Δt :	0.8	57.9	173.4	230.5	117.7	60.6
3 Δt :	1.9	78.9	150.1	227.1	91.8	14.8
4 Δt :	−0.4	63.9	159.7	224.0	122.8	58.6
5 Δt :	−0.9	185.2	58.7	244.7	88.6	−97.5
INT(積分間隔=2 Δt) [m³/h]						
3 Δt :	1.3	64.3	166.3	229.3	105.3	42.3
4 Δt :	0.7	74.4	152.8	226.4	106.8	33.1
5 Δt :	−0.4	64.1	127.7	236.5	107.3	4.5
INT(積分間隔=3 Δt) [m³/h]						
4 Δt :	0.7	64.6	165.0	228.9	110.9	47.1
5 Δt :	0.4	89.3	140.2	229.0	102.2	13.4

注：DIF=微分法
　　INT=積分法

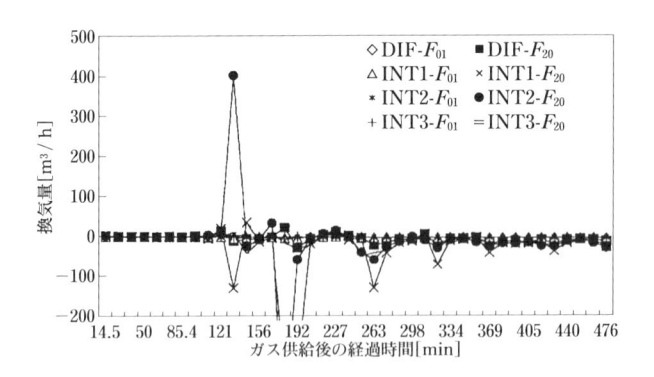

図 3-45　微分法と積分法による換気量算定結果の比較

$$V_1[C_{a1}(t_2)-C_{a1}(t_1)] = -(F_{10}+F_{12})\int_{t_1}^{t_2}C_{a1}(t)dt + F_{21}\int_{t_1}^{t_2}C_{a2}(t)dt + f_{a1}\Delta t$$
$$V_2[C_{a2}(t_2)-C_{a2}(t_1)] = F_{12}\int_{t_1}^{t_2}C_{a1}(t)dt - (F_{20}+F_{21})\int_{t_1}^{t_2}C_{a2}(t)dt \quad (3\text{-}68)$$

積分表現の場合,積分区間の増大に伴い,経過時間毎のばらつきは減少する様子を見せるが,その一方で,ネガティブな数値の出現は,微分表現より1 Δt 早い。微分表現の場合,有意な算定結果が得られる時間帯は,ガスを供給した室の隣室に流入するガス濃度(貫流応答)が示す極値(100分)の前にあると考えられる。

先に図3-20に示した実大の3室モデルを対象にして微分表現と積分表現による算定結果を比較した。その結果を表3-5に示す。

表3-5 3室モデルの微分・積分表現による算定結果(IRC / NRC)

テスト No.	室1 ガス供給量 [ml]	室2 [ml]	室3 [ml]		室間換気量[ac / h]						実行時間 [min]
					F_{12}	F_{13}	F_{21}	F_{23}	F_{31}	F_{32}	
101	SF$_6$ 2.4	N$_2$O 7548	CH$_4$ 7470	M	0.79	0.79	0.80	0.79	0.80	0.78	t_1=33.2
				D	0.86	0.88	0.73	0.79	0.92	0.95	T 283.7
				I	0.83	1.03	0.53	0.65	0.63	0.86	
104	SF$_6$ 3.3	N$_2$O 7516	CH$_4$ 7466	M	0.50	0.48	0.51	0.51	0.49	0.49	t_1=40.4
				D	0.55	0.54	0.47	0.46	0.54	0.56	T 182.5
				I	0.83	0.83	0.45	0.52	0.60	0.78	
108	CH$_4$ 760	N$_2$O 6760	SF$_6$ 4.4	M	0.30	0.89	0.60	0.61	0.60	0.79	t_1=37.3
				D	0.37	0.77	0.56	0.48	0.74	0.83	T 272.6
				I	0.36	0.80	0.50	0.43	0.64	0.83	
109	CH$_4$ 6760	N$_2$O 6760	SF$_6$ 4.4	M	1.00	0.23	0.25	0.99	0.98	0.26	t_1=47.4
				D	1.05	0.22	0.23	0.90	1.09	0.24	T 201.5
				I	1.07	0.26	0.20	0.90	1.07	0.28	
111	CH$_4$ 6000	N$_2$O 6000	SF$_6$ 3.3	M	0.25	0.24	0.25	0.24	0.25	0.24	t_1=32.5
				D	0.25	0.24	0.23	0.19	0.30	0.27	T 211.3
				I	0.25	0.21	0.21	0.19	0.25	0.28	
113	CH$_4$ 7520	N$_2$O 7520	SF$_6$ 4.4	M	0.78	0.79	0.79	0.78	0.77	0.80	t_1=36.2
				D	0.87	0.71	0.86	0.71	0.87	0.86	T 158.8
				I	0.81	0.76	0.77	0.67	0.84	0.84	

M:オリフィス法による測定値,D:微分表現による算定値,I:積分表現による算定値,t_1:微分法採用時の妥当な算定時刻,T:積分法の積分区間

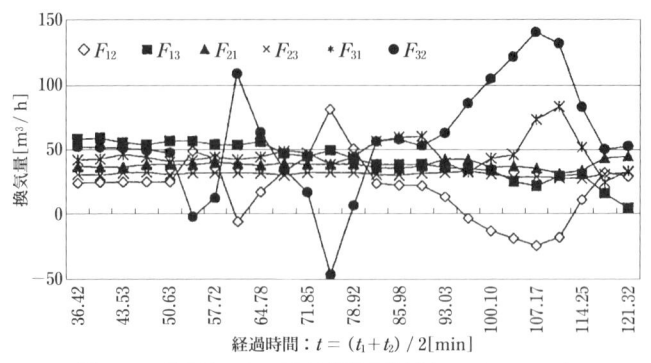

図 3-46　微分法による換気量算定結果(テスト No.108)

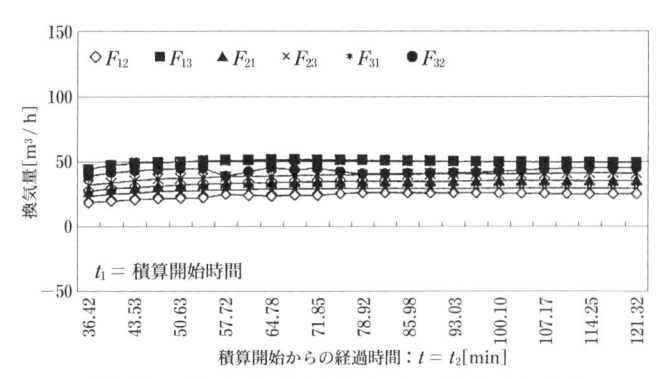

図 3-47　積分法による換気量算定結果(テスト No.108)

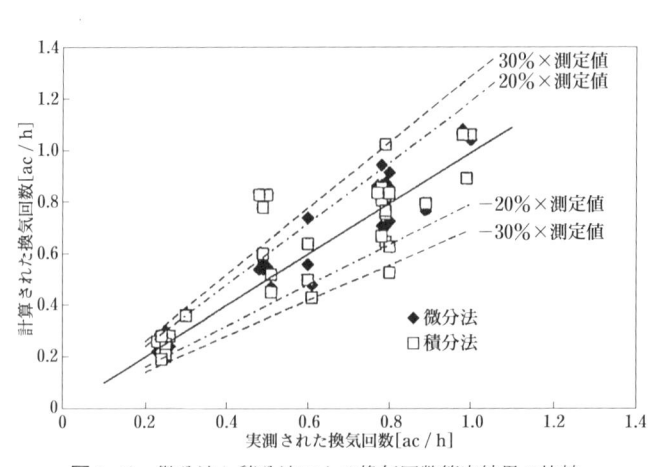

図 3-48　微分法と積分法による換気回数算定結果の比較

表 3-5 のテスト No.108 を事例にした微分表現による算定結果と積分表現による算定結果を図 3-46, 図 3-47 に示す。微分表現ではガス放出後 30〜50 分の間で, 妥当な算定結果が得られた。積分表現の場合, オリフィス法を用いて検定した設定条件に対応する 6 個の室間換気量 (F_{21}, F_{12}, F_{13}, F_{31}, F_{32}, F_{23}) は, 積分区間 ($t_2 - t_1$) の増大に伴って, 若干の増と減を見せるが安定し, t_2 が 2 時間を超えた時点でも有意性のある値を得ることができた。しかし, 実験条件を違えた 6 回の実験の算定結果と設定条件値 (換気回数) を比較すると, 微分表現では設定条件値の 20% の範囲に収まり, 積分表現では 30% を超えるケースも出現した。

積分表現は恒常的な条件の下であれば, 長時間安定した算定結果が得られるが, 算定の精度は微分表現の方が勝っていると考えられる。

4章　冬の熱環境計画とパッシブ換気

　　4.1　時間的な温度むらと空間的な温度むら
　　4.2　気密性能と給排気口の集約化
　　4.3　未利用空間の解消と寒さの緩和
　　4.4　シックハウス(sick house)問題と必要換気量
　　4.5　ユーズドエア(used air)の処理と換気経路計画

人知れずいたる所から外気が流入する東北民家の土間：北上(本間義規)

　空気調和設備技術者の多くは，執務空間の空間的な温度むらを放置しながら，時間的な温度むらの制御の方に執心を示す．今後の高断熱高気密建物の空気・熱環境計画に必要なコンセプトは，制御を前提にした放置ではなく，変動を許容した放任にある．

室内外の温度差を主要な動力とするパッシブ換気の場合，最寒期に比較的安定した換気量を得ることができるが，それでも晩秋や晩春のような暖房限界期には，内外温度差が減少するので，内外温度差だけを主動力とした必要換気量の確保は難しい。それゆえ，外部風は換気量を変動させる要因になるが，外部風が暖房限界期の換気量不足を解消させる副動力として働くのであれば，変動要因になるからといって外部風の影響をネガティブにとらえるのは無定見といわねばならないだろう。

　在室者数から必要換気量を設定し，その一定量の確保を至上命題とする換気計画の立場では，変動する自然換気動力は邪魔者であり，その影響をいかに排除するかが，計画の要諦となる。しかし，パッシブ換気の対象を事務所や学校建物から住宅に移すと，一定換気量である必要性は必ずしも高くはない。

　居住者による換気制御へのかかわりを考えることは，空気環境における安全性の担保を危うくすると，否定的に考える環境工学者も少なくない。しかし，その一方で，居住者による季節や気候に合わせた積極的な換気制御へのかかわりこそ，北方圏域における住居観やライフスタイルの成熟を促す契機になる，とする考え方もある。

　日常的な生活リズムの中で，瞬時的な換気の過不足が埋め合わされ，穏やかな空気環境が実現しているのであれば，温熱環境や人間の健康に深刻な影響を及ぼす恐れは少ない。自然換気の動力が不足した際に，どのような対応を用意しておくべきか，が大きな課題になってくるパッシブ換気にとって，先のような住宅を対象に，1時間単位あるいは1日単位で基礎的な換気量を充足させれば良い，という換気計画法は，変動をどのような範囲でどのように許容するか，という別の面からの可能性を示唆している。

　変動を許容した時，換気計画にとって邪魔者であった風のエネルギーが，魅力的な主動力として生まれ変わり，新たな換気システムの構築に向けた可能性が生まれてくる。許容可能な変動を演出し，それを積極的に評価することがパッシブ換気の基本理念と考えたい。本章では，従前の未飽和な状態に捨て置かれた室温の状況(生活環境の実体)がどのようなものであったか，を紹介すると共に，空気環境水準の保持に必要な今後の熱環境計画の諸要諦を

4.1 時間的な温度むらと空間的な温度むら

ここで取り上げる温度むらは生活時間・空間内に存在する寒さに置き換えて考えると，理解が容易になる。その寒さは，住宅の熱的な性能にかかわる断熱気密の程度や暖房設備の水準に影響されるが，居住者の暖房意識や習慣によっても大きく左右されることがわかってきた。例えば，間欠暖房をすると，暖房を停止した夜間の温度低下の影響(寒さ)は，暖房時間帯まで持ち越され，冷えたままの周壁は日中の放射環境を悪化させている。部分暖房をすると，低温のままに捨て置かれた非暖房隣室の影響(寒さ)は，主暖房空間の床付近温度を低下させ，主暖房室の上下温度分布を増大させている。

もちろん，そのような居住者の暖房期の生活行動は，住宅の熱的な性能の反映でもあったが，その生活行動の一端を第1次石油危機(1970年代の中頃)後の温熱環境の実態調査から探ってみよう。

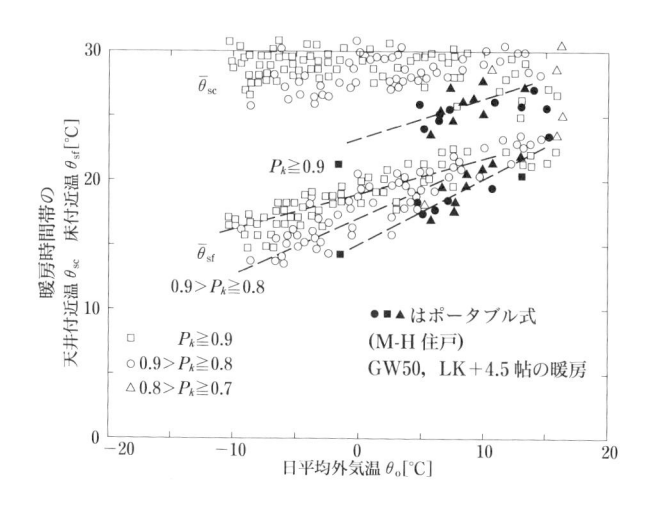

図4-1 外気温の低下に伴う天井・床付近温度の推移(ポット式石油ストーブ)
暖房時間帯の θ_{sc} と θ_{sf} の平均を設定室温 θ_s，1日の θ_{sc} と θ_{sf} の平均を日平均室温 θ_m としたとき，$P_k=(\theta_m-\theta_o)/(\theta_s-\theta_o)$ は，暖房時間の少ないほど小となり，θ_{sf} は低下する。

岩見沢市で戸建住戸(個別暖房)8戸の暖房期の温度環境を長期測定したが，その一事例を図4-1に示す。晩秋頃は開放式の石油ストーブ（ポータブル式）を使用しているが，外気温が低下し，床付近温度が15℃を下回るようになると，ポット式ストーブに切り替えて本格的な暖房が開始される。聞き取りによれば，その切り替えは，灯油の節約というよりも，室温調節を容易にすることにあるという。天井付近温度は外気温の推移に関係なくほぼ30℃に保たれているが，床付近温度は外気温の低下に伴い降下するので，居住者は，隣室との間の戸襖を閉めるような暖房面積の縮小を自律的に行うようになる。それでも最寒期になると，床付近温度は15℃を下回るようになる。その時期になると，居住者は，生活活動の大半をストーブの放射熱が届くその周辺で過ごす傾向を示すようになる。

　先の8戸に，戸建住宅(中央暖房)2戸[岩見沢]，集合住宅(中央暖房)3戸[札幌]，集合住宅(個別暖房)3戸[札幌]の調査結果も加えて，外気温の低下に伴う設定温の推移を図4-2に示す。個別暖房(ストーブ)と中央暖房の差は歴然としているが，この差異は暖房設備の違いからくるものではなく，住宅の熱的性能と暖房手法の違いによるものであることがわかってきた。主暖房室だけを暖房する部分暖房は，住戸全体を暖房する場合に比べ，空間平均温

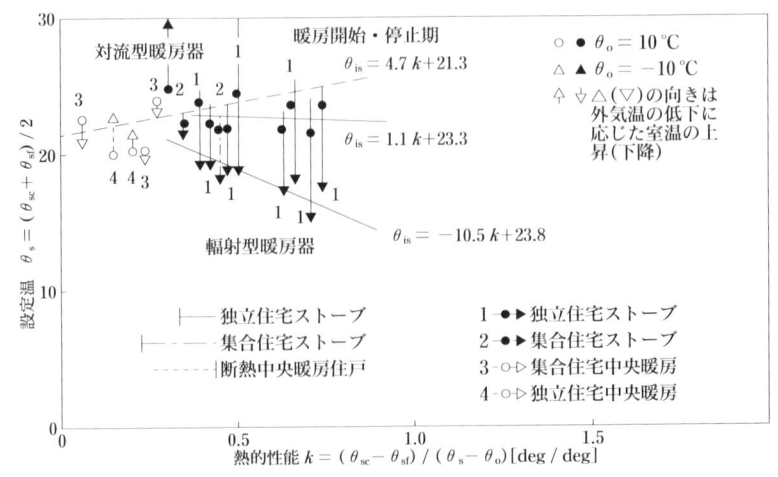

図4-2　熱的性能や外気温の低下に伴う設定温の推移

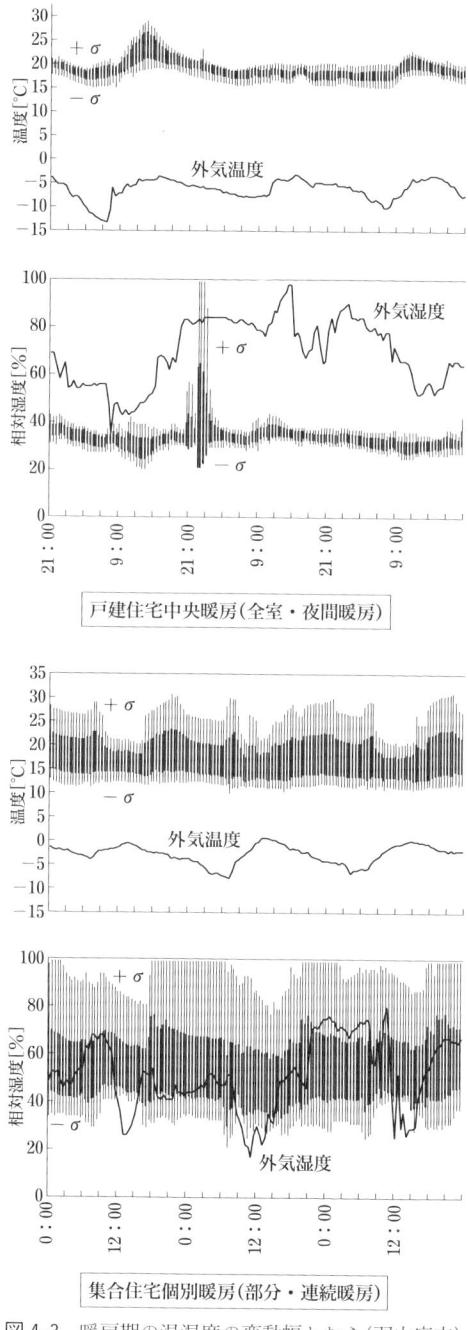

図 4-3　暖房期の温湿度の変動幅とむら(羽山広文)

度が低くなるので，住戸からの熱損失量は確実に減少する。また，夜間の暖房を停止し，室温の降下を放置する間欠暖房は，夜間も暖房する場合に比べ，日平均室温が低下するので，住戸からの熱損失量は確実に減少する。従前の放射放熱の勝った暖房器(ポット式ストーブ)は，室温を上げずに(熱損失を増やすことなく)，暖房器の周辺に暖かさを提供することができる。部分間欠暖房とは，空間的な寒さや時間的な寒さの残った住戸向きの暖房習慣ということになる。

今なお貧しい暖房習慣(間欠部分暖房)から脱し切れてはいないが，その理由は，①断熱気密不足の住宅ほど際立ってくる床付近の寒さの存在，②室温を上げずに容易に暖かさを入手できる放射型の暖房器(ポット式ストーブ)の購入が可能，そして③暖房を停止した分だけ確実に熱節約が期待できる断熱気密不足住戸の夜間の著しい温度低下，にある。それはまた生活実感に培われた暖房習慣でもあったといえよう。

図4-2からは，住戸の熱的性能が向上すると，暖房開始期は遅く，停止期は早まると同時に，放熱器は直接的な暖かさを得るに便利な放射放熱型から室温の保持や窓面の冷気流緩和に重点が置かれた対流放熱型に移行する，というような暖房進化史的な展開も読み取ることができるであろう。

2000年2月，1住戸に8箇所の測定点を設け，温湿度を測定した。図4-3に示した温湿度変動は，表4-1に示した温湿度の最大，最小，平均，標準偏

表4-1 暖房期の温湿度の変動幅とむら(羽山広文)

	熱損失係数 W／m^2°C	居住室	非居住室	暖房方式
戸建住宅 中央暖房	1.2	1F居間・和室 2F寝室1・寝室2 最大29.1，最小16.2 平均19.3 標準偏差2.0	1F玄関・洗面 1FWC・浴室 最大27.7，最小15.0 平均18.8 標準偏差1.7	床暖房 全室
外気温[°C]	-6.2			
集合住宅 個別暖房	3.2	居間・DK・寝室1・ 寝室2・寝室3 最大30.8，最小11.0 平均18.6 標準偏差3.5	玄関・WC・ 浴室 最大20.7，最小9.8 平均14.4 標準偏差2.2	ストーブ 1台
外気温[°C]	-2.8			

差 σ を用い，その住戸の最大値，平均＋σ，平均－σ，最小値を時刻毎の推移として表現したものである。

　戸建住戸では，入浴により一時的に湿度が高くなるが，使用後の湿度は速やかに降下している。室温の変動幅が小さいことから，相対湿度の変動幅も小さくなり，結露の危険性は低い。一方，集合住宅の場合は，高気密性のゆえか，相対湿度が高い上に，室温の時間的・空間的なばらつきが大きいので結露の危険性は高くなっている。

　1970年代の中頃の調査結果では，戸建住宅に比べて，床面積あたりの外壁面積の少ない集合住宅の方が，相対的に熱的性能は高かった。しかし，その30年後，高断熱高気密化された戸建住宅の熱損失係数は表4-1に示すように確実に小さくなり，高断熱高気密戸建住宅の時間的・空間的な温度むらは集合住宅よりも確実に少なくなっていること等がわかってきた。

4.2　気密性能と給排気口の集約化

　1章では，「意図的な空気流動を計画すること」が真の換気と論説し，平衡型と非平衡型の模擬的な空気流動を図1-2に提示した。非平衡型の典型が図4-4に示す「気密化されていない住宅」の隙間風である。その理由は，隙間経由の流動量や経路は居住者の意図や都合に合わせて計画することができないからである。

　ある程度の気密性能が確保された場合，熱交換換気扇を用いると，換気による熱損失を増やすことなく，室内の空気質を良好に保つことができる。1台であれば，平衡型となり，外部風の影響は軽微ですが，その一方で，屋内全域の空気質の保持は難しくなる。風向，風背側に複数台設置すると，夏期の通風ほどに換気量が増加する訳ではないが，停止時には風向側からの冷気の侵入量は増大する。また，屋内の正圧部分における断熱壁の内部結露のリスクが解消されることはない。

　さらなる気密性能の向上と基礎断熱の採用によって床下空間が温度的に屋内化されると，給気口を小屋裏に設け，居住室に排気ファンを設置することによって，天井面からの流出熱で加温された外気を床下空間経由で取り入れ

[多量の隙間風・内部結露の危険大]　　　　[常時排気，内部結露の危険なし]

温気の漏出／内外の圧力差　　　　小屋裏給気／内外の圧力差
冷気の滲入　　　　　　　　　　　床下暖房

気密化されていない住宅(冷気の滲透)　　気密化住宅の負圧換気(第3種換気)

熱交換換気扇　温気　冷気／内外の圧力差　　排気筒　小屋裏給気／内外の圧力差
　　　　　　　　　　　　　　　　　　　　床下暖房

設備費が嵩む，十分な予熱　　　　建築費が嵩む，変動する換気量
換気負荷の減，内部結露のリスクあり　全屋暖房，内部結露の危険無

熱交換換気扇を用いた住宅(第1種換気)　高気密化住宅(パッシブ換気)

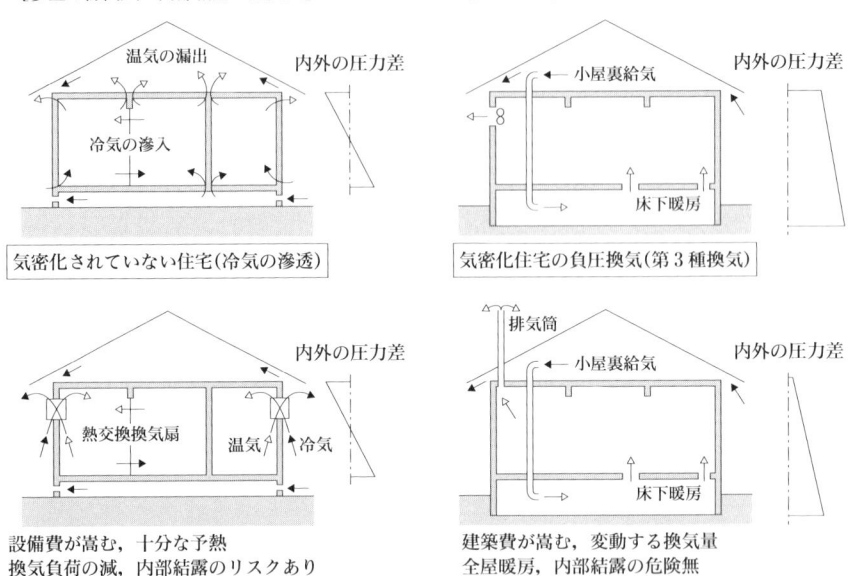

図4-4　換気経路を決定する気密の程度

ることが可能になる。この負圧換気(第3種)方式では，取り入れ外気によって小屋裏空間の温湿度が低下するため，氷柱の防止，小屋裏結露の回避とともに，冷外気の予熱も可能になる。しかし，従前のように，土台・基礎周りの隙間から外気が床下空間に流入する状況では，小屋裏から床下空間へと接続する断熱ダクトが，提案とは正反対に，床下空間から小屋裏へ向かう空気流れの通り道になってしまうので，氷柱や小屋裏結露の発生のリスクは高くなる。

　換気の主動力として電動ファンを用いなくとも，その内外差圧を生み出すに十分な高さの排気筒が計画された場合には，同じような原理で，第3種換気(パッシブ換気)が成立する。

　それでは，どの程度の気密性能が確保されると，排気筒によるパッシブ換気が可能になるのであろうか。北海道立寒地住宅都市研究所が調査した気密性能向上の実態を踏まえつつ，気密性能水準と排気筒の関係を紹介する。

4章 冬の熱環境計画とパッシブ換気　141

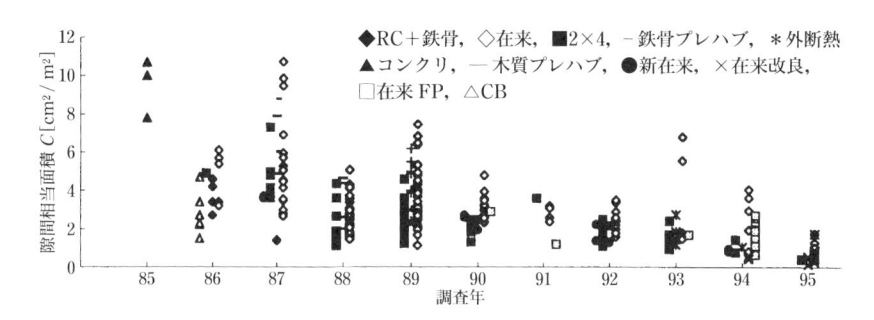

図4-5　新築住宅の気密性能水準の経年的な推移(北海道立寒地住宅都市研究所)

図4-5に示すように，隙間相当面積は1987年を境に(北方型住宅の施行後)急激に小さくなり，1995年になると$2\,\mathrm{cm}^2/\mathrm{m}^2$を下回るようになる。もちろん，詳細にみると，気密化の容易な構造・構法にあるものと，そうでないものの違いは認められるが，明確に右下がりの傾向になっている。近年の戸建住宅の気密性能の向上は，図示した10年間の努力の賜物といって良いであろう。

図4-6に住宅の隙間分布モデルを示す。木造住宅の隙間は概ね周壁全体に分布しているが，施工の関係上，相対的に天井の回縁や床の巾木周りに集中することが多い。実際，最寒期に台所の排気扇を1時間ほど稼動させ，放射カメラで暖房された室内の壁面温度分布を撮影すると，天井の回縁や床の巾木周り付近が流入冷外気に冷やされて低温になっていることを容易に視認す

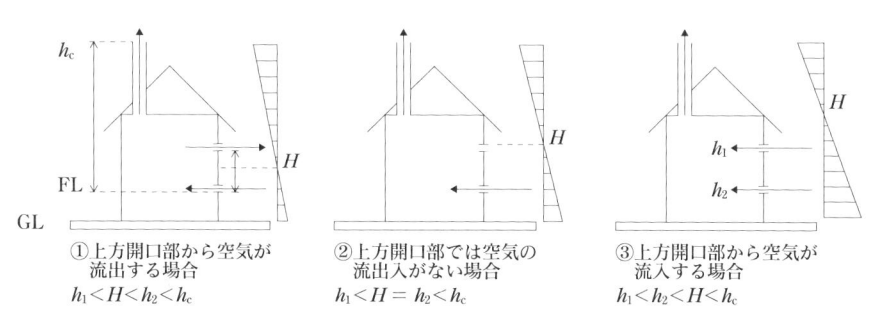

①上方開口部から空気が流出する場合
$h_1 < H < h_2 < h_c$

②上方開口部では空気の流出入がない場合
$h_1 < H = h_2 < h_c$

③上方開口部から空気が流入する場合
$h_1 < h_2 < H < h_c$

図4-6　中性帯高さと外気流入の状況(大村裕子)

表 4-2 モデルの設定と計算条件(大村裕子)

階高	平屋	二階屋
必要換気量[m³/h]	120	120
開口部	上下2箇所/階 計2箇所	上下2箇所/階 計4箇所
面積[cm²]	$\alpha A/2$	$\alpha A/4$
高さ[m]	$h_1=0.0$	$h_1=0.0$
	$h_2=2.4$	$h_2=2.4$
		$h_3=2.7$
		$h_4=5.1$
延床面積[m²]	120	120
室温[°C]	20	20

ることができる。そこで，一つの仮定として，流出入空気の開口(隙間)は上方の天井面高さ(h_2)と下方の床面高さ(h_1)に集約できると考えた。

中性帯高さ(H)を上方の開口高さに持ってくると，対象空間は負圧になり，断熱壁内への湿気の流入の危険は大幅に軽減される。必要換気量の確保は，排気筒の高さ(h_c)とその筒径から計画されることになる。本当の意味のパッシブ換気は図4-6に示す③の計画にあると考えたい。ここで大切なことは，換気の量は，内外温度差の変動に応じて増減するけれども，中性帯高さと流出入の状況は，排気筒の筒径面積を変えない限り，住宅の気密の程度(隙間の状況)と排気筒高さの関係のみで決定されるので，暖房期間中，中性帯高さは一定に保たれることである。

中性帯を高くするには，全ての排気が排気筒の有効開口経由になるように，対象住戸の気密性能を上げるか，排気筒を高く(筒径を大きく)する必要がある。

$\alpha[-]$を流量係数，$A[\mathrm{m}^2]$を隙間面積，$\gamma[\mathrm{kg/m}^3]$を比重量(i：室内，o：屋外)，$g[\mathrm{m/s}^2]$を重力の加速度とし，流出を正，流入を負とする。この正負の判定は，$(h_n-H)\times(\gamma_o-\gamma)$の正負に合わせ，$\sqrt{}$の中は絶対値として風量を求める。開口部における風量は，n個の開口部の高さを床面の高さを基準にして，h_1，h_2，……，h_nと表すと，各々の開口部の風量は式4-1で推定できる。

$$F_n = (\alpha A)_n \sqrt{2g(h_n - H)(\gamma_0 - \gamma)/\gamma_0}$$
$$\sum F_n = F_1 + F_2 + F_3 + \cdots + F_n = 0 \qquad (4\text{-}1)$$

総隙間面積を延床面積で除した住戸の隙間相当面積 $C\,[\mathrm{cm^2/m^2}]$ と開口隙間の状況を勘案し，n 番目の有効開口面積 $(\alpha A)_n$ を推定する。排気筒の筒径から筒の断面積を与えると，式 4-1 から，$(n+1)$ 個の平衡式を整式化することによって，中性帯高さ H と F_n を得ることができる。

隙間相当面積をパラメーターにした外気の比重量と換気量の関係を図 4-7，図 4-8 に示す。当然，平屋で $H \geq h_2$，二階屋では $H \geq h_4$ がパッシブ換気実現の要諦になる。二階屋の場合は，平屋よりも気密性能の高いことが前提になる。その目安は，平屋で 2.5 $\mathrm{cm^2/m^2}$，二階屋で 1.4 $\mathrm{cm^2/m^2}$ であることがわかる。

最寒期の外気温 (-10°C) で必要換気量を設計した場合，外気温が 5°C になると，40 $\mathrm{m^3/h}$ も不足する事態となる。この不足分を別途に機械換気(例えば，排気筒内にダクトファンを設置する)で補うか，あるいは予め，外気温が 5°C の状態で，必要換気量の確保が可能になる排気筒高さと筒径を計画し，外気温の上昇・下降に合わせて，排気筒の筒径の有効開口面積を増減させる工夫が必要となってくる。

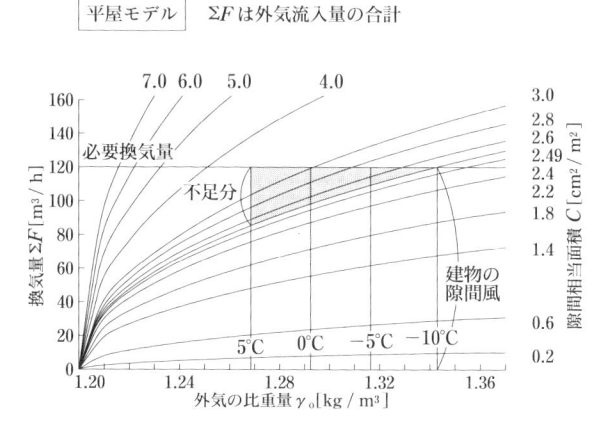

図 4-7 相当開口面積と外気の比重量から算出した換気量(大村裕子)

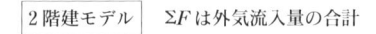

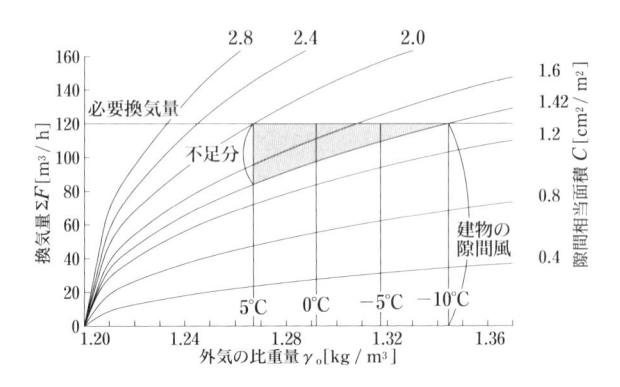

図 4-8　相当開口面積と外気の比重量から算出した換気量（大村裕子）

　住宅の気密性能が向上するに従い，隙間経由の外気流入だけでは必要換気量の確保が難しくなってくる。日本建築学会・熱環境小委員会・寒地住居の未利用空間の環境デザインSWG（1998-1999）は，基礎断熱が容易になったことを踏まえて，図4-9に示すような床下空間の屋内化を意識した計画的な暖房と換気システムを提案した。その理由の一つとして，小屋裏・間仕切壁中空層・床下空間などを未利用のまま放置しておくことは，結露の発生を招いたり，耐久性を損なったりするリスクを高くする，と考えられたからである。

　この段階になって初めて，新鮮外気の取り入れを建物隙間経由の流入に頼ることなく，必要量のほとんどを給気口経由で取り入れる空気環境計画に向けて第一歩を踏み出した，ということができる。何を目的にして高気密化するのか，と問われた時，断熱壁の内部結露防止のために，という返答は，確かに誤りではない。しかし，内部結露の防止が，室内側の連続した防湿層の設置と外気側の通気層の確保によって万全になるのであれば，高気密化による内部結露防止は全くの副次的な効用に過ぎないことを知るべきであろう。

　気密化の主たる目的は，必要な量を給気口から取り入れ，必要としている場所に必要な量を送り込む計画換気を成就させることにある，という回答こそが正当な応接といわねばならない。ただ，住宅のいたる所に隙間があった

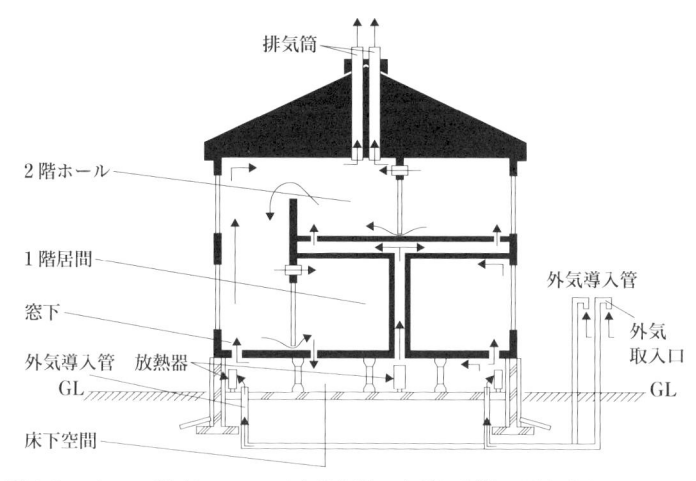

図4-9 パッシブ換気システム(寒地住居の未利用空間の環境デザインSWG)

としても，ダクティングが適切であれば機械換気による必要換気量の適切な供給の実現は可能であり，居住者が意識しているか意識していないかには関係なく，その背後では機械換気による空気流れの他に，隙間経由の外気の流出入が続行していることになる。その意味では，機械換気は対象建物に対し高い気密性能を必要条件として要求している訳ではない。むしろ，パッシブ換気を前提にした計画の方が，その計画の前提として，より高い気密性能の確保と給排気口の集約化が必要になってくるといわなければならないだろう。

4.3 未利用空間の解消と寒さの緩和

未利用空間の代表的なものに床下空間がある。床断熱の場合，床下空間の温度環境は屋外に近くなるので，空間の利用形態としては野菜庫的な使用等に限定される。基礎断熱を採用すると，床下空間の温度環境は一般居室に近くなり，床下空間を給気のバッファーとする計画が可能になってくる。一般居室への直接的な冷外気の流入を回避しようという目論見(間接緩和計画)は，床下空間を経由させることで成立する。

床下空間経由の空気導入に抵抗感を持つ人がいるかも知れないが，わが国

の伝統的な民家(畳敷きの和室)の床を想像してもらいたい。確かに，湿った地盤面と床面との完全隔離は難しいが，十分な通気が確保されていれば，空気環境的には屋外と連続・一体と見なすことができる。民家の畳床に座った状況を空気環境的に評価すると，床下空間と上階居室の間の空中を移動・漂流している状況とそれほど大きな違いはない。

夏期の高温・高湿に対応した伝統的な在来木造住宅の特質は，床下空間，壁の取り合い，小屋裏等のあらゆる部分に通気のための隙間を意図的に作り，時間遅れ無しで円滑な湿気の排出を可能にすることにあった。床下空間に，流入冷外気を予熱する放熱器を設置し，寒冷地の在来木造の弱点であった間仕切り壁の中空を空気搬送用のダクトとして使用すると，伝統的な構法の再評価にも繋がってくる。

床下空間を給気のバッファーとし，冷外気の予熱と暖房を同時に行う床下暖房パッシブ換気システムは，床下の放熱量で住宅全体の室温を確保するために，平面計画や断面計画によっては，暖房・換気の性能に差が生じる。一般に全室暖房空間では，1階より2階の方が高温になるが，床下暖房パッシブ換気システムの場合は，2階の方が2℃程度低温になる。また，大きな開口部からの冷気処理に加え，2階空間からの還気処理に対する事前検討を十分に行う必要がある。建築計画に際し，このシステムを適用できない平・断面形があることも知っておかなければならない。

図4-10の模式図に，2階建住宅における2通りの空気循環を示す。温気の循環には，左側に示す間仕切壁＋天井懐を活用した内循環と，右側の居室や階段室を流路とする外循環がある。温気の総循環量は500 m^3 / h を超えるので，事前に温気吹き出しや冷気取り入れのガラリ位置と個数を慎重に検討する必要がある。

図4-9に示したシステム図のように，塩化ビニール製の給気チューブを地中に埋設すると，冬期間，冷外気は地熱で加温されてから床下空間に流入する。埋設したチューブに，夏期の結露や雨水・地下水の浸入があると，衛生面のリスクは大きいが，的確な保守・維持管理への配慮がなされているならば，給気予熱の魅力は大変に大きい。道央(札幌)地域の場合，埋設長さを6〜7 m程度確保できれば，冷外気を零度以上の温度レベルまで加温して供

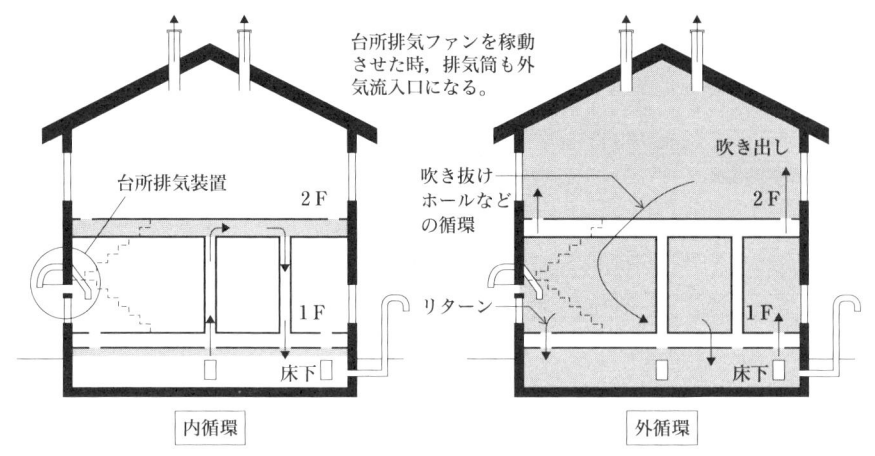

図 4-10　パッシブシステムの温気の流れ(寒地住居の未利用空間の環境デザイン SWG)

給可能という実測結果が得られている。

　円滑な排気のためには，排気口は可能な限り最頂部に計画した方が良い。そのためには，天井断熱よりも屋根断熱を採用した小屋裏空間の屋内化(ロフト空間の確保)が，一つの解決策として考えられる。これもまた，未利用空間の解消に繋がってくる。

　次の要因は，排気筒などの上部排気口を用いたパッシブ換気に影響を与える。

①給気口から排気筒上部排気口までの高さ

②内外の温度差

③給気口から排気口までの通気抵抗

④屋外の風速・風向

　①と③は設計者の一存で決定できるが，②と④は外界の気象条件や住戸の隣棟条件によって変わってくる。従って，パッシブ換気量は，図 4-12 に示すように，外気温の年間サイクルに影響された変動，外気温の 1 日サイクルに影響された変動，刻々の外部風(季節風)の変動による増減が全て重ね合わさったものとなる。

　パッシブ換気量の季間変動の試算結果によれば，1 住戸の必要換気量を 120 m³/h と設定すると，外気温が高くなってくる 5 月から 10 月までは，

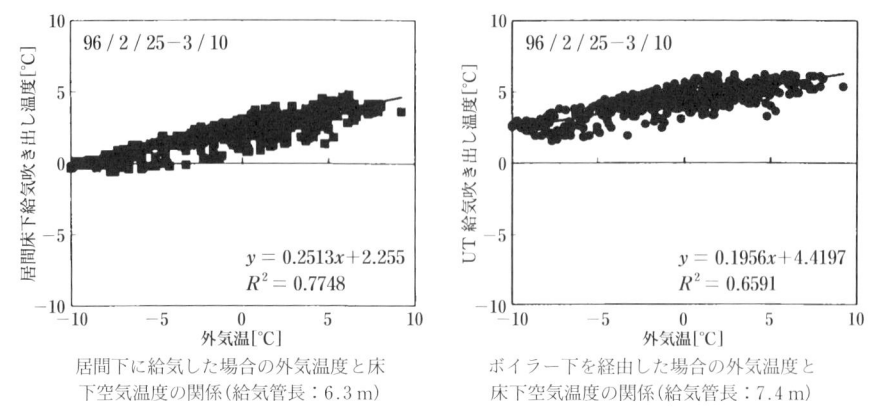

図4-11 埋設給気管経由の給気温度(寒地住居の未利用空間の環境デザインSWG)

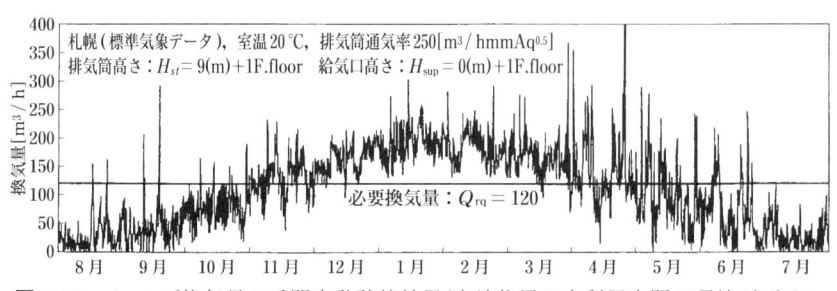

左: 居間下に給気した場合の外気温度と床下空気温度の関係(給気管長:6.3 m), $y = 0.2513x + 2.255$, $R^2 = 0.7748$

右: ボイラー下を経由した場合の外気温度と床下空気温度の関係(給気管長:7.4 m), $y = 0.1956x + 4.4197$, $R^2 = 0.6591$

図4-12 パッシブ換気量の季間変動計算結果(寒地住居の未利用空間の環境デザインSWG)

札幌(標準気象データ), 室温20℃, 排気筒通気率250[m³/hmmAq^0.5]
排気筒高さ: $H_{st}=9(m)+1F.floor$　給気口高さ: $H_{sup}=0(m)+1F.floor$
必要換気量: $Q_{rq}=120$

換気量が不足する環境になることがわかってきた。その解決策の第1案として、外気温が高くなったので、小さな開口部を開放し、「直接的な寒さを感じるリスクを少なく、換気負荷も大きくならない」という選択をするか、第2案としては、「補助ファンを予め設置し、外気温が高い5月から10月まで、適宜稼動させる方策を採る」必要があるだろう。もちろん、窓を開放し、通風を行う選択肢もあるが、雨天時や夜間の通風はできないので、それが万能の解決策ではないことに留意しなければならない。

　パッシブ換気は、最寒期の換気経路や換気量の設定にその主眼がある訳ではない。居住者と設計者は、内外温度差の確保が難しい暖房限界期から初夏

にかけて予めどのような対応策を考えておかなければならないか，を協議する必要がある．むしろ，そのこと自体が非常に大切な環境計画の一つになると考えたい．

4.4 シックハウス(sick house)問題と必要換気量

人間には個体差がある．ある人がある濃度レベルで化学物質過敏症を免れたとしても，別の人はそのレベルを下回った状態でも過敏症の発症に悩まされることが当然起こり得る．

濃度レベルが高ければ，その暴露時間が一瞬か数時間でも発症するかも知れない．濃度レベルが低くなると，その暴露時間が1日か，1週間か，1ヶ月か，6ヶ月か，1年になるかはわからないけれども，長期にわたった場合，発症の可能性は確実に高くなるに違いない．パッシブ換気の特徴の一つに，換気量の時間変動，日変動，季間変動があるので，換気量の設定に際しては，衛生面から慎重に検討しなければならない．

1章で取り上げた室内空気の環境基準(表4-3)は，建築基準法および建築物環境衛生管理法によって定められている．事務所衛生規則によれば，中央管理方式の設備を有する場合，吹き出し口のところでは，表4-3の値が定められ，それ以外のところでは，COで50 ppm以下，CO_2で5000 ppm以下などが定められている．CO濃度を長期と短期で比較すると，フィンランドでは日平均と時間平均で3倍，米国では8時間平均最高値と1時間最高値で4倍，旧ソビエト連邦では24時間平均値と30分平均値で3倍になっている．

次に，NHKによる1日の生活行動調査を下敷きにして，有害物質濃度が

表4-3　建築物環境衛生管理基準

基準項目	建築物環境衛生管理基準(日本，1971年制定)
浮遊粉塵の量	空気1 m³につき0.15 mg以下
一酸化炭素の含有率	10 ppm(100 ppb)以下
二酸化炭素の含有率	1000 ppm(0.1%)以下
温度	17℃以上28℃以下
相対湿度	40%以上70%以下
気流	0.5 m/s以下

どのような変動状況になるかを検討した，宮城学院女子大学教授・林基哉博士の数値解析結果を紹介する。

林基哉博士は，図 4-13 に示す独立住宅を対象にして，①1 階，2 階の居住空間のみを対象にパッシブ換気を行った場合，②床下空間に放熱器を付設し，排気筒を設置したパッシブ換気の場合，③熱交換換気扇を設置した機械換気の場合，の 3 ケースを数値解析したが，ここでは②のケースの検討結果を紹介する。

逐次積分法を用いて非定常の数値解析を行い，年間の温度，換気量，各種ガス濃度の時間変動を計算した。数値計算に使用した外界条件を図 4-15 に，計算結果を図 4-16 に示す。

CO_2 は暴露時間に応じ，1000 ppm (長期) から 2500 ppm (短期) の範囲で考えれば良い。夏期に窓を閉めた場合，建築物環境衛生管理基準値である 1000 ppm を超えている日もあるが，1500 ppm には達していない。CO_2 は衛生基準から見ても，大きな問題にはならないであろう。

CO の場合も暴露時間に応じ，10 ppm (長期) から 30 ppm (短期) の範囲を目安にすれば良い。調理時のレンジフードからの漏れを想定した限りでは，0.1〜0.2 ppm ゆえ，CO も建築物環境衛生管理上大きな問題にならないと考えて良い。

ホルムアルデヒドの室内濃度は，厚生労働省の指針値である 0.08 ppm (80 ppb) 以下に抑制しなければならない。計算結果を見ると，暖房期間は

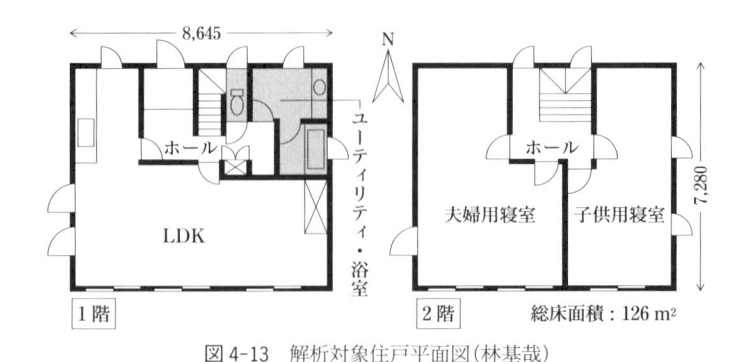

図 4-13 解析対象住戸平面図 (林基哉)

4章　冬の熱環境計画とパッシブ換気　151

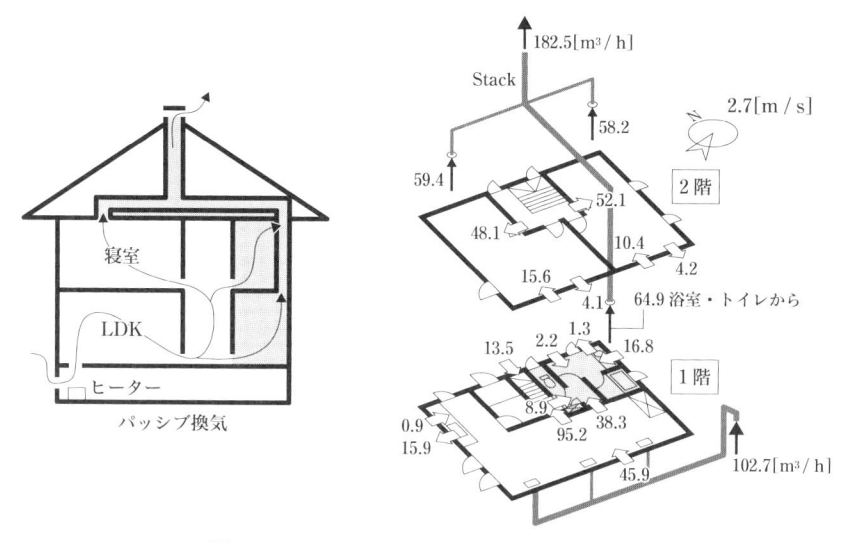

図 4-14　換気系と空気流れの計算結果(林基哉)

注：上図は図 4-9 や図 4-10 に比べ非常に簡略化されている。流入冷外気がヒーターで加温後，LDK の窓下ガラリから供給され，ドラフト防止の後にドア下のアンダーカット経由で円滑に循環するか否かは，住宅の気密性能と事前の平面・断面計画にかかわってくる。原則的には下差込みと上取出しを巧く生かしきることであろう。

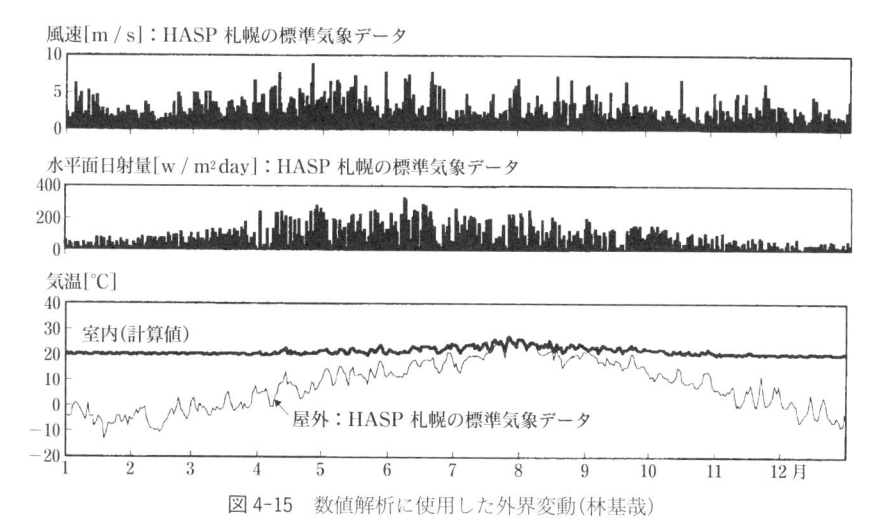

図 4-15　数値解析に使用した外界変動(林基哉)

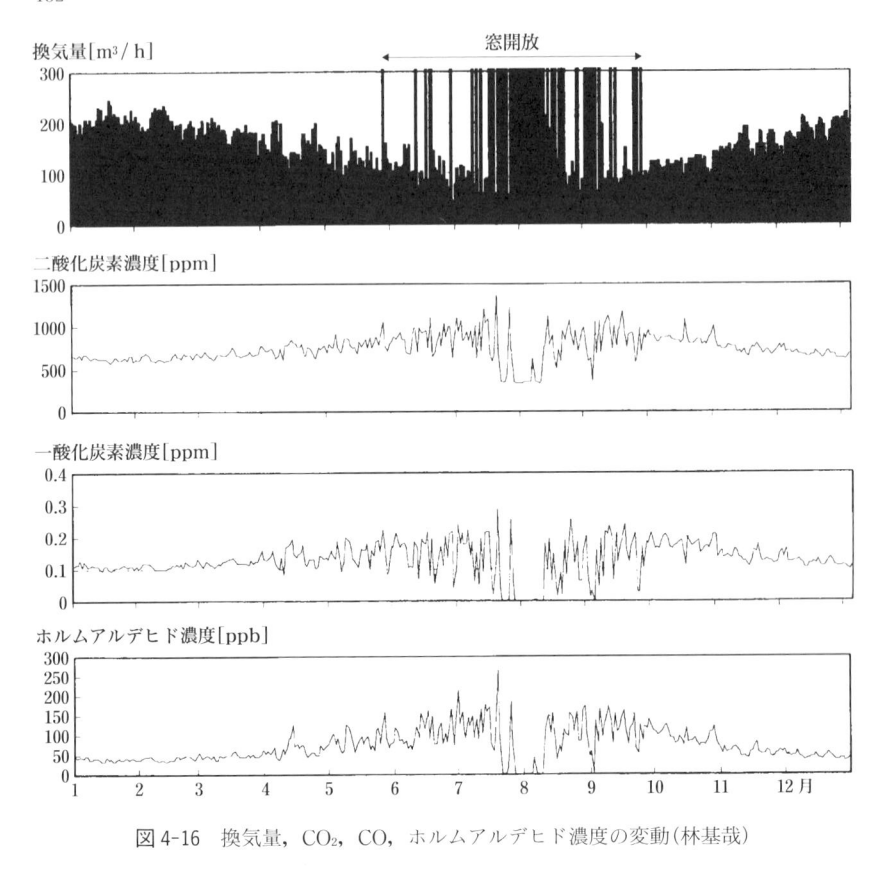

図 4-16　換気量，CO_2，CO，ホルムアルデヒド濃度の変動（林基哉）

50 ppb のレベルで推移しているが，窓を閉めると，6月下旬から9月下旬までの間で 100 ppb を超える日が頻発する。従って，パッシブ換気を考える場合，ホルムアルデヒドのような化学物質の揮発が少ない内装材や内装下地材の使用を予め念頭において計画しなければならない。また，このモデルには，天候に左右されない給気口が備わっているので，補助ファン等を付設して積極的な排気による空気環境の保持を励行しなければならないであろう。

4.5　ユーズドエア（used air）の処理と換気経路計画

先に検討した CO_2 や CO は，居住者の生活活動に伴って発生する化学物

質であるが，建材から放出されるホルムアルデヒドなどの揮発物質は，室温が高ければ高いほど，増加する．従って，暖房期であれば，夜間より日射の影響を受けて室温が高くなる日中の放出量の方が多く，また，通年で見ると，暖房期よりも室温が高くなる夏期に放出量は増大する．

一般に，居間や台所など日中に使用する生活空間は1階に配置され，就寝に使用する寝室は，2階に配置されることが多い．新鮮外気を床下空間から取り入れた場合，主たる換気経路は床下空間 ⇒ 1階居室 ⇒ 2階居室 ⇒ ロフトという流れをとることになるだろう．日中，家人の多くが居間や台所などを生活空間としている間，2階で活動している人数は少ないので，ユーズドエアが2階に流入してもその悪影響は少なくてすむ．就寝時の主滞在空間は2階になるので，在室者のいない1階の空気が2階に流入しても，空気の汚染は軽微と考えることができる．

図4-17に示したローエネルギーハウスは，科学技術振興事業団・戦略的基礎研究推進事業「環境低負荷型の社会システム」研究領域：自立型都市を目指した都市代謝システム開発の一環として，北海道大学構内に建設された地下室付きの戸建住宅である．

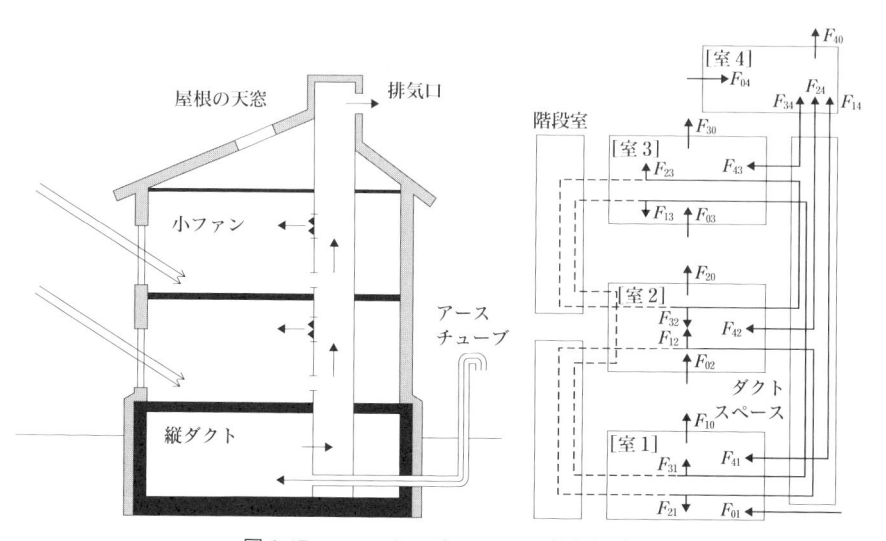

図4-17　ローエネルギーハウスの換気経路

新鮮外気供給用の縦ダクトと，冷外気予熱用のアースチューブを付設し，直径200 mmの塩化ビニール管2.2 mが2本，20.7 mが2本の計4本の組み合わせにより，内外温度差に応じた流入量の調整を可能にしている。

　縦ダクトと各室の間には，小ファン2個を付設し，縦ダクトから各室へ押し込み形式で必要換気量の供給を考えた。冬期間の冷外気はアースチューブの通過中に予熱され，地下室・縦ダクト経由中に再び暖められるので，小ファンを用いて外気を直接的に供給しても室内環境を悪化させることはない(空気環境的には外 ⇒ 内換気，熱環境的には内 ⇒ 内換気)。

　1階・2階への換気経路は，縦ダクトと階段室になる。空気の流動は階段室と各室間の扉の開閉条件によって変わってくる。図4-17に示した破線の経路は階段室の流動状況を表したものである。先にトレーサガス数よりも対象室数が多い場合の測定手法について論説したが，階段室と縦ダクトを便宜的に実体容積なしの換気連絡路と仮定して解析を進める場合，実線と破線の違いを厳密に区別することはできない。

　2.2 mのアースチューブ2本を使用した測定結果を図4-19，図4-20に示

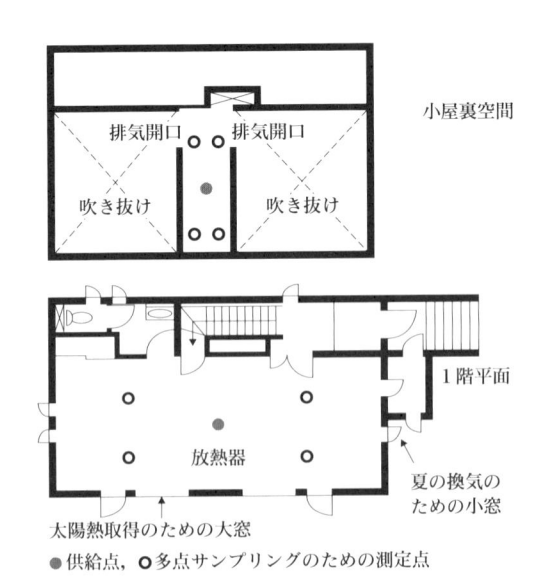

図4-18　ローエネルギーハウスの平面図及びガス供給・測定位置

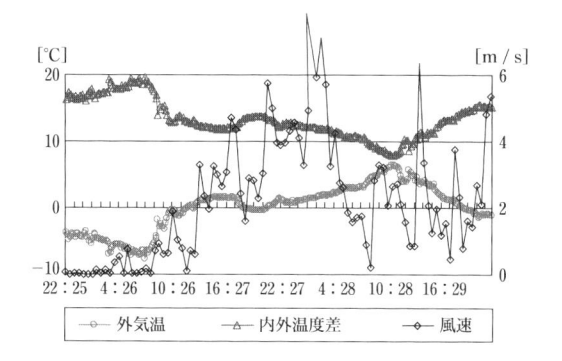

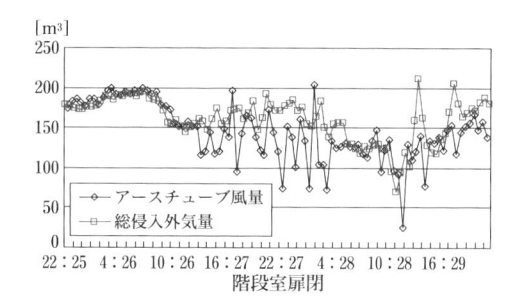

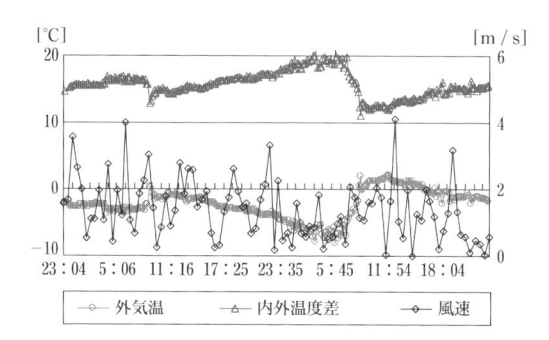

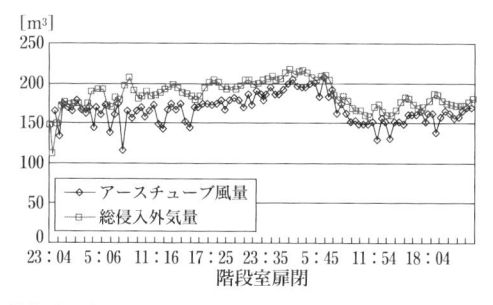

図 4-19　外気流入総量とアースチューブ通過流量の相関（島田潔・福島史幸）

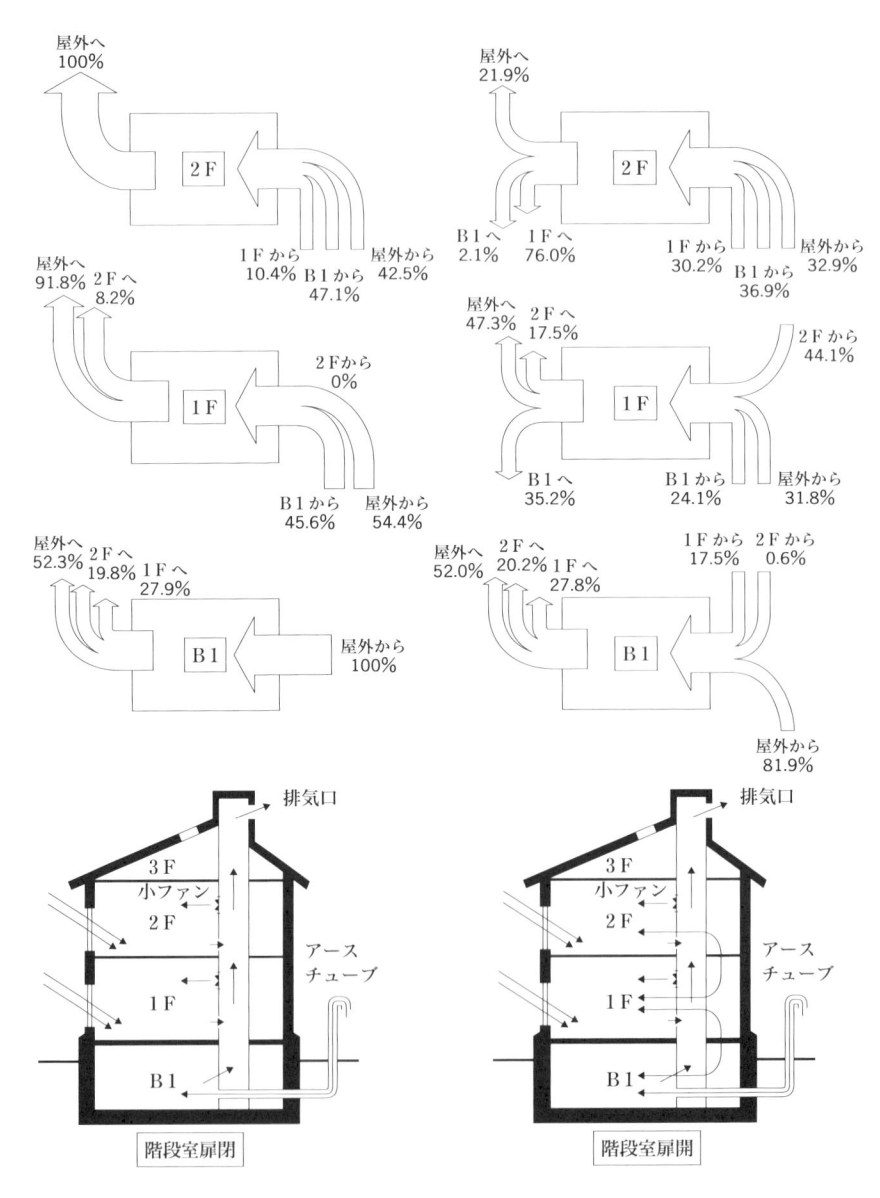

図 4-20　階段室扉閉・開に伴う換気経路の変化（島田潔・福島史幸）

す．自然エネルギー利用の一環として建設した風力発電機塔の中ほどに取り付けた風向風速計による外部風速，外気温度，アースチューブ内に取り付けた微風速計の流速から換算した外気流入量，トレーサガス法により得られた地階，1階，2階への外気流入量の合計を図4-19に示す．外気流入の総量はアースチューブ通過流量に概ね等しく，その変動パターンも一致していることがわかる．

　換気量は外気条件に応じて変動しているが，家族4人に見合うだけの必要換気量は十分に確保されている．朝方の4時から7時頃までの比較的安定した時間帯を目安に算定した1時間平均値を用いて，階段室扉の開・閉による性状の違いを比較したところ，図4-20に示すように，階段室扉を開放すると確かに階下へ流れる成分が現れた．ユーズドエアの問題を解決するには，階段室扉を閉めてこの影響を積極的に回避し，縦ダクト＋小ファンの使用を選択する方が良い．

　このユーズドエアの問題は，ここで取り上げた冬期のパッシブ換気ばかりでなく，夏期のスタック(煙突)型や熱対流型のパッシブ換気においても完全に避けることはできない．しかし，冷房を必須としない寒冷地の夏期は，もっぱら換気の増量を図ることで対処が可能になるので，この問題をそれほどシリアスに考えなくて良いかも知れない．もっと厳密にいえばこのユーズドエアの問題は，機械換気を行っていても室間換気量が存在している限り，解消されることはないので注意しなければならない．特に，給排気量が非平衡の場合，汚染空気は襖・扉の隙間経由で正圧室から負圧室へ容易に流入するので，考え方によってはパッシブ換気よりもシリアスな問題となる場合もある．

　温度差換気を前提にした換気計画において，1階で取り込まれた化学物質を含んだ空気をそのまま2階に上げ，2階においても同様に化学物質が発生しているならば，当然，1階よりも高濃度になる2階の危険性は増大する．また一般に，専業主婦であれば，1階の滞在時間が就寝時に使用する2階よりも長くなることを勘案するならば，1階における化学物質の揮発量をできるだけ少なくする建築計画に向けた努力，例えば，4つ星印の建材のみを使用するというような配慮が当然の措置として望まれよう．

住宅の断熱程度が向上してくると，建物外皮から失われる熱量が減少するので，熱消費総量に占める換気損失成分の割合は増大してくるが，増大分は電動機の動力費用に相当すると考えると，換気損失熱をそのまま換気の駆動力コストとして許容することも可能になってくる．

　それを踏まえた上で，晩春や晩秋のように内外温度差の確保が難しくなってくる時期の換気の総量を，十分に手当てすることができるならば，パッシブ換気における室間換気量それ自体が，諸室のトータルな意味における新鮮外気の量的な確保を保証するという二面性も有している．寒冷地の換気計画では，このことをパッシブ換気の長所の一つとすることができる．

　ローエネルギーハウスでは，新鮮外気を確保するために，専用の給気用縦ダクトを計画した．この縦ダクトに付設した押し込み用小ファンは，各居室への円滑な新鮮空気の供給を可能にし，ユーズドエアによる汚染の危惧や暖房時における居住者への直接的な気流感を軽減できることが，実測調査から確かめられた．

　本章では，主に床下空間を取り込んだ床下暖房・換気システム，あるいは縦ダクト・押し込みファン方式を紹介し，その長所と短所を詳述した．それ以外にも有用なパッシブ換気方式がいくつか提案されているかも知れないが，それを実際に適用した場合には，設計者も施工者も，必要換気量を通年にわたって確保させることが可能になっているか否かを厳密に調査するための竣工後の性能把握(コミッショニング)が欠かせない．

　それ以上に大切なことは，計画・設計者が居住者との間で円滑なコミュニケーション(常時換気の必要性と使用上の注意)を図ることである．空気環境の質を確保するためには，換気システムのメンテナンスへの気配り(例えば，防虫網の清掃やフィルターの交換など)が欠かせない作業項目であることを，居住者に対して周知させなければならない．

5章　夏の熱環境計画とパッシブ換気

5.1　温度成層と排熱の非拡散処理
5.2　2種類の温度差換気(stack換気と上方開放熱対流型換気)
5.3　アトリウム空間への適用
5.4　高断熱建物への適用

透明天蓋空間における夏期の排熱対策は必須の検討事項：札幌

大きなガラス天蓋で覆われた無積雪・無凍結の大規模吹き抜け空間は，積雪寒冷地にこそ相応しい。そのような複合施設の設計者には，熱的な性能に劣るGlass-Covered Spaceの熱損失の増大に見合うだけの主棟部分の高断熱化を当然とするバランス感覚が不可欠になる。

昭和42年度(1967-1968)に，北海道大学工学部建築工学科・建築環境学講座(堀江悟郎教授・荒谷登助教授)に配属した著者は，卒業研究として「無冷房建物の熱環境因子の解析」を行い，夏期の熱環境改善に取り組んだ。しかしその当時，研究室の主要なテーマが冬の温熱環境から夏の温熱環境へと展開するコペルニクス的なターニングポイントの時期にあったこと，卒業研究の一環として，以後の建築環境学講座における建物の非定常解析の定番ツールとなった逐次積分法の誕生にかかわっていたこと，を十分に自覚していた訳ではなかった。

　その後，荒谷登先生は，学位請求論文として「住居の熱環境計画への研究(1973年)」をまとめられたが，冬の課題から転回した夏の課題「夏季の換気と蓄熱効果」を次のように整理されている。

> 「北海道であっても，夏の日中の暑さは快適範囲を超える。新築される事務所ビルやホテルで冷房設備をもたないものはきわめて稀である。日射や内部取得熱が主要な負荷であるこれらの建物では，設備容量の点でも，他の地域とそれほど違いのないものが要求される。ただ，寒地の夏の他との違いは，暑さの期間の短さ，暑い日と涼しい日の差の大きさ，夜間の外気温低下などである。住居は，一日を通じて使用されるから，夜間の外気温低下はすぐれた環境特性の一つであるが，一般に日中は開放される窓も夜間には閉ざされるため，夜間には室内外に大きな温度差ができるのが普通である。特に，アパート住戸や学校などのような熱容量の大きな建物では，この傾向が強く，しかも断熱住戸ほど著しくなる。夜間換気による冷却効果は筆者(荒谷)が永く抱いていた一つの関心事であるが，夜間の窓の開放は，無用心であったり，寝冷えの危険性があったり，通風量が不十分であったり，簡単なようであっても，当初から計画されなければ困難なことが多い。……」

　数値解析を用い，寝室を直接冷却しない夜間換気や，基礎断熱による床下地盤熱容量の利用を検討し，住宅，特に木造住宅の高断熱化こそが住居の熱環境計画の要諦であると結論付けている。

　夏期に冷涼で，建物の高断熱化が進んでいる北海道は夏の熱環境の改善に取り組む格好の舞台を提供してくれる。本章では，研究室が取り組んできた

夏の諸課題をベースにして，夏の熱環境計画とパッシブ換気を紹介する。

5.1 温度成層と排熱の非拡散処理

既に，3章の3.3 温度成層と混合のところで，温度成層の持っている建築物理的な意義の概説をすませている。本節では，暖房時の上下温度分布も一種の温度成層でありながら，なぜ，それが夏の熱環境の改善や計画の基点にならなかったのか，を知ってもらうために，日本の伝統的な住居の環境調査を通じて何を学んだのか，から順を追って上方開放熱対流型換気の本質を詳述してみたい。

(1)日本の伝統的住居(宇都宮の民家・京都の町家)に学ぶ

著者にとって「開放系住居と閉鎖系住戸の熱環境的特質に関する研究(1978-1981)」は，競争的外部資金獲得のために申請書をどのように作成するのかという初体験の機会を与えてくれた課題であった。研究代表者であった荒谷登教授の他に，研究分担者として繪内・廣川・大野・渡邊が加わっていた。その理由は，1970年代の末，北海道東海大学助手に赴任した大野仰一先生が修士論文研究で東北民家の夏の熱環境調査を手掛けられていたこと，当時，京都大学工学部助手であった廣川美子先生が京都に居住され，栃木県庁職員であった渡邊伸宏氏(講座の昭和52年度卒業論文生)が宇都宮に居住されており，伝統的な住居として町家や民家の環境測定をする際の住戸選定に対する便宜供与等を期待できたことによる。

研究の目的，意義，実施するに至った理由等は申請書に次のように記述されている。

> 「日本の伝統的な住居は内と外との融和を大切にした開放系であり，茅葺屋根に見られる厚い断熱，土壁，瓦屋根，土間の大きな熱容量，深い軒の出や縁側と通風，換気を巧みに用いてきた。これに対して内と外との区別を明確にして積極的に室内気候をつくろうとする閉鎖系住居は，本来寒地の発想であり，断熱，熱容量，日照，換気の意味に少なからぬ差異がある。建築材料や工法の変化，外部環境の悪化，暖冷房機器の普

及等に伴って，住居と生活のあり方は急速に変わりつつあり，今まで快適であり得た住居が耐え難い，あるいはエネルギー浪費型の住居に変質する傾向を見せている。それゆえ，伝統の中で育まれてきた自然との対応の仕方の精神をどのように新しい時代に生かしてゆくのかが，地域らしさと省エネルギーの緊急の課題となっている。本研究は，北海道，関東，関西の3地区を対象に，住居の熱環境的な特質と，そこで営まれている生活の関係を把握し，暑さ寒さへの対応の仕方や住居観がどのように異なるか，を知り，地域らしさを大切にした住居の熱環境のあり方を探ろうとするものである。」

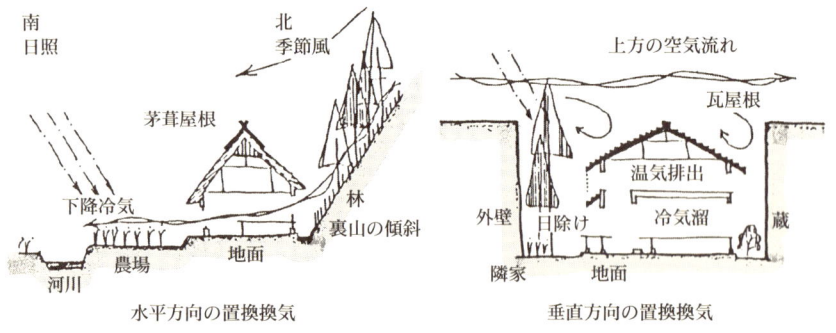

図 5-1　民家の夏の空気流動(左)と町家の夏の空気流動(右)

土間空間から上がりの囲炉裏端を見る。

写真 5-1　宇都宮・岩曽・半田邸

茶室，衣装蔵，玄関上がりに囲まれた坪庭を見る。
写真5-2 京都・西陣・梶田邸

　民家と町家の大きな違いは，民家は散居して田園にあり，町家は低層・密集して住宅地にあることだ。日本の伝統的な住居の第一印象として，非常に薄暗く，家屋の大きさに比べて居住者の数がとても少ないと感じたものだ。民家の涼しさは，屋敷裏の広大で緑濃い植生から滲み出てくる冷気や床下・土間地盤の熱容量にあると考えて，それを水平方向の置換型換気にアナロジーした。また，町家の涼しさは，温気を上方に排出し，最下層域に積層させた夜間の冷気滞留，床下・土間地盤の熱容量にあると考えて，それを垂直方向の熱対流型換気にアナロジーした。しかし，宇都宮・民家や京都・町家を対象に行った一夏の環境調査から，図5-1に示す空気流動の類型化が直ちに可能になった訳ではない。

　第1次環境調査当時，廣川先生の所属研究室の卒業論文生（女子学生）の手を借りて，京都・西陣・梶田邸の温度分布を測定した。同時刻測定ではなかったけれども，邸内をくまなく測定し，整理した温度むらの中から最下層域の冷気積層を見出し，京都の町家ゆえに可能になる冷気のプールを意識するようになった。

　佐々木隆博士は，坪庭でCO_2を放出し，ガス濃度の減衰を測定した。その減衰過程で現れた複数のピークの推移が周期性を有していたことから，放出されたCO_2ガスは瞬時には拡散せず，その塊が坪庭を行ったり来たりし

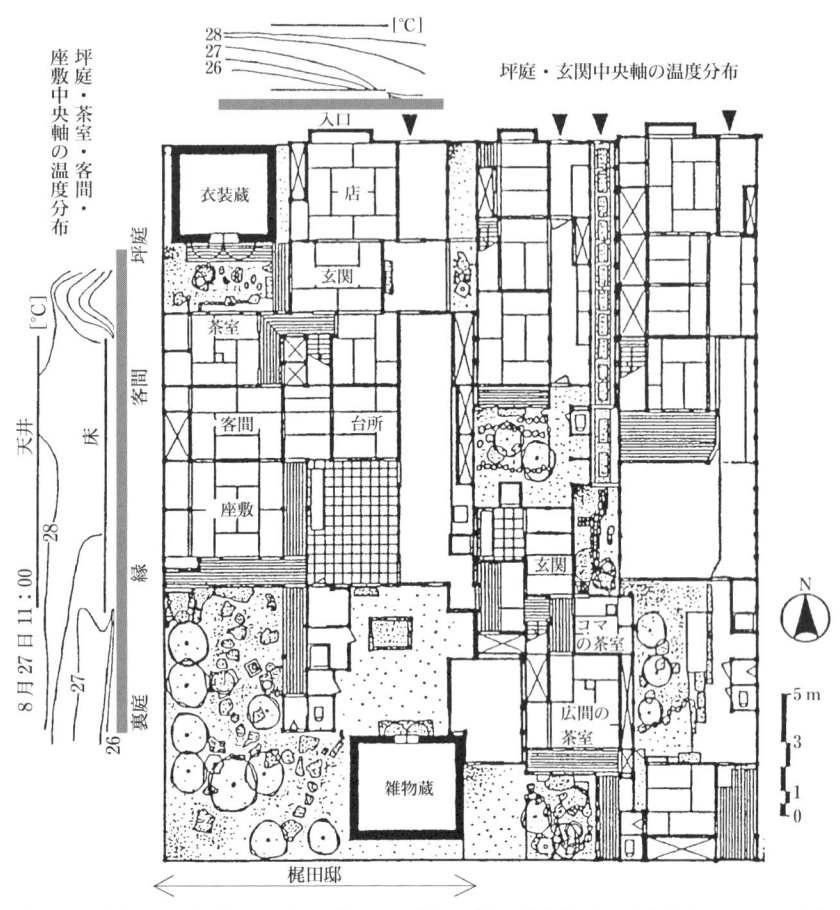

図 5-2 京都・西陣・梶田邸(上田篤・野口美智子編, 数寄町屋:文化研究, p.219, 鹿島出版会, 1978)座敷部, 玄関部中央軸断面の温度分布。

ながら周囲空気と混合しているのではなかろうか, という仮説を立てた。しかし, 町家の昼夜を通じた空気流動の実態は, 3邸の町家を対象にした第2次長期環境調査を通じて見出されたものであった。長い年月をかけ, その地域で培われ, 育まれてきた伝統や文化は, よそ者のご都合主義的な仮説や拙攻を受け入れるほどには, 甘くはない。その意味で, 生半可な取り組みでは夏の熱環境特性を掴みきれない, との自覚を持って研究に取り組んできたが,

なぜに蒸暑地の研究者よりも寒冷地の研究者達が，いち早く，京都・町家の上方開放熱対流型換気のプロトタイプを見出し得たのか，今ではその僥倖を心から感謝している．

(2) 上方開放熱対流型換気

フィールド調査には，環境測定対象住戸の住人による調査目的への深い理解と積極的な協力が欠かせない．調査対象住戸の宇都宮・岩曽の民家は，大きな茅葺き屋根，広い土間床空間，裏庭には緑の濃い植生を持っていた．幾世代も心を込めて維持管理されてきたことの証明に値する立派な造作であった．祖父母は「大学の研究機関が，夏に涼しいと，わが家の環境調査を行うことは先祖代々の努力の賜物」と，誇りを感じていたに違いない．その一方で，若い孫夫婦は「冬に寒い住まいをよそ者が勝手に誉めそやすから，水周りを今様に改造する機会をさらに遠くに追いやられてしまった」と，傍迷惑に感じていたのではなかったか．苦情を耳にした時，環境調査という一石が，住まいに対する3世代間の価値観の違いを浮き彫りにし，家庭内に反目を生じさせてしまった，という苦い反省がある．

京都・町家の第2次環境調査(1984年)は，研究代表者を荒谷登教授とする科学研究費補助金(エネルギー特別研究(2))によって行われた．その当時の北海道大学工学部教授・足達富士夫先生より京都市計画局企画室・吉田秀雄主査を紹介され，吉田主査を通じて，祇園祭山鉾連合会・秦興兵衛副会長の自邸，株式会社野口・野口安左衛門取締役会長の自邸，深見みち子氏の自邸，計3邸の測定協力をお願いすることができた．

その時，足達教授から「研究は原則的に相互扶助．京都の夏は蒸し暑く，冬は底冷えして寒い．町家の涼しさを把握できた暁には，町家で冬を暖かく過ごす手立てを協力者に供与しなければならない．」と宿題を申し渡された．前章で取り上げた岩見沢(暖房住居)の冬の環境調査，本章で取り上げた宇都宮(民家)や京都(町家)の夏の環境調査を通じ，得ることができた成果も多かったが，課せられた宿題は大変重く，今も忘れることができない．

時刻別の上下温度分布(外気温度基準の自然温度差のプロファイル)を図5-3に示す．昼間の居室温は外気よりも低く，しかも下層域ほど低温で，座

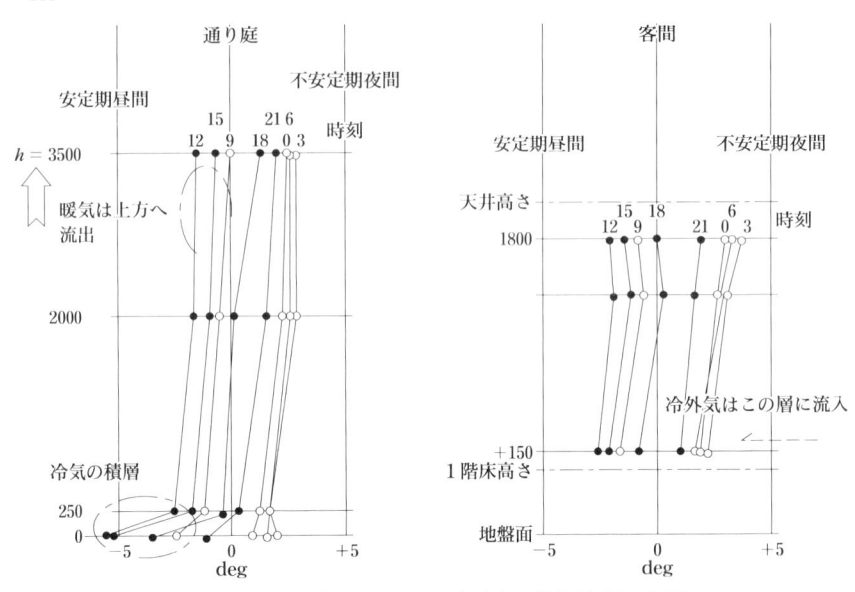

図 5-3 京都町家・深見邸の温度分布の推移(久保田克己)

を基調としている生活に合致した涼しさが保たれている。昼間,自然温度差が負になる時間帯は,床下や通り庭,坪庭地盤の蓄冷力も加わって,冷気が積層する安定期であり,反対に自然温度差が正となる夜間は,居住域温度よりも低温の冷外気が下層域に流入する不安定期となる。通り庭の地表付近の温度傾斜が大きい部分は,薄いながらも安定した冷気の積層の存在を示し,中層から上層にかけて傾斜が小さくなっている(上下温度差が少なくなっている)ことは,温気が滞留することなく上方に向かってスムーズに排出されていることを示している。

寒冷地における住宅の熱的性能は,一般的に上下温度分布のプロファイルを用いて評価されている。その意味で,図 5-3 に示した整理法は新鮮味に乏しいかも知れない。しかし,自然温度差を時刻別プロファイルで整理したことによって,冷気の侵入時期や,冷気の滞留の様子とその積層厚さまでを明らかにすることができる画期的な温度環境評価法になることがわかってきた。

第 1 次環境調査によって下層域の冷気積層の存在を確認したが,それがどのような空気流動から生成されるのか,その説明がつかなければ,事の本質

がわかったことにならない。では，下層域の冷気積層は，なぜ，日中保持されるのであろうか。

　町家は，2階建の家屋がぎっしり詰まった状況で，上方への開放は，裏庭・中庭・坪庭・通り庭によって確保されている。図5-4に示す空間規模は，高さ方向がいくぶん縮小されているが，坪庭のような凹空間の空気流動に対して外部風がどのような影響を与えるのか，気流の数値解析(2次元CFD)から検討を加えた。

　外部風は左側から右側へ水平方向に凹空間の上部を流れている。等温空間であれば，上部風との粘性によって時計回り方向の同心円的な流れが出現する。非等温空間になると，外部風の直接的な影響を受ける上部の時計回り方向の循環流とその下部に反時計回り方向の副次的なコア流れが出現する。凹部空間の下層部が外気温よりも低温になっているとき，外部風があっても最下層域への直接的な影響は緩和され，下層の冷気の積層が保持されることが理解できた。

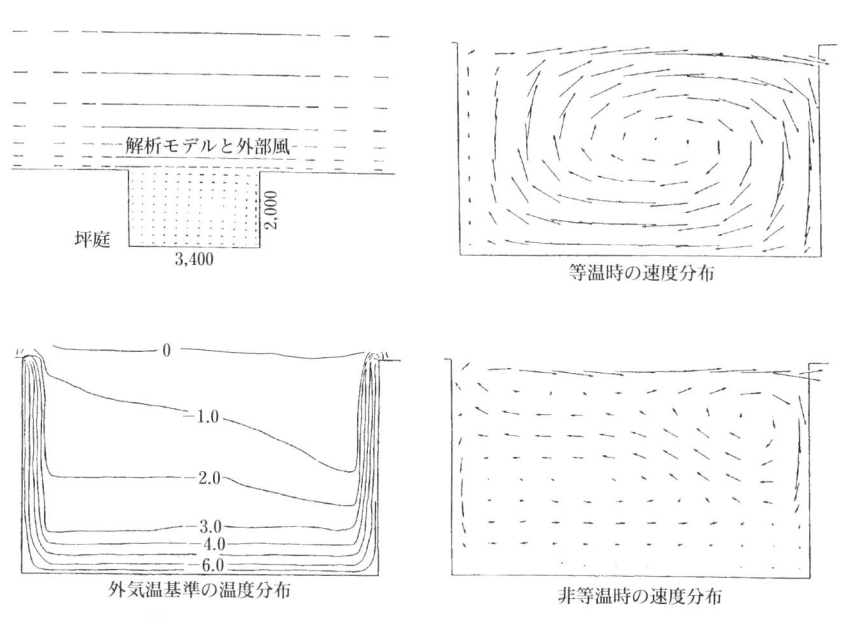

図5-4　CFDによる凹空間(坪庭)の気流解析結果(倉田雅史)

先に，佐々木隆博士は坪庭で CO_2 ガス濃度の減衰を測定した際に，ある周期で幾度も現れるピークを観察した。放出 CO_2 ガスは瞬時には拡散せず，最下層域に出現する副次的なコア流れにこの CO_2 ガスの塊が乗っていると仮定できるならば，坪庭を行ったり来たりする微風が涼しさの源という生活感と，幾度も現れる濃度のピークの存在とは矛盾しない。

図5-5に示すように，垂直回転・水平回転が可能な腕木（ローター）に放射温度計を取り付け，通り庭空間の垂直断面の放射温度分布を測定したところ，吹き抜け上部の放射温度が不連続に高くなることはなかった。このことは，通り庭において発生した生活発熱はそのまま屋外に排気され，温気の滞留がないことを証明している。一般居室（座敷）では，床面と天井面に温度差が認められたが，その差は1℃程度であった。居室も透かし欄間などの工夫によって天井面近傍の温気の滞留を未然に防いでいることを確かめることができた。

測定結果より，居室内の表面温度が，庭に近づくほど低く，居室奥に行くほど高くなったことが注目された。庭の表面温度は，裏庭，坪庭，通り庭の順で高くなっており，裏庭の植生や冷放射効果が縁側を相対的に低い温度に保たせていると推測できる。また，上方開放された裏庭と坪庭に挟まれた座敷のような空間が最も涼しい部屋となっていた。このような熱特性は，秦邸や野口邸においても観察され，上方開放構造が町家の夏対応の基本であることが確かめられた。

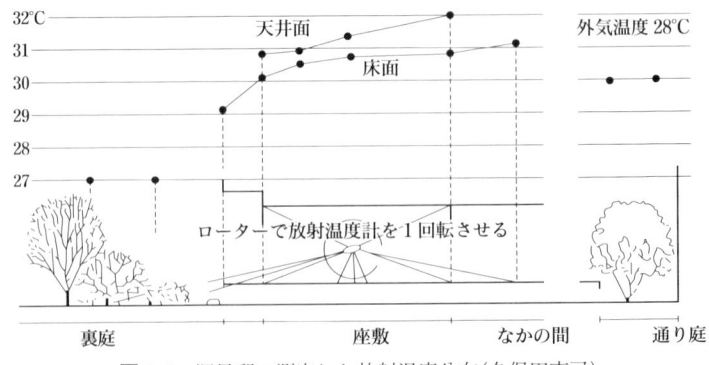

図5-5 深見邸で測定した放射温度分布（久保田克己）

(3)京都・町家の生活の知恵

既に取り上げた項目もあるが，環境調査を通じて把握された伝統的住居・京都町家の生活の知恵(巧みな熱対流型換気の工夫)をまとめると次のようになる。

①軒の出を深くし，初夏には簾を下げ，裏庭には樹木を茂らせて日射を遮り，庭や床下地盤面の蓄冷効果を高める(秋には枝を剪定し，冬の日差しを家屋内に入れる)。

②隣戸との境に厚い戸境(防火)壁を持ち，通りと裏には蔵や土蔵を配し，戸外の熱を入り難くして1階レベルの居住域に冷気の積層をつくる。

③高湿の初夏には籐筵を敷き，感触の改善と見た目の涼感を保つ。

④居室の上部には，気積の大きな屋根裏や物置，日中使用しない予備室，使用人室を配して日射の影響を和らげる。

⑤下がり壁には透かし欄間を設ける等々，室上部の温気の滞留を防ぎながら，裏庭，通り庭，坪庭など上方に開放された空間を介して，室内取得熱を非拡散的に排出し，風の揺らぎを取り入れ，夜間に低温の外気を導入する。

⑥町家は薄暗く，現在の一般住宅よりも1人当たりの建築面積が格段に広い。

京都・町家の環境調査の度に廣川美子先生，中村泰人先生，堀江悟郎先生のお世話になった。その際，「日当たりが悪く，居住者が高齢で，床面積あたりの生活者が少数で，室内発熱も少ない。だから町家は涼しい。」と堀江先生より頂戴した辛口のご忠告も付け加えておかなければならないであろう。

「京都・町家は涼しい」は嘘ではない。しかし，重い測定器材を抱え，札幌から出張して夏の真っ盛りに行った京都・町家の環境調査は，とにかく蒸し風呂で，毎日が水底を這うような重労働であった，という記憶の方が強い。センサーの取り付け作業中，吹き出る汗は止まらなかった。既にご高齢であったが，気丈にも1人で屋敷を守っていた深見みち子さんより，作業をしていた学生と共に私も頂いたアイスキャンデーの涼感を忘れることができない。休憩中に，彼女から次のようなお話を伺った。「通り庭にある井戸は都市化に伴って涸れてしまった。嫁いできた頃は，豊富な井戸水によって台所

仕事も苦にはならなかった。どの町家の通り庭にも井戸が備え付けられており，冬に温かく，夏に冷たい京都の井戸水は日常生活に欠かせないものであった」。

また，京都西陣の梶田隆造氏から「暑い夏の夕刻，来客の10分くらい前に，庭に撒水をするのが，京都・町家のおもてなし。」と，来客者に対する盛夏の心遣いを教わった。このように，これまで水とともにあった京都のライフスタイルを拝聴すると，今や干からびた町家を測定対象にしているのではないか，という不安に苛まれたこともあった。当然のこととはいえ，遠隔地であれば作業時間も限定され，測定箇所や測定項目などは現場の即決が重要になる。長期測定の迷惑を考えると，対象住戸の住人への配慮も欠かせない。また，同行した学生との共同作業にはリーダーシップと的確な指示が求められる。そして，それに要した膨大なマンパワーと費用は必ずやそれに見合った結果(成果)を要求する。酷暑の中のフィールドワークは，「上方開放熱対流型換気」という新しい知見に加え，独り立ち前の研究者であった著者に，否応もなく責任への自覚を芽生えさせてくれた。京都・町家のフィールドワークを通じて学生達に育てられ，町家の住人からは今は得ることが難しい数々の貴重なご教示を戴いたことになる。

お世話になった足達先生，堀江先生，秦さん，野口さん，深見さんは既に鬼籍に入っている。想像するに，多分，これ以上得ることができない絶妙のタイミングで伝統的住居(宇都宮・民家や京都・町家)の熱環境調査の機会が与えられていたのであろう。積雪寒冷地における今後の環境共生住宅の建築環境計画に対し，伝統的住居の環境調査から学んだ夏対応や生活の知恵を生かすことが，今までのご厚情に報いる唯一の方法と考えている。

5.2　2種類の温度差換気(stack換気と上方開放熱対流型換気)

(1)煙突(stack)換気

確かに，夏期の温度差換気は内外温度差が小さくなるので難しい。しかし，日中は開口部を開放して通風換気を計画し，外気温が低下し，内外温度差の確保が可能になる夜間は，stack換気を行うと，防犯上有利になり，また窓

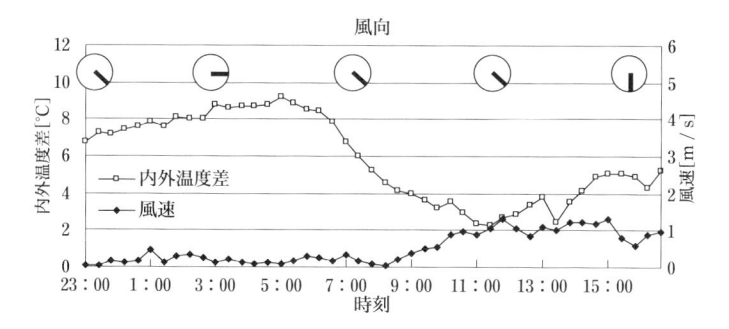

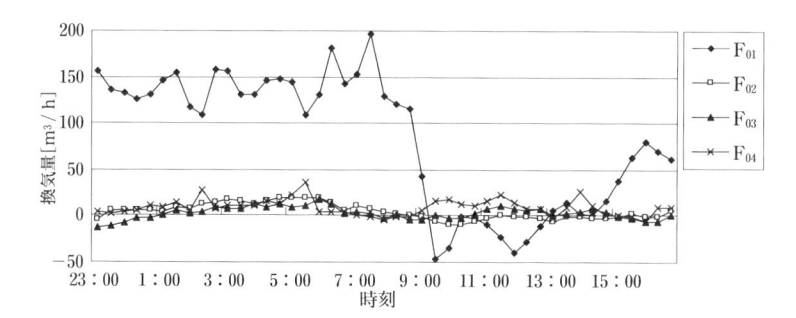

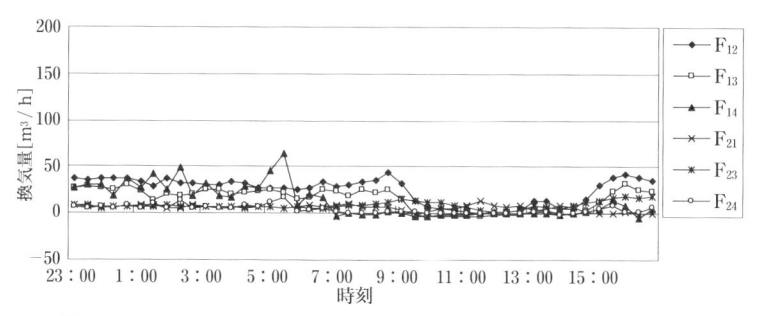

図5-6 夏期のローエネルギーハウスのstack換気(島田潔・福島史幸)

開口部の開放が難しい荒天時の換気量の確保も可能になってくる。

　ローエネルギーハウスを対象に夏期の温度差換気の可能性を検討した。その結果を図5-6に示す。日中，内外温度差が4℃以下になると温度差換気を期待することはできない(新鮮外気がアースチューブ経由で縦ダクトに流入しなければ，小ファンを稼動させても有意な空気流動とはならない)。しか

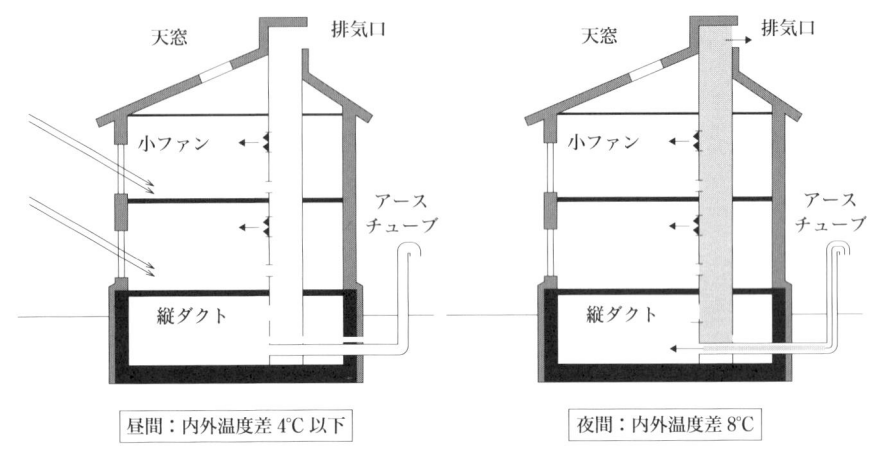

図 5-7　ローエネルギーハウスにおける夏期の stack 換気の可能性

し，夜間になると，内外温度差が 8℃ まで増大するので，150 m³/h の換気量を期待できる。パッシブ換気を計画する際には，安全保障の意味で，どの程度の内外温度差にある時に stack 換気を期待できるのかを事前に検討しておく必要があるだろう。

(2) 上方開放熱対流型換気

上方開放，特に屋根天窓を開放したときの換気性状は，3.4　多数室換気とモデリングにおける(2)パルス供給法による事前モデリングの有効性のところで紹介している。ここでは 3.3　温度成層と混合における(2)温度成層のある空間の換気量の測定で事例紹介した「吹き抜け空間に設置されたハイサイド窓を開放した際の熱対流型換気」を再掲する。

最上部のハイサイド窓と冷気取り入れ窓に直交して薄布を吊り下げ，放射カメラによる空気温度分布の測定結果を図 5-8 に示す。厳密にいえば，布温度は空気温度と等しい訳ではないが，熱的容量が小さいので，実際の空気温度分布に極めて近い情報の入手が可能になる。

夜間にハイサイド窓と中段窓を開放すると，温気は最上部のハイサイド窓から排出され，中段の冷気取り入れ窓からは冷外気が滝のように流下している様子をビジュアルに視認することができた。

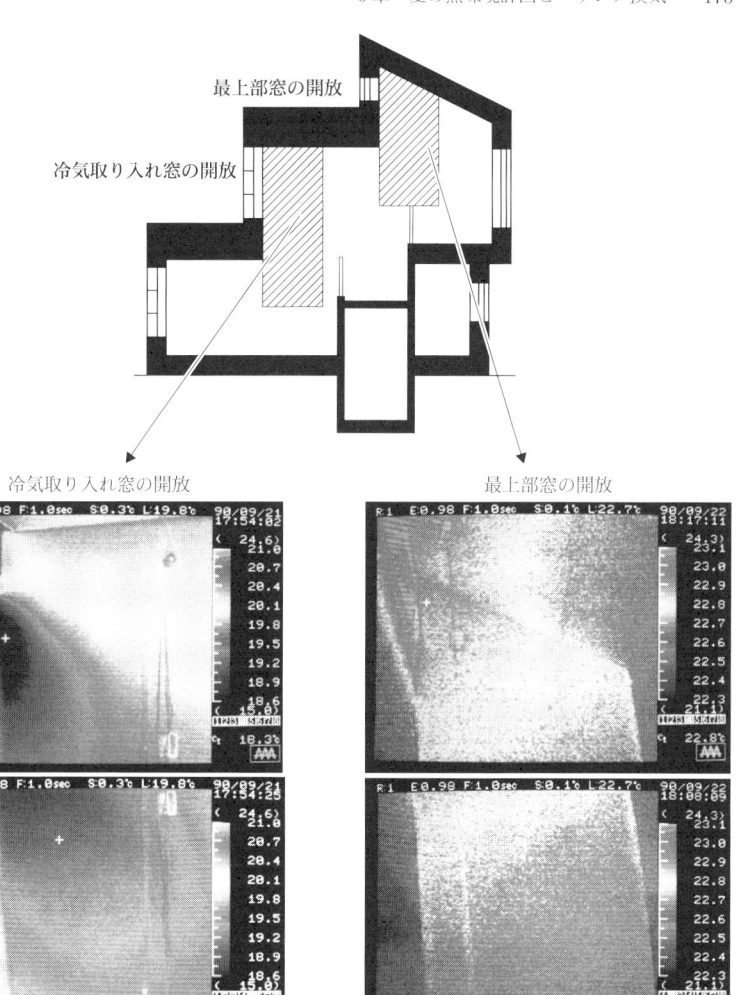

図 5-8 宮の森実験住宅の夜間・熱対流型換気時の空気流動(山本忠司)
注：冷気取り入れ窓から流下する外気の温度は 18.3℃，最上層部の流出空気温度は 22.8℃ゆえ，内外温度差 4.5℃，室内平均室温 20℃前後の条件下における熱対流型換気時の空気流動になっている。カラー表示の温度分布はカバー裏を参照されたい。

先に，京都・町家の巧みな夏対応を紹介したが，図5-8に示した空気流動も原理的には町家の外気取り入れと全く同一といって良い。北海道では夜間になると，外気温は室温よりも確実に低くなる。一晩中，寝室の窓を開放して通風を行うと，冷え過ぎや防犯上の問題が生じてくる。寝室以外の，例えば吹き抜け空間の側高窓や屋根天窓，排気塔などを利用し，上方開放熱対流型換気を行うと，先のような問題を解決しながら，内外の温度差に応じて換気量が変化する自動制御付きの自然換気を計画することができる。

夜間換気(冷外気の導入)によって吹き抜け空間の床面や構造体が冷却されると，その蓄冷効果と最下層域に保持された冷気積層は，翌日の温熱環境改善のための一助になる。側高窓や屋根天窓，排気塔などを利用した上方開放熱対流型換気の排熱効果は，夜間で1.5kWに達し，優に小型のルームクーラーに匹敵する冷却能力を示した。

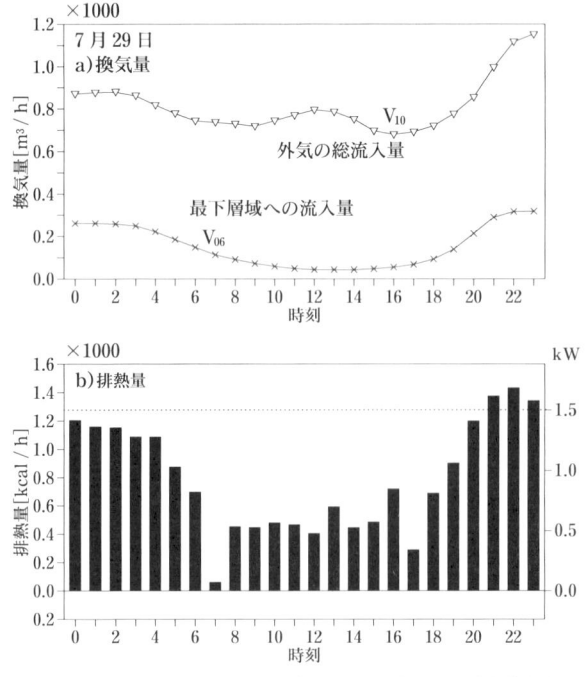

図5-9 上方開放熱対流型換気による冷却効果(池永徹博)

5.3 アトリウム空間への適用

　積雪寒冷地ほど，屋外の雰囲気を保ちつつ，無積雪で光に溢れた空間計画への憧憬は強い。しかしその結果として，今以上に，冬期の暖房負荷が増大し，夏期に必要となるかも知れない冷房への重い負担が加わってくるのであれば，ガラス被覆吹き抜け空間(アトリウム)に向けた計画熱意は一炊の夢に過ぎなくなる。

　北海道に望まれるアトリウムは，完全空気調和を前提とした商業的な建築空間演出を主眼とする北米型のそれとは若干立場を異にしている。むしろ，ここで提案を試みるアトリウムは，冬期には日射取得熱を主体にした保温の工夫や，夏期には光熱環境調整のための日除けや自然換気などの工夫を前提に，建築的な気候調整と室温変動を許容した公開空地的な空間であり，glass-covered space として紹介されている北欧のそれに近い。換言すると，一部に大きなガラス面で被覆された熱的性能に劣る広場的な空間が付設されたとしても，建物本体がその熱損失を補填するに十分な高断熱化がなされている場合，その施設の熱的な環境全体を評価した際には，リーズナブルな計画になっている訳であり，その建築計画は地球環境時代にあって反社会的な行為ではない。

　東北の豪雪地域では「雁木」を街づくりに組み入れて，冬の生活路を確保していた。その雁木の屋根や壁がガラスで被覆されると，Ottawa の Rideau Centre におけるガラス被覆歩道と同等のコンセプトになる。今の都市計画には，積雪寒冷都市に相応しい冬の生活路に向けた視点が欠けているが，それは車社会が計画の前提になっているからであろうか。

　冷暖房の完備がアトリウム空間の熱環境調整の全てではないと考えて，ガラス被覆された「雁木」もアトリウム類の一部に組み入れると，寒冷地のガラス被覆空間の環境設定は次のような整理が可能になり，多様性は増大する。その結果，開口部や間仕切り壁の断熱，換気経路の決定や対象空間の保温計画の選択が容易になるだろう。

　①融雪水が夜間に凍結しない「外擬」空間　　計画温度＞ 0℃

写真 5-3　Rideau Centre（Bay 側）

写真 5-4　Rideau Centre（Eaton 側）
注：現在，Rideau Centre のガラス被覆歩道の被覆は撤去されている。ホームレス対策だという。真の都市計画には厚生労働的な視点も求められる時代なのかも知れない。

②植生が休眠や凍死をしない「半外」空間　　　計画温度＞ 5°C
③日中，読書や談笑が可能な「半内」空間　　　計画温度＞15°C
④暖房された一般居室と同じ「全内」空間　　　計画温度＞20°C

現代の「雁木」やOttawaのRideau Centreのガラス被覆歩道は，①に分類され，釧路東港区北地区緑地(屋内型緑地：EGG)は②に相当するかも知れない。私たちが，④以外の自分達に相応しい多様な空間のガラス被覆の意義と価値を十分に認識することができれば，新世紀の「雪と寒さと生活」を見出すに違いない。

(1)釧路東港区北地区緑地(屋内型緑地：EGG)

植物は地中が凍結し，休眠中であっても地上が5°Cになると出芽し，反対に地中が高温であれば成長代謝が持続するため，地上部が5°C以下になると凍死に至るという。

北海道のガラス被覆空間において地上温を5°C以上に保つと，空間内の気候は水戸の付近まで南下して暖温帯に移行する。屋内の植生は戸外で目にする白樺や常緑針葉樹から常緑広葉樹(椿)や竹林へと替わり，本州以南の原風景に極めて近くなってくる。

図5-10に示す空気温度は，Heを充填した気象用の観測気球の牽引ケーブルを熱電対に代替させて測定し，壁面温度は垂直方向に1回転するロー

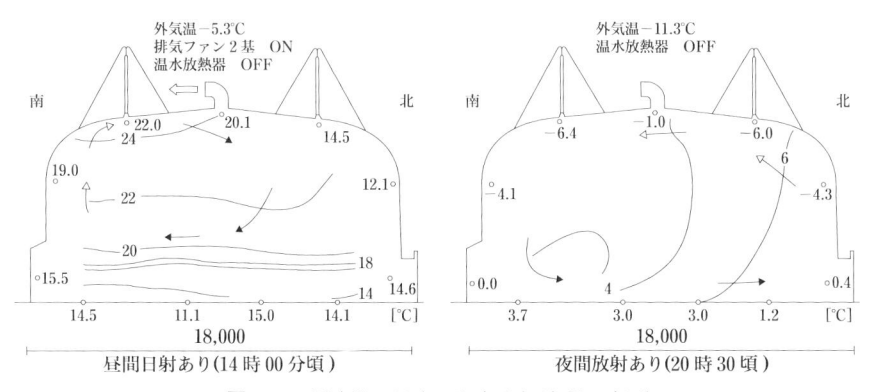

図5-10　最寒期の昼夜の温度分布(久保田克己)

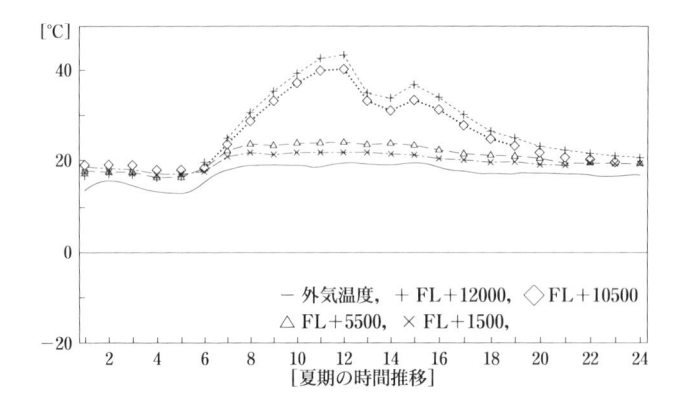

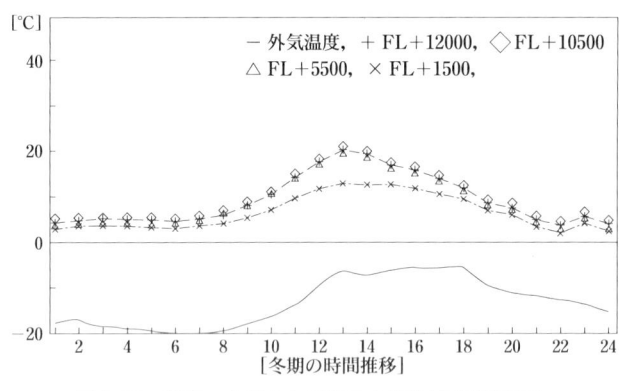

図 5-11 夏期，冬期の上下温度の推移（久保田克己）

ターの腕木に放射温度計を取り付け測定して得られた分布である。観測断面内を1往復し，各計測点の相加平均を用いた分布図の作成作業によって同時刻性を担保している。冬期に快晴が続く釧路では，夜間放射による冷却が著しく，夜間のガラス内面温度は 0°C 以下になるので，保温暖房が必要になる。その一方で，日中は過熱防止のために冬期でも外気の導入を行わなければならない。夏期は冬期と同様に温気溜の解消のための機械換気に加え，側壁下部と，ガラス屋根頂部の開口を開放して，熱対流型換気を行い，過熱防止に努めている。居住(植生)域温度は円滑な排熱と，多量の外気取り入れによって，20°C 前後に保たれている。

(2)苫小牧サンガーデン

　苫小牧も釧路と同様に，冬は少雪で快晴日が続くけれども，夏は海霧が海岸から内陸部におしよせ，低温多湿で不愉快な期間がある。EGGもサンガーデンもそのような太平洋沿岸部の気象条件を踏まえ，市民へ提供された屋内緑地ということができる。夏期は，南側の低層の開口部を開放して冷外気を取り込み，北側頂部の排煙口より温気を排出して過熱防止を図っている。

　図5-13に示すように，窓を全面開放すると，上部の温気が排出されるだけでなく，最下層域の温度も5℃ほど低下した。もちろん，この換気方式は温度差換気に違いないが，海岸方面から吹き付ける南風による通風効果も加わって，先に伝統的住居・民家で紹介した水平方向の置換換気に近い流れになっている。温気は片流れ屋根にそって上昇移流し，非常に効率よく排気されている。

(3)サッポロファクトリー

　ガラス被覆部分は，延べ床面積2856 m^2(奥行き：84 m 幅：34 m)，高さ39 mの威容を誇っている。現在，北海道内で最大のガラス被覆空間(ガラス屋根：4000 m^2，妻面ガラス：2000 m^2)で，熱環境・エネルギー計画では，垂直断面を高・中・低の3層にゾーニングし，各層毎に異った空気調和方式を採用している。

　高層域：夏期，中間期用の自然換気用の排気(火災時の排煙)口を設置し，

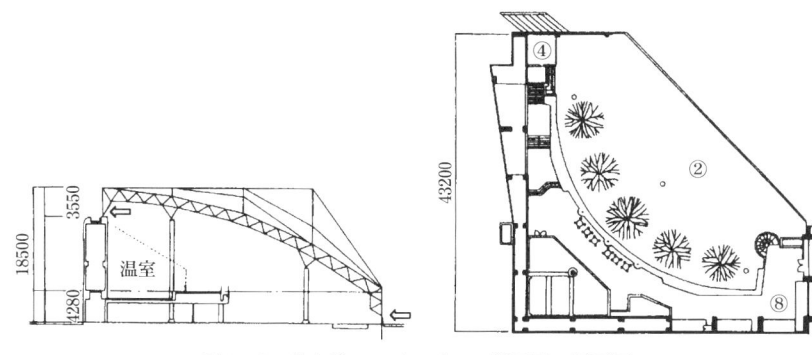

図5-12　苫小牧サンガーデンの断面図・平面図

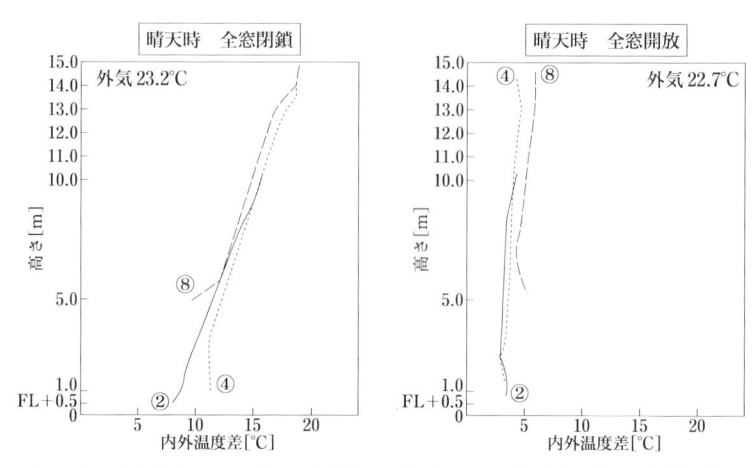

図 5-13 苫小牧サンガーデン。窓開口の開放による夏期の冷却効果（宮路知明）

デリベントファンによりガラスの熱割れ防止用の低温外気を送風する。冬期はデリベントファンにより融雪と結露防止用の加熱乾燥空気を送風する。

中層域：緩衝空間と考え，空調は行わない。自然換気用の給気口を設置し，夏期，中間期は排気口と連動させて使用する。

低層域：夏期は冷房対象域（居住域空調方式）とするが，北海道の冷涼な外気条件を生かし，自然換気との併用冷房を行う。冬期は空気調和機の他に温水床暖房，東西妻側のガラス面には冷下降流緩和のためにパネルヒーターを設置している。

空調機器の運転状況や排煙口の開閉による夏期の温度分布の違いを図5-15に示す。営業終了後に排煙口を閉鎖し，空調機器運転停止を維持した翌朝，排煙口を開放して熱対流型換気を行うと，それまでほぼ等間隔のコンター（温度積層状況）が，下層部で崩れ，空気温度は2°Cほど低下する。最頂部の温気溜はそのまま残留するように見受けられたが，その後，空調機器が稼動すると，居住域部分の温度がいくぶん下がり，デリベントファンの撹拌効果もあって温気溜が解消される。

熱環境調整の主役は空調機器に違いないが，これほど大きな空間であっても，排煙口の開放による熱対流型換気によって環境改善効果を期待できただ

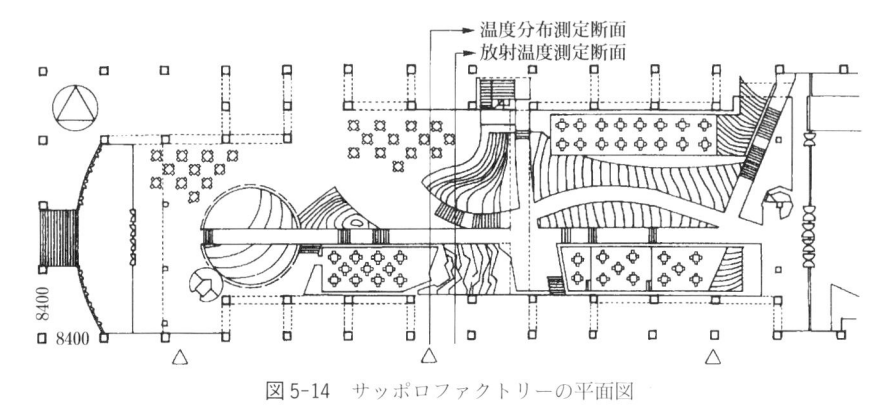

5章　夏の熱環境計画とパッシブ換気　181

図 5-14　サッポロファクトリーの平面図

けでなく，居住域では気流感による体感温の低下も実感できた。

　一度目の在外研究中，多数室換気の解析法と共に，アトリウムの温度・気流分布にも関心を払い，Ottawaで温熱環境調査を行っていた。帰国を待っていたかのように相談を受けたのがこのサッポロファクトリーの熱環境計画であった。

　当初はモールということで，先の③に相当する日中，読書や談笑が可能な「半内」空間を想定し，冬期の計画温度15°Cを目論んでいたが，施主がビールメーカーということもあって，ビールの売上を伸ばすために，冬期でも一般居室よりも高い室温で維持管理されるようになった。これは，先に示した

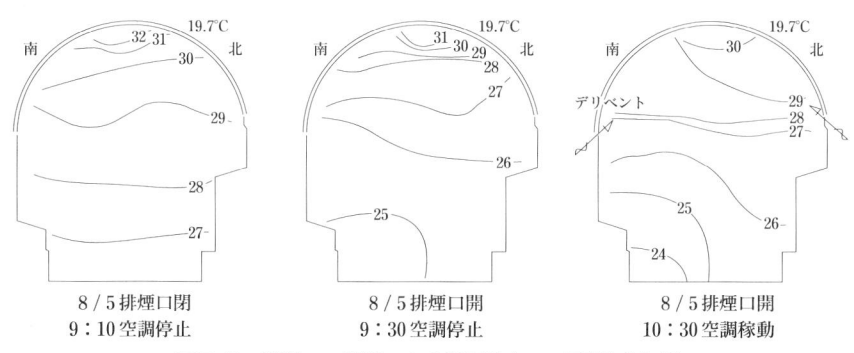

| 8/5 排煙口閉 | 8/5 排煙口開 | 8/5 排煙口開 |
| 9:10 空調停止 | 9:30 空調停止 | 10:30 空調稼動 |

図 5-15　排煙口の開閉による温度分布への影響(森太郎)

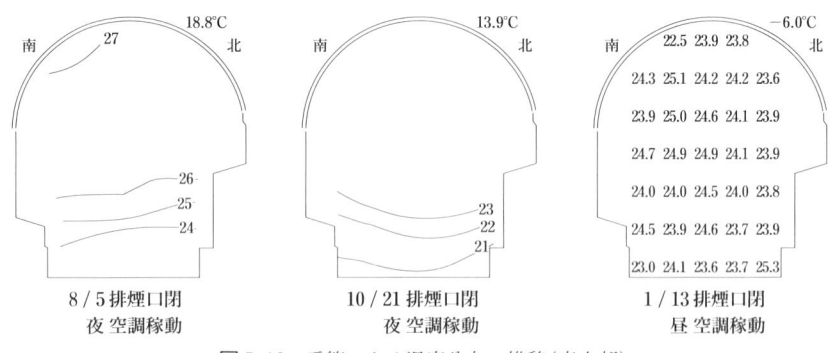

図 5-16　季節による温度分布の推移(森太郎)

①，②，③の空間コンセプトとその温度環境の価値が，未だ北海道において見出されてはいないことの証左といえるかも知れない。

(4)留萌合同庁舎

オフィスのホール・階段室上部に設けられた内包型のアトリウムは，大規模な妻壁部分がないので，別途に温気の排出(排煙)口を設けなければならない。

①ガラス屋根面を両流れにして屋根面に排気口を設ける，②ガラス屋根面を両流れにして妻壁部分に排気口を設ける，③ガラス屋根を片流れにして垂直壁に排気口を設ける，等の工夫が考えられるが，この紹介事例では，南側の垂直壁に排煙口を付設し，上方1面開口の熱対流型換気を取り入れている。

ホールに接続する外部扉が開放された場合は，stack 換気になり，アトリウム空間の出入り口の扉が全て閉鎖された場合は，1開口で温気排出と冷気の取り入れを行うことになる。排気効率は stack 換気よりも低下することが予想されたが，排煙口の開放後，直ちに頂部の温気溜は解消され，最下層域の温度環境も好転した。内包型のアトリウムでは，温排気の工夫が上階オフィスの温度環境の改善に直結することがわかった。

図5-18に季節毎の1日の外気温と各測点温との推移を示す。図中の直線は外気温のシーズン変化に応じたアトリウム(建物も含めて)の自然温度の変化を示している。これから離れた動きをする季節は，冬期の保温暖房や夏期

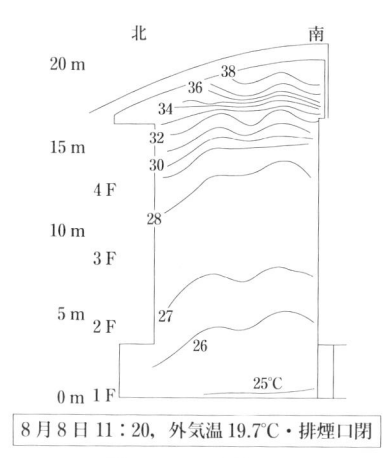

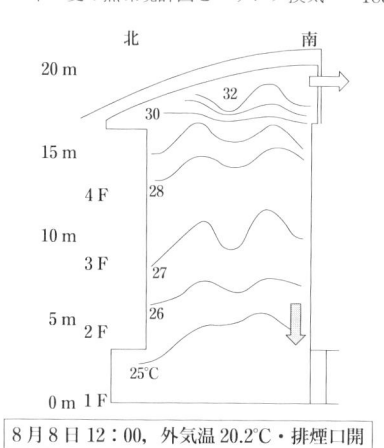

図 5-17　頂部排煙口を開放したときの温度分布の変化（米田徳仁）

　の熱対流型換気の工夫や対応を行うことで，多くの点群は直線に近づいてくる。

　夏期に熱対流型換気を行い，空間温度が許容される範囲に調整されたならば，そのガラス被覆空間は自然温度型のアトリウムとなる。いずれにしても，求められる温度管理のレベルによって採用されるべき対応策は大きく異なってくるが，地球環境的な視野を持った建築計画・建築環境計画が必須になってくることを考えるならば，第一に，地域条件を素直に受け入れ，第二に，建築的な対応と簡便な方策で手に入る「環境改善の程度」を予め見出しておくことが望まれる。

　積雪寒冷地のガラス被覆空間（アトリウム）の熱環境計画の基本は，主建物の高断熱化への努力と共に，再利用熱への配慮，特に強力な敵でもあり，頼りがいのある味方にもなる光環境（日射）への建築的な対応を見出すことにある。

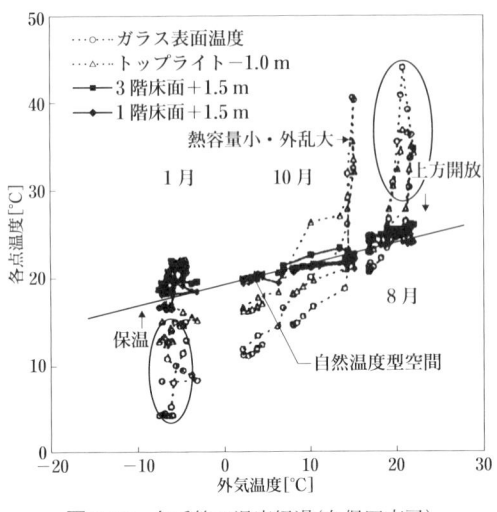

図 5-18 各季節の温度経過(久保田克己)

5.4 高断熱建物への適用

(1)オフィスを対象にした上方1面開放・床冷房の試み

わが国の伝統的な住宅の熱環境調査を通じ,「利用可能な事象はその特性を封じ込めることなく,居住者自身の手によって徹底的に生かしていくという対処法こそが,その涼しさの源」であることがわかってきた。①不必要な日射を遮り,高断熱化によって屋外の熱を室内に入れない(日除け・外断熱),②上方1面開放によって室内で発生した熱は拡散させずに屋外に排出する(自然エネルギー利用の換気動力),③地盤冷却を床冷房に代替させて居住域の冷気積層を生かす(熱媒搬送動力費の軽減),④撒水の冷却効果に倣い,冷却塔を利用して床冷房の冷水をつくる(蒸発潜熱の利用)等の工夫をオフィス空間の環境計画に組み入れることはできないか,1室3温による上方1面開放・床冷房の数値解析を試みた。

外断熱のオフィスとし,連続した外窓の最上部は開放可能で,その開口高さと幅を H[m], W[m]とした時の窓開放時の交換換気量 F[m³/h]は次

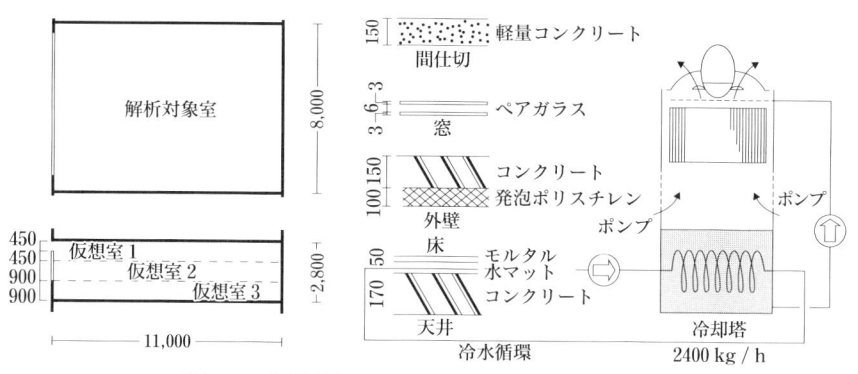

図 5-19　解析対象オフィス平・断面と床冷房システム

式による。

$$F = \alpha \frac{W \cdot H}{3} \sqrt{\frac{g \cdot H \cdot \Delta T_0}{T_0}} \tag{5-1}$$

オフィス空間を上下に3等分し，上方開口と室内の仮想室1との間の空気流動は式5-1を用いて算定した。その際の到達距離及び温度成層のモデル化は，図3-10に倣った。室内表面の放射熱授受には外壁(開放窓・閉鎖窓・窓・腰壁)の4要素＋間仕切壁3分割×3面で9要素＋天井・床の15要素のインシデントファクターを求め，多重反射を考慮した。床冷房は，床に冷却マットを一面に敷き詰める簡易モデルとし，冷却塔の冷水を熱交換して循環させることにした。冷却塔からの出口水温は太田・本条の式を用い，建物系は非定常を，冷却塔周りは瞬間定常を仮定した。窓面(日除け)の日除け率を常時80%と仮定した。

図5-20の左側に示すように，内部取得熱の多い事務所建物の場合，温度差換気だけでは執務時間内の室温が30℃を超える。上方開口の開放のみの熱環境調整は，非現実的な手法といえるであろう。右側は連続床冷房の例で，1日当たりの除去熱量は，52.8 kWh / day (25 W / m^2) に達する。

図5-21の左側に上方開放換気を加えた結果を示す。連続床冷房に上方開放換気を加えた場合，朝方の室温は夜間換気によって単独の床冷房よりも低下する。日中に，室外から温気の流入現象も現れるが，在室者に必要な外気

表5-1 解析用外気条件・室内条件

時刻	外気温 [°C]	外気絶対湿度 [g/kg]	鉛直面日射量 [W/m²]	在室人員 [人]	人体発熱対流成分 [W]	照明発熱対流成分 [W]	人体・照明発熱放射成分 [W]
1	21.4	14.3	0	0	0	0	0
2	21.2	14.2	0	0	0	0	0
3	21.1	14	0	0	0	0	0
4	21.1	14	0	0	0	0	0
5	21.2	14	14	0	0	0	0
6	22.4	14.2	38	0	0	0	0
7	23.7	14.1	52	0	0	0	0
8	24.9	14.2	72	9	450	550	4.4
9	26.2	14.6	87	18	900	1100	8.8
10	26.9	14.7	109	18	900	1100	8.8
11	27.6	14.9	115	18	900	1100	8.8
12	27.9	15.1	116	9	450	550	4.4
13	28	15.1	119	18	900	1100	8.8
14	28	15.2	106	18	900	1100	8.8
15	27.4	15.2	84	18	900	1100	8.8
16	26.7	15.2	62	18	900	1100	8.8
17	25.8	15.2	43	18	900	1100	8.8
18	24.5	15	17	9	450	550	4.4
19	23.8	14.8	2	0	0	0	0
20	23.4	14.8	0	0	0	0	0
21	23	14.8	0	0	0	0	0
22	22.7	14.7	0	0	0	0	0
23	22.4	14.7	0	0	0	0	0
24	22.1	14.5	0	0	0	0	0

量と考えるとそれを防止する必要はない。連続床冷房に開放換気を加えた場合の室温は，単独の床冷房に比べて低目の推移となっている。夜間換気による排熱があるため，床冷房による熱除去は47.1 kWh/day(22.3 W/m²)と少なくなる。換気量の評価は難しいが，1人当たりの執務時間平均として算定すると15 m³/hとなった。一般に，1人当たり30 m³/hを目安としているので，一部の時間帯で過少と論難される可能性は大きい。

1室3温の数値解析結果から，日中の温気の流入(換気)が床冷房負荷の増大に直結していないという状況が見出された。この検討結果はもっと注目されて良いのではなかろうか。上方開放しても執務室の湿度環境が極端に不利とならないのであれば，内外温度差が必要換気の搬送動力を代替した訳で，

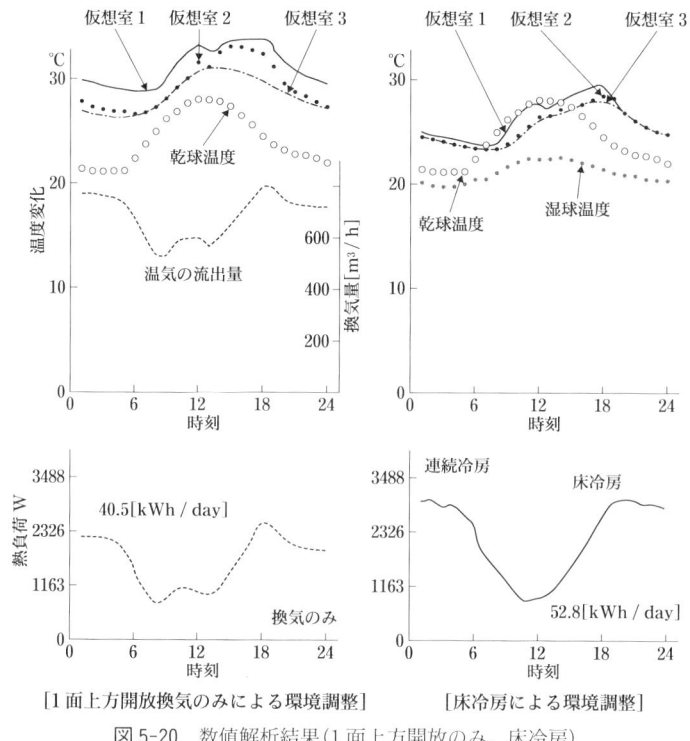

図 5-20 数値解析結果(1面上方開放のみ,床冷房)

盛夏期から中間期にかけた換気搬送動力の省エネルギー化が実現されたことになる。図5-21の右側は,夜間のみ(19時〜翌朝9時)床冷房を行った解析結果を示している。これを検討した理由は,図中の実線の推移からも了解できるように,日中執務時間帯の床冷房による除去量が夜間よりも少なくなる傾向を示しているからである。

一般の空気調和用の電力は,熱媒の冷却や外気の除湿(潜熱除去)に使用される他に,熱媒の搬送動力にも消費される。日中の冷水循環の停止は安価な夜間電力の使用に代替され,搬送電力費は半減する。ここで取り上げた冷却塔+床冷房+上方開放型換気システムは,空気調和の本質である除湿に対する配慮に欠けているが,冷涼で低湿な外気条件を前提に,徹底して搬送動力を削減した水系のカスケード方式として提案されている。従前のオフィス空調が,パッケイジ(冷凍機)+密閉型空気循環システムであることを考えれば,

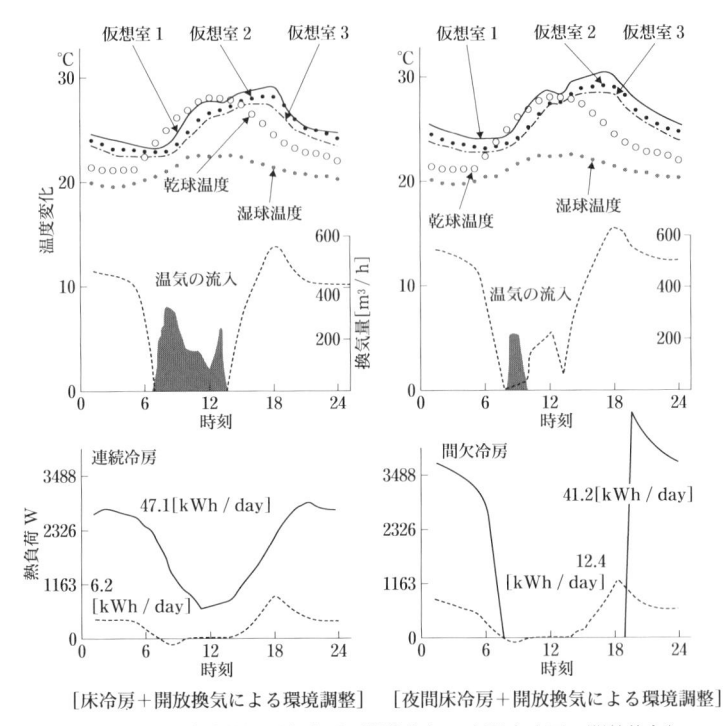

図5-21　数値解析結果(床冷房＋開放換気，夜間床冷房＋開放換気)

本システムは低エクセルギーの冷水利用と搬送動力の省エネルギー化に徹した画期的なパッシブ換気システムの提案となっている。

(2)開放水面を付設した大規模吹き抜け空間の温湿度分布

　老人保健施設では，施設臭の問題に直面している。現在，施設臭を取り除くために，療養室に多量の外気導入を図っているが，冬期の過度の窓開放は室温の低下や暖房負荷の増大を招来させる恐れがある。そのような施設に冷外気予熱用アトリウムを計画すると，冬期間でも自然らしさや，空間的な開放感を味わったりする機会が増加する。

　冬期間，アトリウム経由で取り入れた新鮮外気が，アトリウム空間に射し込んだ日射によって予熱され，療養室へと供給されると，暖房負荷や施設臭の軽減に寄与するところが大となるが，その一方で，その換気システムをそ

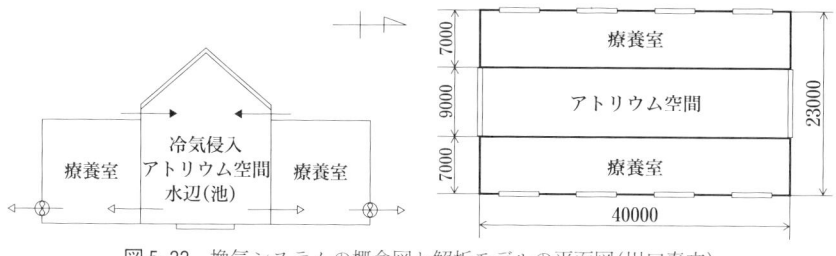

図 5-22 換気システムの概念図と解析モデルの平面図(川口泰文)

のまま夏期に稼動させると，施設の冷房負荷を増大させる危険性も高くなる。アトリウムには，人々の憩いのために水辺が計画されることが多いが，この開放水面を積極的に冷却した状態で，アトリウム経由で外気を取り込むと，この水辺の表面で冷却除湿された外気を，療養室へ間接的に供給することも可能になってくる。ここでは，アトリウム経由の予熱(加湿)・予冷(除湿)換気システムの通年使用の可能性を数値解析から検討した。

解析モデルとして，図 5-22 に示すような療養室を東西両側に配置した平面形を考え，アトリウムの床面中央に冷却水面を付設した。アトリウムを上・中・下の3層に分割し，1室3温として非定常解析するプロセスは先の事例と変わらない。壁面相互の放射熱授受を阻害しない仮想壁面を，上・中層と中・下層の間に想定し，仮想室間換気で運ばれる熱の収支，各層と構成壁面との間の熱の収支から壁面温度，仮想室温度を算定しているが，湿気の平衡には構成面での吸放湿を無視している。療養室の熱収支に対しては，放射と対流成分の分離はしていない。

アトリウムの床面に付設された水辺(流水面上)の水蒸気の移動量や熱伝達率は下式より算出した。

凝縮：

$$C_{on} = (134.8 \cdot v + 45.5)\{\Delta f + 0.0068(100 - R_H)\}$$
$$\alpha_c = 3.6 \cdot v + 4.1 \tag{5-2}$$

蒸発：

$$C_{on} = (169.4 \cdot v + 41.0)\{\Delta f + 0.0054(100 - R_H)\}$$
$$\alpha_c = 5.4 \cdot v + 7.4 \tag{5-3}$$

ただし

C_{on}：凝縮(蒸発)量[g / (m²h)]，v：水面近傍気流速[m / s]，Δf：水蒸気圧差[kPa]，R_H：相対湿度[%]，α_c：対流熱伝達率[W / (m²K)]

外気条件(外気温・露点温度・法線面直達日射量・拡散日射量)は，札幌の最も暑い時期である7月26日から8月7日の間のHASP SAPPOROを時刻別に平均して周期的定常気象データとして使用した。日射量は各壁面の日当たり率(壁全面に日射が当たっている場合：1.0)を求め，壁面要素毎の日射取得を考えた。

遮光率を0.0，0.2，0.5[−]の3種，水面の面積を0.0，25，50，75[m²]の4種，気流速を0.25，0.5，0.75，1.0[m / s]の4種，水温を温度調節なし，10，15，20[℃]の4種を想定し，表5-2に示す16通りの数値解析を行った。

図5-23に居住域(下層)の温度状況を示す。Case 1からCase 3は遮光率を0.0，0.2，0.5と変えている。Case 1では，居住域の作用温度(OT)が33.6℃を超える。

表5-2 解析用設定条件(療養室：27℃一定)(川口泰文)

	遮光率 [−]	水面面積 [m²]	気流速 [m / s]	水温 [℃]
Case 1	0	0		
Case 2	0.2	0		
Case 3	0.5	0		
Case 4	0	50	0.5	10
Case 5	0	50	0.5	15
Case 6	0	50	0.5	20
Case 7	0	50	0.25	温度調節なし
Case 8	0.5	50	0.5	10
Case 9	0.5	50	0.5	15
Case 10	0.5	50	0.5	20
Case 11	0.5	50	0.25	温度調節なし
Case 12	0.5	50	0.25	10
Case 13	0.5	50	0.75	10
Case 14	0.5	50	1	10
Case 15	0.5	25	0.5	10
Case 16	0.5	75	0.5	10

そのような時間帯は，入居者が快適に生活できる環境にない。遮光率を上げるにつれて温度は低下し，Case 3 では下層温度は 29℃以下になる。Case 4 から Case 11 は水面を設け，遮光による効果を比較した。Case 7 では，水面の温度が 30℃を超える。冷却流水とした Case 8 の条件では，図 5-24 に示すようにアトリウム内の作用温度が外気温よりも低くなる時間帯が現れる。

水面における凝縮量(負は蒸発を意味する)を図 5-25 に示す。水面温度が 20℃を超えた場合に蒸発する。水面温度を調節していない Case 11 の場合，ピーク時では 5 kg/h も蒸発し，蒸暑感をさらに増大させることになる。一方，水温を 10℃に設定した Case 8 では，最大で 6 kg/h の除湿効果が期待できる結果となった。Case 8 の午前 7 時から 9 時の変動は，下層域温度が

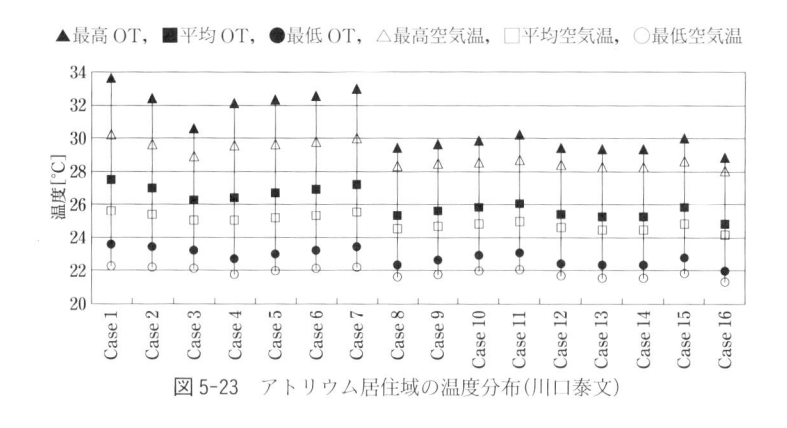

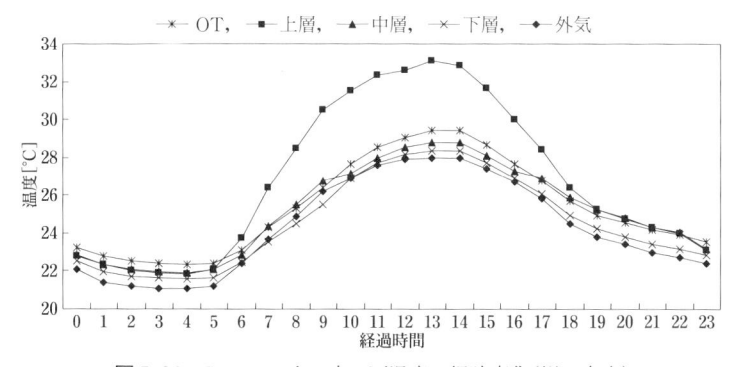

図 5-23　アトリウム居住域の温度分布(川口泰文)

図 5-24　Case 8 の上・中・下温度の経時変化(川口泰文)

外気温よりも低くなったために換気経路が変化した影響によるものである。

図5-26は各設定条件下における一日の凝縮量の積算値を比較したものである。水面を冷却していない条件では，蒸発側になること，また，水面面積や近傍気流速も大きな影響要因になることがわかる。図5-27はアトリウムを介して外気を療養室内に導入しようとする際に顕在化する換気の熱負荷(療養室の床面積当たりで比較)について検討を行ったものである。水面の有無にかかわらず，遮光率が0.5未満と0.5以上では歴然とした差異が現れる。このことから夏期におけるアトリウムの熱環境調整の基本は日除けにあることが理解されるであろう。

水面の有・無の影響を検討するために，日除け率を同じくしてCase 3と

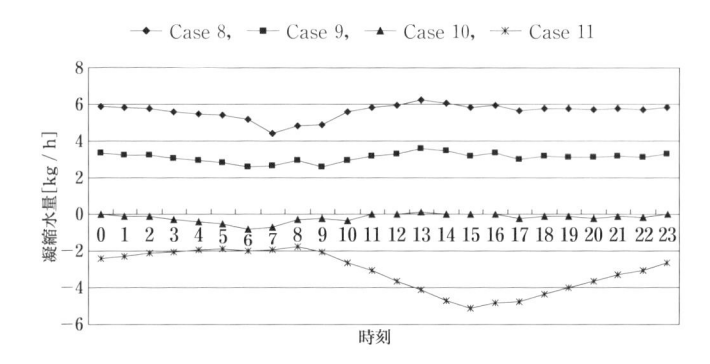

図 5-25　水面における凝縮量の経時変化(川口泰文)

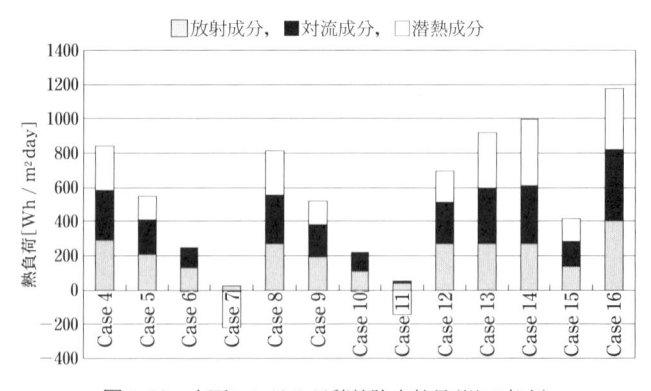

図 5-26　水面における日積算除去熱量(川口泰文)

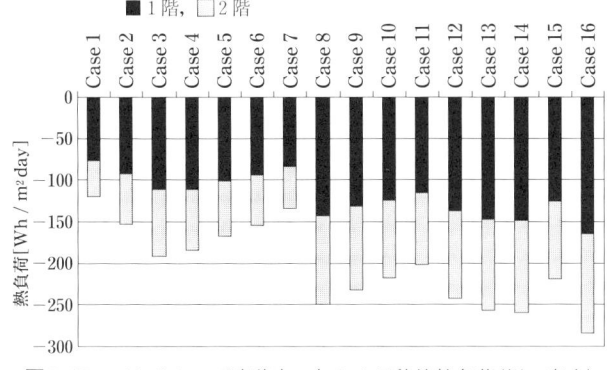

5章 夏の熱環境計画とパッシブ換気　193

図 5-27　アトリウムが療養室に与える日積算熱負荷(川口泰文)

Case 16 の日積算熱負荷を比較すると，-195 Wh / m²day が-285 Wh / m²day へと変化することがわかった。その差異は 90 Wh / m²day(3.75 W / m²)に達する。この差異は建築環境学的に見て大きいものがある，と著者は考えている。しかし，この差異や冷却流水面の効果を建築環境学的に大きいと見るか，小さいと見るかは実際に計画・設計を行う当事者の判断に委ねなければならないことかも知れない。

　従来のアトリウム空間における水辺の計画では，視覚的な効用とか，憩いの機能とかのみが優先されてきた。例えば，建築家ばかりでなく建築設備技術者においても「例え水辺が発湿源や加湿要因になっていたとしても，空気調和設備の方で除湿すれば万事解決できる。」を常識としてきた。その意味では，アトリウム空間の空気・熱環境に対して大きな影響を与えていたにもかかわらず，これまでの水辺は建築環境的な工夫が放棄されて，建築意匠側の都合のみが優先された設備であったといえよう。

　確かに現状はそうかも知れないが，水辺を冷却流水面へと変更することによって，蒸発の抑制と共に冷却除湿の機能が付加された建築設備とすることが可能になってくる。水面を冷却することだけで，水辺が施設全体の温湿度環境調整のためのツール(デシカント空調)に生まれ変わる可能性が，本数値解析によって示唆・提起されたことを，ここでは強調しておきたい。

6章　終章に替えて

6.1　絶縁方策に基づいた選択的透過
6.2　分布の解消からみえてくる分布の利用
6.3　軽薄なアクティブ発想と頑迷なパッシブ発想
6.4　省エネルギーの相場と共生環境への道程
6.5　地域性へのかかわりと普遍的環境調整の確立

上方開放で微風が絶えない町家の坪庭：京都

温度むらは，床付近が寒帯，天井付近が熱帯のごとき空気・熱環境で最大となるが，むらの大きい空間における温度の成層の適用は難しい。温度の成層を骨子とするようなパッシブデザインの本質は，温度むらの最小化を可能にする高断熱高気密が保証された空間における低落差・低密度エネルギーの有効活用にある。

6.1 絶縁方策に基づいた選択的透過

　建築環境における選択的透過の事例紹介は，身近な建築材料であるガラスとするのが最もリーズナブルであろう。ガラスは，日射(短波長放射)に対して透明で，常温付近の電磁波(長波長放射)に対して不透明であるがゆえに，温室(green house)の外壁材料として重用されている。この入りが多く，出が少ない選択的透過を温室効果という。最近，高断熱住宅の開口部では，ペアガラスの中空層に面する一面に金属を蒸着させた L-e ガラスを多用するようになってきた。金属輝面は放射率が低く，反射率が高いので，L-e ガラスの長波長放射に対する不透明性能は，ガラスの単独使用よりも格段に向上する。今では，暖房ばかりでなく冷房負荷を軽減させる目的で金属蒸着ガラスがオフィス建物の開口部にも使用される機会が多くなってきている。

　選択的な透過には，時間的選択透過と空間的選択透過がある。時間的選択透過の代表には雨戸や断熱戸がある。朝方に断熱戸を外すと，開口部からの熱損失量は多くなるが，光や太陽熱を手に入れることができる。夕方に断熱戸を装着すると，光(戸外情報)の入手は難しくなるが，外気温が低下する夜間の熱損失量を確実に減らすことができる。これは 1 日単位の選択的透過になる。もしも，光を透過する断熱戸を冬期間にだけ装着する場合は，1 年を単位とした選択的透過といえるかも知れない。組積造の外壁に穿った穴をWindow というのは，その主目的が風の取入れにあったためなのだろうか。その開口に装着した板戸の上げと下げとの時間帯は，それぞれ異なった透過状況を期待していることになるので，不定期的な選択的透過ということになる。

　同じ物理量ではないが，伝統的住居の夏対応で紹介した簾は，蒸暑期，過剰な光の透過を防止する一方で，微風を通すという選択的な透過機能を果たし，不必要になる冬期には撤去される。防虫網戸も時間的な選択透過を期待できる一例かも知れない。しかし，最近は 1 年中防虫網を着けたままの住戸が見受けられる。周囲の景観に鈍感で，見苦しい光景になっていることを知って欲しいものだ。

ポリエチレンフィルムとビニールシートの違いが良くわからなかった時代に，防湿材として安価なビニールシートを使用した事例があったという。ブラックジョークであって欲しいと願うものだが，もしかすると現在でも，水も漏らさぬビニールシートは水蒸気も通さないと連想する人々が多数派で，化学記号が同じ H_2O である水(液体)と水蒸気(気体)の透過口径が大きく異なると認識している技術者はむしろ少数派に属している恐れがある。その意味では，防水と防湿は空間的な選択透過におけるもうひとつの好例かも知れない。

一般的な常識では，水を漏らさぬ材料は空隙がないと判断されるが，水を通さなくても水蒸気を通す材料は想像以上に多い。それならば，防水性と透湿性の高い材料開発は容易と簡単に考えて，蒸れない，内部結露の生じ難い，通気層を必要としない外装材を開発しての一儲け，と目論むのは全くの早とちりになる。例えば，木製の下見板は，防水と透湿の両方を可能にする建築材料と考えて良いが，それでも古人は人為的に隙間を作り，雨水の「みずみち」の遮断と排湿の円滑化を図っているのである(オープンジョイントの工夫)。水を絶ち，通気させる構法もまた，絶縁方策に基づいた選択的透過といえるであろう。

5.3 アトリウム空間への適用のところで，「一部に大きなガラス面で被覆された熱的性能に劣る広場的な空間が付設されたとしても，建物本体がその熱損失を補填するに十分な高断熱化がなされている場合，その施設の熱的な環境全体を評価した際には，リーズナブルな計画になっている訳であり，その建築計画は地球環境時代にあって反社会的な行為ではない。」と述べたが，これもまた絶縁方策に基づいた選択的透過といえる。大きなガラス壁面の熱絶縁的な措置が大変に難しい場合，高断熱化の容易な壁の断熱を可能な限り厚くし，その壁面積を増加させてトータルとしての帳尻合わせをすれば良いのである。あるデザイン的な意図を成就させたいと切望しても，計画全体を通じて断熱への配慮に欠いたデザインの優先は，いわゆる，建築家の思い上がりというべきであって，プロフェッショナルの採るべき行為ではない。

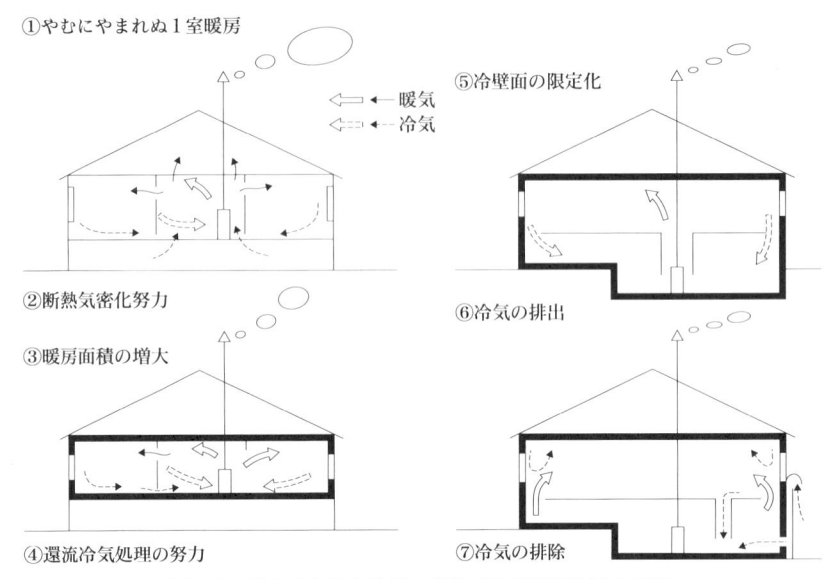

① やむにやまれぬ1室暖房　　　⑤冷壁面の限定化

暖気
冷気

② 断熱気密化努力　　　　　　⑥冷気の排出

③ 暖房面積の増大

④ 還流冷気処理の努力　　　　⑦冷気の排除

図 6-1　暖めるよりも冷気の処理が温度環境計画の要諦

6.2　分布の解消からみえてくる分布の利用

　わが国の伝統的な住居は，茅葺屋根や土壁，畳や明り障子によって構成されてきた。高温高湿時の湿気を，室内外に徹底して開放する積極的な排湿構法と吸放湿性に富んだ建築材料の採用によって，夏型結露の危険性を回避してきた。それゆえ，厚い茅葺屋根，土壁や畳に多少の断熱性があっても，気密性に乏しい家屋特性が基本的に改まる訳ではない。そのような住居では，4.1　時間的な温度むらと空間的な温度むらのところで取り上げたように，「住まいから寒さを取り除こうと考えるよりも，直接的な暖かさを得よう。」とする方が合理的であったともいえる。

　もしかしたら，明治期初頭の屯田兵屋では，冬期の上下温度分布は生じない家屋構造であった可能性が高い。その後，寒冷地向きの工夫を重ねた結果として，主たる居住域には熱帯と思しき天井付近温度(30℃)や寒帯に捨て置かれたままの床付近温度(15℃)が出現したけれども，ストーブさえあれば越

冬はそれほど困難なものではなくなってきた。しかし，愚直に聞こえるかも知れないが，「この温度むらを解消する(床付近の寒さを取り除くため)ためには，更なる高断熱高気密化に向けた努力をすること以外に最善の方策はない。」と強調するしかない。

　上下の温度差が10度を大きく超えるほどの温度むら(熱帯や寒帯との同居)をそれほど疑問に思わずに，必死になって寒さを忌避している状況では，温度環境計画に向けた新たな工夫など生まれようがない。生活空間内の温度むらが全面的に解消されるような段階(22℃±4℃)になって初めて，図6-1に示すように自ら積極的に熱対流循環を生かす温気の演出(床下暖房・換気システム)や，あるいは冷気の排除(床暖房・冷気床下処理システム)という新たな工夫が編み出されるようになる。

　基礎室温の確保や床付近温度の保持を当然とする段階になると，居住空間における温度環境計画の視点は，除寒という単純簡明な冬対応から，温気の滞留解消や非拡散排熱という複雑で奥深く，難儀な夏対応へと変わってくる。

　地域性と時代に恵まれた著者はその僥倖を感謝しなければならない。1996年5月に「積雪寒冷地における居住空間の温度分布，気流分布に関する一連の研究：温度積層を有する居住空間の熱環境計画」と題して，日本建築学会・論文賞を受賞したが，そのパラダイムは冬期の温度積層の解消と夏期の温度積層の利用にあった。それは，上下温度分布の解消によって可能になる温度むらを生かす工夫や，室温変動の許容によって可能になる積雪寒冷地の住まいの新たな熱環境計画が見えてくるに違いないという，本節のコンテクストにそったものであった。受賞後に邦題の英文表記を求められたが，技術用語として造語した温度積層の英訳化に難儀した。IRC / NRC の Dr. C. Y. Shaw 主任研究官にサジェッションをお願いし，温度積層を Thermal Stratification とする key word を入手した。その結果，受賞論文の英文題名は "Studies on Temperature Distribution, Air Movement and Thermal Stratification in Occupied Spaces -Design Concepts" としてまとまった。

　英和辞書によれば，Stratification は[地質]成層，層理，[生]組織の層形成，層状化，[社]社会階層，[言]成層となっており，幅広い学術分野で使用

されていることがわかった。温度積層は，居住域において時間・空間的に成長と後退を繰り返すが，目に見えなくとも安定した層を形成する。それゆえ，建築環境学分野の key word として援用しても違和感がないように思われた。Shaw 博士からは，熱対流型換気に充てた Convection と併せ，二度にわたって貴重な示唆を頂戴したことになる。

6.3 軽薄なアクティブ発想と頑迷なパッシブ発想

ちょうど，元号が昭和から平成へと変わった頃(1988-1989)に Ottawa で在外研究を行っていた。その機会を利用して Chicago で開催された ASHRAE の Winter Meeting に出席した。「各セッションの発表内容は難しいと思うので，Technical Committee(TC)の方に積極的に顔を出すように」という Shaw 博士の助言に従って，CFD や太陽熱利用等の TC に出席した。Shaw 博士の本意は，著者のヒアリング能力を考えると，無理して研究発表を聴講するよりも，北米の研究者達とできるだけ顔見知りになる方が将来の研究展開に役立つ，ということであったかも知れない。閑散とした太陽熱利用の TC に出席したところ「今までの Meeting には，日本からも太陽熱利用の研究者が大勢参加してくれた。次大会が開催される Vancouver は日本に近い。日本からの参加者は多くなるだろうか？」と尋ねられ，返答に窮したことがあった。

OPEC による原油価格の引き上げがトリガーになった第 1 次石油危機(1974 年)から 15 年，イラン革命後の原油減産が主因の第 2 次石油危機(1978 年)から 10 年以上も経過し，わが国の太陽熱利用への熱意は冷めていると，その当時は思っていたからである。ASHRAE の Winter Meeting の後，Denver の近郊 Fort Collins にある Colorado State University 付属施設・Solar Village(太陽熱利用研究所)を再訪した。1982 年の訪問時に，熱心に施設を案内してくれた G. Löf 博士は既に教授職を辞し，その後任教授の S. Karaki 博士も，あと 1 年で退官という時期であった。施設内には日本企業から委託された太陽熱集熱器が 1 基，性能試験を行っているだけであっ

た．Karaki教授は「北米では，連邦予算の付け方によって研究動向が決まってくる．今は，太陽熱利用も含め，自然エネルギーにかかわった研究の位置付けは高くない．」と嘆いていた．熱し易く，冷め易い，というのは日本だけの専売特許ではないようだ．しかし，Karaki教授が，太陽熱を吸収式冷凍機の熱源として使用し，高濃度になった酸化リチウム溶液を直接居室に暴露して除湿する空調方式の実現化を，熱っぽく語っていたことを忘れることはできない．「居室に曝すというが，毒性はないのか？」と尋ねたところ，"Non toxics."と明快に答えてくれたものだ．5.4 高断熱建物への適用のところで冷却流水面を付設したアトリウム空間の数値解析事例を紹介したが，そのデシカント的な空気調和システムは，開放式の吸収式冷凍機のコンセプトと同一のものといって良い．

　1982年のDenver訪問では，パッシブからアクティブまで，幅広い提案やいろいろな太陽熱利用を垣間見ることができた．石油の価格が一段落した後のsolar houseの総括として，「パッシブ派は，今までの大量生産大量消費へのアンチテーゼ，生き方の問題としてパッシブシステムを開陳した．その一方で，アクティブ派は，パッシブ派の非合理的な一面に胡散臭さを感じ取り，集熱器や太陽電池が量産化され，安価になれば不安なくsolar energy利用が可能になるという従前の近代化路線を展開した．その論争が不毛に終わったのは，両派の生き方や理念の出自に，お互いに相容れないものがあったことによる．」と集約できるかも知れない．

　最近，太陽電池を組み込んだ省エネルギー住宅の供給がドイツで展開されている．わが国でも政府機関やガス会社が仕切り直しの形で燃料電池の実用化に取り組み始めている．しかし，安易な代替エネルギーの確保がその基本ではないことを改めて強調しておきたい．自然エネルギーの有効利用の文脈の下で，使用エネルギーをいかに減少させるか(高断熱化と合理的なエネルギー保全)が地球環境時代の建築環境計画の本質であることを十分に意識して，太陽エネルギー利用の開発や普及になおいっそうの努力が注がれることを期待したい．イラク戦役と中国の経済発展を機に，灯油はリットル当たり従前の40円から70円へと高騰している．いつか来た道の轍を踏まない覚悟が必要となる時が目の前に来ているのだから．

6.4 省エネルギーの相場と共生環境への道程

断熱の先進地,北欧3国で外断熱工法が採用され始めたのは1960年代といわれている。ドイツの設計事務所に就職した上田仁史氏(北海道大学工学部建築工学科昭和43年卒)より,Hamburgの事務所建物に適用されていた外断熱の解説を受けたのは1970年代の初めだった。外断熱工法は欧州を中心にして進歩・普及を果たし,10年後には普遍的な寒さ対策(建築技術)として田舎の大学助手の耳にも届いたことになる。しかし,日本建築学会北海道支部・環境工学専門委員会・建物の外断熱と熱環境研究委員会の報告書をもとに『外断熱建物と熱環境』(1985年)が刊行されたり,その他の学協会からも外断熱に関する数々の情報が発せられたりしてきたにもかかわらず,わが国で最も寒冷な気候帯にある北海道における外断熱の普及状況は今なお芳しいものではない。その当時の北海道拓殖銀行や北海道電力は,北海道の外断熱工法の普及に向けた先導的な役割を果たしたが,残念なことに担当者が代わると,たちどころに先細りなってしまうことも多かった。このことは,周囲が外断熱工法を寒冷地の普遍的な寒さ対策として十分に理解していた訳ではなく,担当者の熱意によってのみ支えられてきていたことへの証左というべきであろう。

国土交通省・北海道開発局は,北海道のスタンダードとして『外断熱建物に関する性能基準及び同解説』(2003)の刊行に踏み切ったが,建設費の高価格化を招いてしまう外断熱工法採用の説明責任を果たすための理論武装に,今なお呻吟しているというような現状がある。

わが国の外断熱の普及は,新築ばかりでなく改修に対しても,なぜか遅々とした歩みに止まっている。次に提示したいくつかの疑問に各自が自答する作業から,その理由や本質が明らかになってくるのかも知れない。

省エネルギーと節約との間にどのような違いがあるのだろうか。今までもいくつかの邦語の技術用語を英訳する際に,ある種の困惑を感じたことを紹介したが,省エネルギーの原語といわれる"energy conservation"と,今日,私たちが日常的に使用している省エネルギーとを全くの同義語として考

えて良いのだろうか。

　建築環境計画に際し，外断熱建物であるがゆえに避けられない建設コストの増大を，暖房コスト等の低減努力によってのみ相殺する，という考え方は妥当なのだろうか。外断熱によって設備容量が小さくなると，設備工事費は縮少する。分離発注が常識の今日，外断熱建物を歓迎する設備工事業者はいるのだろうか。

　第1次石油危機の直後，十数軒の戸建住宅，集合住宅の灯油消費量と暖房環境を調査したが，温度調整時に「暖房に必要な燃料を必要以上に節約しよう。」と意識している住戸は1戸もなかった。COP 3をクリアしようとする際には，居住者に節約を強いるのではなく，高断熱高気密化建物を今以上に普及させ，建物からの流出入熱を低減化させる努力の方が正道に違いない，と思われる。

　行政による働きかけについても，市民に向かって節約を強いるのではなく，黙っていても省エネルギーが可能になる高断熱高気密化建物の普及をいかに容易にするか，に力点をおいた協働でなければならない。

　何はともあれ，北海道では省庁建物の外断熱化が進んでいる。その結果，ランニングコストで見た場合，連続運転と間欠運転による暖房費用の差異は驚くほど少なくなってきている。しかしその一方で，夜間の出火による保管文書の焼失を恐れて，執務時間帯に設備機器を稼働させる間欠運転以外の選択肢を放棄している現実がある。外断熱された省庁建物の温度環境の調査結果によれば，日中の執務時間帯の室温は，設計時の室温よりも相当高めに管理されている。その結果として，間欠暖房にもかかわらず，実質的には連続運転を想定したランニングコストとそれほど変わらない状況となっている。これもまた，間欠暖房こそが熱節約に通じるという，建物の断熱が貧しかった時代の暖房習慣に寄りかかり，その常識を錦の御旗にして制御と設計を行っている悪弊が露呈した結果ではなかったか。建築技術者が，空気・熱環境計画のあらゆる面で，説明責任を放棄していると感じるのは著者だけではあるまい。

　安価な夜間電力の利用は，設計者ばかりでなく施主側にも魅力的な選択肢の一つであろう。しかし，建物の熱的な性能をそのままにした夜間電力(原

子力発電)の利用は，CO$_2$の増大は免れても，熱的な環境負荷の低減化には直結していない。外断熱建物における暖房室の温度設定の上昇が物語るように，いかにコストの低減化が可能な状態にあっても，その低減化の意義に対する周知と徹底さを欠いた時，私たちは無意識裏に放恣なエネルギー使用の方向に走りがちになる。夜間電力使用時のCO$_2$負荷が，いかに少なくなったとしても，高断熱建物の熱特性を活かし，トータルで考えたエネルギーの有効利用こそが"energy conservation"としてのクリアすべき本質的な第一課題でありたいものだ。

自然エネルギーはポテンシャルも密度も低い。それゆえ，高断熱高気密建物でなければ，自然エネルギーの効用を十分に手に入れることができないことを知らなければならない。

科学技術振興事業団・戦略的基礎研究推進事業「環境低負荷型の社会システム」(研究統括・茅陽一慶應義塾大学教授)の公募プロジェクト「自立型都市をめざした都市代謝システムの開発」(研究代表者・柏木孝夫東京農工大学教授)に参加して，北海道大学キャンパス内に建設された実験住宅(1997年)は，「ローエネルギーハウス」と名付けられた。もちろん，現状で市販されている集熱や蓄熱の装置を無制限に設備することができるならば，新たな機器やシステムを開発せずとも，「ゼロエネルギーハウス」の実現はそれほど困難なことではなかったであろう。しかし，著者が「センセーショナルな面からいえば，ゼロエネルギーを主張する意義はあるかも知れないが，ゼロエネルギーを約束したために，自然エネルギーを集蓄熱する機器や制御に費やされるであろう膨大な資源とエネルギーを考えた時，無理に無理を重ねてエネルギーをゼロにしたとしても，研究者にとっては何の意義もないに違いない。」と主張したところ，当時の自然エネルギー研究班リーダーの落藤澄北海道大学教授はその論旨を了解してくれた。それでも，ローエネルギーハウスの建設に，約5000万円(家屋建設と設備機器のコスト比率は概ね50％だったという)を必要とした。その研究投資によって，総消費エネルギーに占める市販エネルギーの割合を12％以下に抑えることに成功した。この12％は，冷蔵庫や照明などに消費した生活を支える基本的な電力エネルギーに相当する。自然エネルギーで代替できない部分の存在を知ることもまた環

境共生に必要なことと考えたい。

　私たちの生活活動を通じ，全ての面でゼロエミッションにすることは不可能に近い。それゆえ，それを前提にした外断熱建物の費用対効果，自然エネルギーの有効利用とその費用対効果を検討しなければならない。さらには金銭に換算できない価値や生活意識が，費用対効果に加えることができないからといって，それらを無視することもまた正当ではない。費用対効果の算定が難しい健康と安全に対する保障は建築計画の意義を問う最も根源的な拠り所になるだろう。このような視点は，これからの環境共生の道程を考えていく上で，とても大切なコンセプトになる。

6.5　地域性へのかかわりと普遍的環境調整の確立

　2000年の夏，二度目の在外研究のためにフィンランド(Building Technology / VTT)とカナダ(Institute for Research in Construction / NRC)に，各々1ヶ月ほど滞在した。その期間中，各研究所の研究員との住宅談義を通じ，身近な新しい課題が見えてきた。Helsinkiで借りたホテルアパートメント(1 LDK)の家賃は1ヶ月24万円，新住宅団地のハウジングフェアーで販売されていた新築の戸建住宅(地下室，2階部分で未造作の物件あり)の価格帯は1.2〜1.8千万円であった。Ottawaのホテルアパートメント(1 LDK)の家賃は1ヶ月8万円で，15年前の家賃とほとんど変わっていなかった。

　一度目の在外研究でお世話になったDr. T. Matsuura(University of Ottawa教授)とDr. C. Y. Shaw(IRC / NRC主任研究官)は，リタイアを前にして，自邸をFor Saleするための改修をすませていた。Matsuura先生は「娘も独り立ちしたので，大学を退職後，都心のアパートに移る計画をしている。」とおっしゃっていた。

　フィンランドでは，都心の賃貸アパートの家賃は高いけれども，郊外団地の新築住宅は手頃な価格による購入が可能で，高額なローンに泣かされることはない。カナダでは，郊外の成熟した住宅団地の場合，退職予定者が自邸を改修して売りに出し，都心の家賃の安いアパートに引越しする。その前提

として，Helsinkiでは都心の古い中層集合住宅が頻繁に改修され，Ottawaでは郊外の戸建住宅がリタイヤ等の機会を利用して改修されており，中古住宅は価格の面ばかりでなく，その存在価値の面でも大変に評価されていることがわかってきた。

わが国の伝統的住居である民家や町家も，連綿とした引継ぎを念頭に，孫の代までをイメージし，台風や地震で傷んだ屋根を直し，柱を補修し，壁を塗り替えてきたに違いない。それは，それぞれの代で工夫を加え，風雨を十分に凌ぐだけの手入れや管理をしてきたからこそ，高温多湿な気候の下で百年を超える維持が可能だったのだ，と想像できるからである。

クラシックカーは一般の乗用車とは別の価値体系にあるけれども，新車は購入時の価格が最も高く，メンテナンスフリーを至上としている。今のわが国では，住宅も乗用車と同じメンテナンスフリーを前提に，経時的に価格が減じていく消費財として考えられているのではなかろうか。

しかし，他の国々では，しっかり手入れをした中古住宅の場合，価格の面ばかりでなくその存在価値の面でもリーズナブルに評価されていることを知るべきであろう。私事であるが写真6-1，6-2に示すように，二度目の在外研究の後に，カナダの知人の例を範にして1984年に建てたわが家の外回りを2002年に，水回りを2003年に改修した。

一般的に，どの家屋も持ち主のライフサイクル等に合わせ，大規模な改修に至らなくとも，改善や改良の手は加えているはずで，決してメンテナンスフリーではない。わが家でも，大規模改修以前に，地下室の内装，アプローチのインターロッキング化，カーポートの雁木化，サイディング外装の塗装等を行っている。

気密施工の容易な発泡ポリスチレン外張り断熱(50 mm×2層)工法を採ったため，相当隙間面積は1.85(木造部の延べ床換算)〜1.23(RC造地下室を含めた延べ床換算)[cm^2/m^2]となった。気密測定によれば目安の2.0[cm^2/m^2]を下回り，新築当時では高気密の範疇に入っていた。築後20年近くを経過すると，写真6-3に示すように2階の屋根断熱層と壁断熱層の取り合い部分の汚れが目立ってきた。暖房期に，台所排気扇を1時間ほど稼動させ，

6章 終章に替えて 207

写真 6-1 新築後最初の冬(1985)

写真 6-2 改修直後の夏(2002)

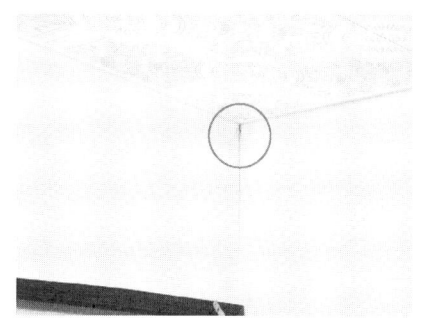

写真 6-3 2階取り合い部分の汚れ

写真 6-4 取り合い部分の隙間

写真 6-5 外装下地材の腐朽

写真 6-6 軒下天井の下地材の汚れ

放射カメラで壁面温度分布を測定すると，写真 6-4 のように汚れ部分に低温域が観察された。この汚れが，屋根断熱層と壁断熱層の隙間から漏出した湿気が結露した証左と思われたこと，また，再塗装した乾式サイディング外装にも損傷が目立つようになったことから，さらなる高気密化を目的にして外装の改修を行うことにした。

　一般に，外張り断熱の気密層の施工は，柱・間柱の外気側で行うことが多いが，連続的な気密層の保全に対する施工性に難がある。そこで，50 mm 厚発泡ポリスチレン板 2 層の間に防湿・気密フィルムを装着した(貼り合わせ箇所の両面ブチルゴムテープの施工性が向上する)。また，屋根と壁の防湿・気密層の連続性を確保するために，写真 6-6 に示す軒下天井の下地材を切り取り，全ての断熱気密改修後に，後付けで軒下天井を施工した。

　築後 20 年を経過した家屋の改修作業を通じ，外張り断熱・乾式サイディング・通気層工法を採った場合，写真 6-5 に示すように雨水が浸入した部分の外装下地木材は腐朽していたが，柱，間柱，土台，梁などの主要構造材には腐朽が全く認められなかった。PV サッシュ(同下地)，長尺鉄板にも損傷が認められなかった。気密改修後の相当隙間面積は，0.63(木造部の延べ床換算)〜0.42(RC 造地下室を含めた延べ床換算)[cm^2 / m^2]となり，隙間量は 3 分の 1 に減少した。改修前の床面積当たりの熱損失係数は 1.06 W / m^2K であった。改修後はそれが 0.88 W / m^2K に減少したが，改修による熱的な改善効果(灯油 1 リットル 40 円換算)は，17%にしか過ぎなかった。既に相当程度高断熱高気密化された建物の場合，外装や断熱・気密改修による熱的な性能の向上はそれほど大きく望むことはできない。

　断熱改修の本当の効用は，建物の長寿命化にあるのではなかろうか。30 年後に再び外装や水回りの改修が必要になってくるかも知れないが，本改修により住宅の物理的な寿命として，あと 100 年は大丈夫であろう，との心証を得た。

　一般に，積雪寒冷な気候特性はネガティブにとらえられがちであるが，屋内の寒さは建物の高断熱高気密化によって容易に解消されることを，また，リーズナブルな工法の採用と必要な時期の改修が前提にはなるが，誤りのな

い構法に基づいて施工された高断熱高気密化建物は確実に高耐久になってくることを考えると，今や積雪寒冷な気候をポジティブにとらえることも可能になってくる。

　その理由は，冷たい房(へや)は冷やさなければ手に入らないが，暖かい房(へや)は暖めなくとも断熱を強化するだけで手に入れることができるという単純簡明な寒さ対応ですむからである。また，冬期に取り入れた冷外気は，加温するだけで，居住空間の調湿や減湿を可能にするし，積雪は，地盤の保温効果ばかりでなく，貯水効果をもたらせてくれるのである。いつまで続くかわからないが，寒冷な気候は，夏期の冷涼気候に繋がり，冷涼気候は木造住宅の腐朽を確実に遅らせるという効用も考えられるからである。

　このように，今まで疎まれていた積雪寒冷という地域性が，建物の熱的な性能水準や私達の考え方次第で，新たな可能性を秘めた財産へと変わり得るものとなるのであれば，研究者・技術者・居住者自らが旧来の対処や方策や常識を変えなければならない時代を迎えている，と考えなければならない。

　例えば，北米では「住宅の維持管理をきちんとすれば，その住宅とその住宅が属しているコミュニティーの価値を維持できる。」というコンセンサスがある。わが国が向かっている成熟社会でも，フロー（新規供給）重視からストック（保守蓄積）重視という方向に，確実に価値観が変遷していくと思われる。

　しかし，そこにも大きな課題が残されている。適宜な改修が前提になるが，住宅に，黙っていても100年の耐久性が保証されたとき，どのような論理で取り壊したり，建て替えしたりするのだろうか。住み続けてもらうための新たな戦略には，どのような理念が必要になってくるのだろうか。そこには親から子へ，子から孫へという血族的な住み続けとは全く別の，地域として共通な価値体系が別途必要になってくるに違いない。

　ストックを真のストックにするためには，建物の改修が必須の条件であるが，そのためには，単なる建物の資産の価値というよりも，新興住宅団地における1mほどの幼木を20年という歳月を経て，20m高の若木に育てあげた時間の価値を認識し，その結果として夏に涼しさと奥行きを感じさせる

緑陰の形成や，コミュニティーの成熟に要した時間の価値を知らなければならない。時間が経過したことによって生まれてくる価値の発見は，釜だし直後の赤いレンガよりも，風雨に晒されて醸し出された暗色のレンガの方に深い味わいを見出すような古さの価値の発見に繋がってくるに違いない。

　住宅の維持管理に向けた地域住民の参加は，豊かで落ち着いた生活や街並みを作り出してゆくために欠かせない要件であり，地球環境時代における地域住民の義務ともいえる。

　しかし，その一方で，北海道では非常に重たくて，また緊急を要する課題も新たに生まれている。炭鉱閉山後も集合住宅に住み続けた住人の一人は次のように述懐しているという。「年々，山の緑が近づいてきている。何年か後に俺たち住人が皆死んだら，ここも元の山に還っていくのだろう。」と。富国強兵・殖産興業の掛け声の下で，営々と山を，原野を切り開いてきたけれども，開拓後150年を経て過疎化が急速に進行し，昔は開拓の最前線であった炭鉱や開墾地は跡形もなく，元の山や原野に還っているのである。

　札幌近郊の道営団地では，第1次入植者の子女達が東京等の大都会で就職後，帰郷が大変難しくなってきているというシリアスな現実がある。その結果，親の世代が鬼籍に入った後には空家が目立つともいわれている。今後，このような空家群の社会的な寿命をどのように考えていくと良いのだろうか。

　現状の北海道住宅は高断熱高気密の上に，本州以南の木造住宅に比べても遜色のない高耐久性も備えている。今や，これ以上の郊外住宅地の開発を中止し，成熟した植生や家並みを共有の社会資産や古さの価値と考える，新しい評価軸に立脚した中古住宅の流通化を試みたり，少子化時代に相応しいコンパクトシティー化に向けた新しい船出に備えたりする時期に来ているのかも知れない。

　今まで，連綿と論じてきた建築空間の空気・熱環境の計画(設計)に関する研究とその成果もまた，古さの価値を見失うことなく，今まで以上に旧来の対処や方策を生かしていかなければならない事例の集積といえる。またその一方で，単なる常識に縛られることなく，新たな価値体系を見出すための地道な展開を図るべき道標の一つと考えていかなければならない事柄も含まれ

ている．その意味では，本小論には具体的ないくつかの提案はあっても，高所や大所からの提言はない．

　むしろ，40年の長きにわたって営々と試験住宅の一居住者であり施主でもあった者の，また建築空間の空気・熱環境計画や設計にかかわってきた一研究者であり技術者でもあった者の反省と自戒の集成と思っていただければ幸いである．

資料編

資料1　記号
資料2　原論文

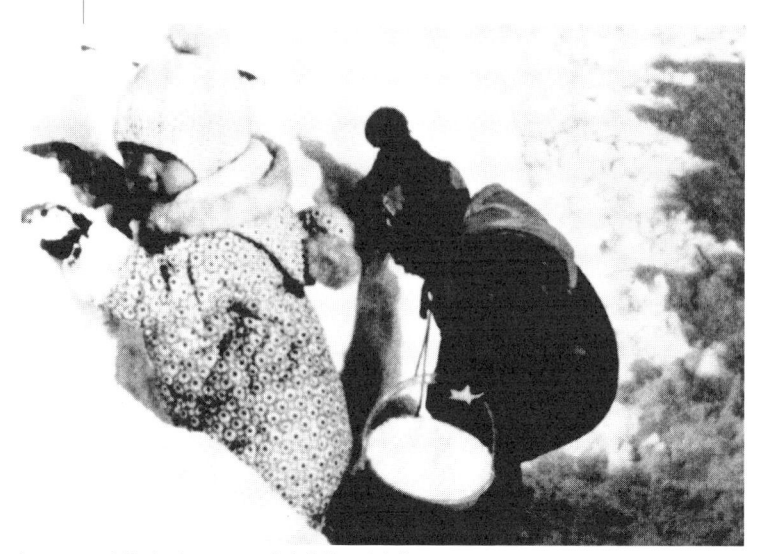

晴れた日の雪遊びに欠かせない完全装備の防寒着：岩見沢

環境の見方は一義的ではない。個々人で領域観が異なり，評価の仕方にも時代の価値意識が反映される。地球環境問題の解決をという設定自体，人間の独り善がりに過ぎない。それ故，建築・都市計画家，技術者，研究者にとって「真の成長とは何か」を常に自身に問いかける姿勢が大切になってくる。

資料1　記号

v：流速[m/s], Δx：距離[m], $\Delta \tau$：時間遅延[s], R：空間相関[－],
T_o：温度変動[K], Λ：空間相関[－], x, y：座標[pixel],
θ：レンズ角度[°], D：画像の対角線距離[pixel], V：室容積[m³],
F：換気量[m³/h], C：ガス濃度[m³/m³], t：時間[h],
f：ガス供給量[m³/h], N：換気回数[回/h], s：複素関数[－],
T：ガス放出時間[h], g：重力加速度[m/h²], α：流量係数[－],
R_H：相対湿度[%], Δf：水蒸気圧差[kPa], α_c：対流熱伝達率[W/m²K]

資料2　原論文

Ⅰ：研究論文（審査付き・招待論文及び Proceeding 等を含む）

001　荒谷　登, 佐々木紀一, 絵内正道：「逐次積分法による室温および負荷変動の解析」, 北海道大学工学部研究報告, No.51, pp.185-200, 1968. 12.
002　N. Aratani, K. Sasaki, M. Enai: "A Successive Integration Method for Analysis of Thermal Environment of Building", Building Science Series 39 of NBS, pp.305-316, 1971.
003　絵内正道, 荒谷　登：「温度伝導率・熱伝導率・比熱の同時測定法と湿潤材料への適用結果について」, 北海道大学工学部研究報告, No.75, pp.11-21, 1975. 7.
004　絵内正道, 荒谷　登, 佐々木　隆：「暖房空間の熱対流及び乱流循環に関する実験的研究」, 北海道大学工学部研究報告, No.83, pp.25-38, 1977. 3.
005　絵内正道, 荒谷　登：「居住室の温熱環境の実態　その1：寒さに応じた住まい方と室温変動パターンについて」, 日本建築学会論文報告集, No.264, pp.91-98, 1978. 2.
006　絵内正道, 荒谷　登：「居住室の温熱環境の実態　その2：寒さに応じた住まい方と設定室温について」, 日本建築学会論文報告集, No.265, pp.105-113, 1978. 3.
007　絵内正道, 荒谷　登：「居住室の温熱環境の実態　その3：寒さに応じた住まい方と熱消費量について」, 日本建築学会論文報告集, No.266, pp.97-103, 1978. 4.
008　絵内正道：「拡散係数を変数とする室内熱対流解析」, 日本建築学会論文報告集, No.270, pp.105-109, 1978. 8.
009　絵内正道：「拡散係数を変数とする室内熱対流解析 続報：実測との比較と応用結果」, 日本建築学会論文報告集, No.271, pp.69-74, 1978. 9.
010　佐々木　隆, 絵内正道：「寒地住宅における換気計画の特徴」, 空気調和・衛生工学, 第54巻第11号, pp.27-32, 1980. 11.
011　絵内正道：「熱対流の数値解析から見た換気・熱負荷の問題」, 日本建築学会環境工学委員会第11回熱シンポジウム, pp.21-25, 1981. 8.
012　絵内正道：「建築空間における簡易型2次元熱対流数値解析結果」, 日本建築学会環境工学論文集, No.4, pp.101-106, 1982. 11.

013 佐々木 隆, 林 基哉, 荒谷 登:「風力による中空層の換気性状:建物の風力換気に関する研究 第1報」, 日本建築学会計画系論文報告集, No.372, pp.67-73, 1987. 2.

014 M. Enai, N. Aratani, Y. Shiratori: "An Analysis of the Thermal Environment of Buildings Using the Surface Conductance as a Variable", 1987 International Symposium on Cold Regions Heat Transfer (Canada), Proceedings of ASME, pp.177-182, 1987. 6.

015 M. Enai, N. Aratani, K. Kubota, H. Matsumura: "A Feasibility Study on Open Cooling -The Characteristics of Buoyant Ventilation through High Side Openings", Room Vent-87 Air Distribution in Ventilated Spaces (Sweden), Session 2a pp.1-12, 1987. 6.

016 T. Sasaki, M. Hayashi, N. Aratani: "On the Ventilating Characteristics of the Space under the Fluctuating Wind Pressure", Proc. Int. Conf. Room Vent'87 (Sweden), Session 4a, pp.1-11, 1987. 6.

017 佐々木 隆, 林 基哉, 荒谷 登:「風力による2重窓の換気性状と結露防止:建物の風力換気に関する研究 第2報」, 日本建築学会計画系論文報告集, No.384, pp.20-26, 1988. 2.

018 M. Enai, K. Kubota: "A Tentative Proposal for the Planning Arrangement of Apartment Houses in a Winter City", ISCORD 88 (China) International Symposium on Cold Region Development Vol.1, pp.85-94, 1988. 8.

019 T. Sasaki, N. Aratani: "Study on change from summer-oriented house to winter-oriented ones and their ventilation", Bulletin of Faculty of Engineering, Hokkaido University No.145, pp.139-151, 1988.

020 M. Enai, N. Aratani, H. Ishida: "Measurements of the Thermal Environment of Traditional Houses and An Application Study of Insulated Buildings Using Thermal Concepts of Traditional Houses", Bulletin of the Faculty of Engineering Hokkaido University No.145, pp.153-163, 1988.

021 I. Akagi, N. Aratani, T. Sasaki, M. Hayashi, I. Akutagawa: "On the thermal performance of well airtight and well thermal insulated test-house in the cold region in Japan", Proc. Int. Conf. CIB Healthy Buildings '88 (Stockholm) Vol.2, pp.183-192, 1988. 9.

022 M. Hayashi, T. Sasaki, N. Aratani: "On the airtightness of Japanese wooden house", Proc. Int. Conf. CIB Healthy Buildings '88 (Stockholm) Vol.2, pp.259-267, 1988. 9.

023 H. Ishida, T. Sasaki, N. Aratani: "Investigation on the traditional town house called "Machi-ya" in Kyoto", Proc. Int. Conf. CIB Healthy Buildings '88 (Stockholm) Vol.2, pp.643-651, 1988. 9.

024 I. Akutagawa, T. Sasaki, N. Aratani, I. Akagi, M. Hayashi: "On the thermal comfort of the traditional row-housing called Machiya at Kyoto City in Japan", Proc. Int. Conf. CIB Healthy Buildings '88(Stockholm) Vol.2, pp.603-610, 1988. 9.

025 T. Sasaki, N. Hashimoto, I. Akagi, N. Aratani, I. Akutagawa: "On the characteristics of fluctuating room airflow of a house called Machiya in the high density district in Kyoto City, Proc. Int. Conf. CIB Healthy Buildings'88 (Stockholm) Vol.2, pp.703-708, 1988. 9.

026 石田秀樹, 荒谷 登, 佐々木 隆, 絵内正道:「開放系住居の夏の環境特性:町家の冷気積層型の上方開放空間」, 日本建築学会計画系論文報告集, No.408, pp.23-32, 1990.

027 T. Sasaki, N. Aratani, M. Hayashi: "Measurement of ventilation routes on

dwelling", Proc. Int. Conf. Room Vent'90 (Oslo), Session D1, pp.1-10, 1990. 6.
028 M. Enai, C. Y. Shaw, J. T. Reardon: "On the Multiple Tracer Gas Techniques for Measuring Interzonal Airflow in Buildings", ASHRAE Trans., 1990, V.96, AT-90-5-4 (3370), pp.1-10, 1990.
029 M. Enai, C. Y. Shaw, J. T. Reardon, R. J. Magee: "Multiple Tracer Gas Techniques for Measuring Interzonal Airflow for Three Interconnected Spaces", ASHRAE Trans., 1990, V.96, AT-90-5-2 (3369), pp.1-8, 1990.
030 絵内正道, 荒谷　登:「積雪寒冷地の透明天蓋空間」, 空気調和・衛生工学, 第64巻第11号, pp.11-15, 1990.
031 絵内正道, 荒谷　登, 久保田克己, 松村博文:「温度積層空間を上中下の3仮想室に分割した非定常熱解析手法と大規模吹き抜け空間への適用結果」, 日本建築学会計画系論文報告集, No.419, pp.21-29, 1991.
032 絵内正道, 荒谷　登, 池永徹博:「トレーサガス濃度法による上方開放空間の夏期の熱対流型自然換気の性状把握」, 空気調和・衛生工学会空気調和委員会・換気効率小委員会シンポジウム換気効率の評価法について:モデリング手法の動向と適用例, pp.43-48, 1992. 4.
033 T. Ikenaga, M. Enai, N. Aratani, Y. Imanishi: "On Characteristics of Ventilation by Thermal Convection in Summer in Case of High Side Openings Space Using Tracer Gas Techniques", International Symposium on Room Air Convection and Ventilation Effectiveness (University of Tokyo), pp.447-452, 1992. 7.
034 M. Enai, N. Aratani, C. Y. Shaw, J. T. Reardon: "Differential and Integral Method for Computing Interzonal Airflows Using Multiple Tracer Gases", International Symposium on Room Air Convection and Ventilation Effectiveness (University of Tokyo), pp.540-545, 1992. 7.
035 M. Enai, N. Aratani, K. Kubota, T. Ikenaga: "Passive Ventilation by Thermal Convection in Insulated Houses Using the Thermal Concepts of Traditional Japanese Houses in Summer", Indoor Air Quality, Ventilation and Energy Conservation 5th International Jacqes Cartier Conference (Montreal, Concordia University), pp.439-446, 1992. 10.
036 絵内正道, 荒谷　登, C.Y. Shaw:「多種トレーサガス法に基づく多数室換気量の算定 第1報:濃度変動の解析解と妥当な算定時刻への応用」, 空気調和・衛生工学会論文集, No.51, pp.15-27, 1993. 2.
037 T. Ikenaga, M. Enai, N. Aratani, Y. Imanishi: "Characteristics of Ventilation by Thermal Convection in Summer in a Space with High Side Openings", Room Air Convection and Ventilation Effectiveness, ASHRAE, pp.317-322, 1993.
038 M. Enai, N. Aratani, C. Y. Shaw, J. T. Reardon: "Differential and Integral Method for Computing Interzonal Airflows Using Multiple Tracer Gases", Room Air Convection and Ventilation Effectiveness, ASHRAE, pp.357-362, 1993.
039 M. Enai, N. Aratani, K. Kubota, T. Ikenaga: "Passive Ventilation by Thermal Convection in Insulated Houses Using the Thermal Concepts of Traditional Japanese Houses in Summer", The Journal of Indoor Air International, Indoor Environment 2 (5-6), pp.312-319, 1993.
040 M. Enai, T. Miyaji, N. Aratani, T. Ikenaga: "Study of Law of Similarity of Ventilation caused by Thermal Convection in Small Atrium Models, and Measurements of Total Ventilation Rates", Proceedings of the Cold Climate HVAC'94 Conference (Rovaniemi, Finland), pp.217-226, 1994.

041 絵内正道：「高断熱高気密住宅」, 日本建築学会環境工学委員会熱環境運営委員会第25回熱シンポジウム, pp.65-74, 1995. 9.
042 M. Enai, N. Aratani, M. Miyaura, A. Fukushima, Y. Honma: "A Feasibility Study on Passive Ventilation in Airtight Houses in Cold Region", 5th International Conference on Air Distribution in Rooms ROOMVENT'96 (YOKOHAMA), Vol.1, pp.21-27, 1996. 7.
043 M. Enai, N. Aratani, C. Y. Shaw, J. T. Reardon: "The Analytical Accuracy of Multiple Tracer Gas Techniques for Measuring Interzonal Airflows", 5th International Conference on Air Distribution in Rooms ROOMVENT'96 (YOKOHAMA), Vol.1, pp.69-75, 1996. 7.
044 M. Enai, T. Mori, S. Yamamoto, N. Aratani: "A Simplified Numerical Simulation for Estimating the Temperature Distribution in Atrium Spaces", INDOOR AIR' 96 the 7th International Conference on Indoor Air Quality and Climate (NAGOYA), Vol.2, pp.1051-1056, 1996. 7.
045 H. Kato, M. Enai: "Analysis of the Effects of Energy Saving Methods on the Thermal Environment inside an Atrium in a Temperate Region", The 14th International Conference on Passive and Low Energy Architecture, Proceeding Vol.3, pp.45-50, 1997. 1.
046 M. T. Sadeghian, N. Aratani, M. Enai: "A Simplified Cooling Calculation Method, and Air Conditioning Systems for Well-Insulated Buildings", The 14th International Conference on Passive and Low Energy Architecture, Proceeding Vol.3, pp.51-56, 1997. 1.
047 S. Yamamoto, M. Enai, N. Aratani: "Thermal Environment in an Atrium Space as an Institution for the Elderly in a Winter City", The 14th International Conference on Passive and Low Energy Architecture, Proceeding Vol.3, pp.91-96, 1997. 1.
048 T. Mori, M. Enai, N. Aratani: "On the Improvement of the Thermal and Daylight Environment in a Glass Covered Space by Using the Shield Cloths", The 14th International Conference on Passive and Low Energy Architecture, Proceeding Vol.3, pp.227-232, 1997. 1.
049 M. Enai, T.Yamamoto, N. Aratani: "A Heating / Cooling System for a Glass-Covered Space with Earthen Floor in Cold Region", Proceedings of MEGASTOCK'97, Vol.1, pp.407-412, 1997. 6.
050 福島 明, 宮浦睦明, 絵内正道, 土井 聡：「基礎断熱した床下空間を冷外気の予熱給気に利用した自然給気方式の実験的検討 その1：寒冷地のパッシブ換気に関する研究」, 日本建築学会計画系論文集, No.498, pp.51-56, 1997. 8.
051 M. Enai, M. Miyaura, A. Fukushima, N. Aratani: "A Feasibility Study on a Passive Ventilation System for Detached Houses in a Cold Region", 4th JAPPAN / CANADA Housing R&D Workshop Proceedings, pp.7-12, 1997. 11.
052 森 太郎, 絵内正道, 荒谷 登：「遮光布によるグラスカバードスペースの光・熱環境調整効果の検討」, 日本建築学会技術報告集, 第5号, pp.163-167, 1997. 12.
053 林 基哉, 山田裕巳, 絵内正道：「寒地住宅の煙突効果を活かした集中換気システムの換気特性：天井チャンバーを用いた給気システムの可能性の検討」, 日本建築学会計画系論文集, No.504, pp.47-54, 1998. 2.
054 絵内正道, 前田英彦, 森 太郎, 荒谷 登, 川口泰文：「冷却流水面による大規模吹き抜け空間の調湿・除湿第1報」, 空気調和・衛生工学会論文集, No 72, pp.49-58, 1999. 1.
055 絵内正道, Chia-Yu Shaw, James T. Reardon, 荒谷 登, 梶井浩史, 福島史幸：「多

種トレーサガス法に基づく多数室換気量の算定 第2報：妥当な換気量を得るためのガス供給法と算定法の課題」，空気調和・衛生工学会論文集，No.72, pp.117-127, 1999. 1.
056 森 太郎, 絵内正道：「重力に平衡した自由浮遊バグによる気流動の可視化」，日本建築学会技術報告集，第7号, pp.87-92, 1999. 2.
057 久保田克巳, 絵内正道, 荒谷 登：「積雪寒冷地における透明天蓋空間の温度環境計画」，日本建築学会技術報告集，第7号, pp.99-104, 1999. 2.
058 T. Sasaki, M. Hayashi, M. Enai, Y. Hirokawa: "Performance of Passive Stack Ventilation with Heat Recovery System", Proceedings of Indoor Air'99 Vol.4, pp.334-339, 1999. 8.
059 M. Hayashi, M. Enai, Y. Hirokawa, M. Yamashita: "Design of Ventilation Routes and Indoor Air Quality in Houses Using a Passive Ventilation System", Proceedings of Indoor Air'99 Vol.4, pp.855-860, 1999. 8.
060 M. Enai, T. Sawachi, K. Shimada, H. Seto, F. Fukushima: "Evaluation of Multiple Tracer Gas Techniques in an Actual Sized Test House with Known Airflow Rates", Proceedings of 5th CANADA / JAPPAN Housing R&D Workshop, 1999. 8.
061 M. Hayashi, M. Enai, Y. Hirokawa: "Simulation of Ventilation and Indoor Air Quality in Houses Using Average Japanese Daily Schedule", Proceedings of Building Simulation'99 Vol.2, pp.815-822, 1999. 9.
062 S. Nishizawa, M. Enai, T. Yuasa: "Thermal Environment of the House with a Moisture-absorbent Type Dehumidifier in Summer", Proceedings of Building Simulation'99 Vol.2, pp.955-960, 1999. 9.
063 M. Enai, Y. Kawaguchi, S. Nishizawa, H. Maeda: "Control of the Humidity and Temperature in an Atrium by Cooling the Surface of a Pond in the Atrium", Proceedings of Building Simulation'99 Vol.2, pp.961-966, 1999. 9.
064 絵内正道, 梶井浩史, 福島史幸, 福島 明, 荒谷 登：「多種トレーサガス法に基づく多数室換気量の算定 第3報：熱対流型換気時の測定対象空間のモデル化と外気侵入量」，空気調和・衛生工学会論文集，No.75, pp.59-69, 1999. 10.
065 林 基哉, 絵内正道, 山田裕巳：「煙突自然換気の年間特性と換気量制御法」，日本建築学会計画系論文集，No.529, pp.39-46, 2000. 3.
066 絵内正道：「寒冷地における環境共生建築」，エネルギー・資源，Vol.21, No.3, pp.18-22, 2000. 5.
067 福島 明, 絵内正道, 宮浦睦明, 本間義規：「基礎断熱した床下空間を利用したパッシブ換気・暖房方式の実住宅への適用：寒冷地のパッシブ換気に関する研究 その2」，日本建築学会計画系論文集，No.532, pp.51-56, 2000. 6.
068 絵内正道, 羽山広文, 福島 明：「地球環境時代におけるパッシブ省エネルギー手法の意義とその展開」，空気調和・衛生工学，第74巻第9号, pp.3-7, 2000. 9.
069 T. Mori, Y. Sasaki, M. Sugawara, M. Enai, H. Hayama: "Improvement to the thermal environment in a glass-covered space by using shield cloths", Proceedings of Cold Climate HVAC 2000, The 3rd International Conference, pp.105-110, 2000. 11.
070 H. Hayama, H. Tanbo, T. Mori, M. Enai, K. Bogaki: "Energy Consumption of Office Buildings in Hokkaido Area", Cold Climate HVAC 2000, pp.111-116, 2000. 11.
071 M. Enai, K. Shimada, F. Fukushima, N. Aratani, K. Bogaki: "Evaluation of a Ventilation System for a Low-Energy House", Proceedings of Cold Climate HVAC 2000, The 3rd International Conference, pp.229-236, 2000. 11.
072 M. Hayashi, M. Enai, T. Sasaki, Y. Hirokawa, H. Yamada: "Annual Characteristics of Hybrid Ventilation with Heat Recovery", Proceedings of Cold Climate HVAC

2000, The 3rd International Conference, pp.287-292, 2000. 11.
073 K. Tatematsu, H.Hayama, T. Mori, M. Enai, M. Kishita: "Passive Cooling for High Heat Density Equipment Rooms", Proceedings of Cold Climate HVAC 2000, The 3rd International Conference, pp.311-314, 2000. 11.
074 T. Shimizu, H. Hayama, T. Mori, M. Enai, M. Komatsu: "New Air - Conditioning System with Cooling Coils for Natural Convection", Cold Climate HVAC 2000, pp.315-320, 2000. 11.
075 S. Nishizawa, M. Enai, K. Shimada, F. Fukushima: "Techniques for Sampling and Dosing of Tracer Gas for the Measurement of Uniform or Uneven Gas Concentrations", Proceedings of Cold Climate HVAC 2000, The 3rd International Conference, pp.321-324, 2000. 11.
076 T. Konishi, T. Mori, M. Enai, H. Hayama: "Visualization of Air Currents in a Large Space by the Use of Free-Floating Balloons", Proceedings of Cold Climate HVAC 2000, The 3rd International Conference, pp.325-330, 2000. 11.
077 絵内正道, 澤地孝男, 島田 潔, 福島史幸, 瀬戸裕直：「換気量既知の試験住宅を用いた多種トレーサーガス法の検証」, 日本建築学会計画系論文集, No.537, pp.49-56, 2000. 11.
078 絵内正道, 島田 潔, 福島史幸, 荒谷 登：「多種トレーサガス法に基づく多数室換気量の算定 第4報：ローエネルギーハウスに適用したパッシブ換気システムの評価」, 空気調和・衛生工学会論文集, No.80, pp.19-26, 2001. 1.
079 森 太郎, 小西崇永, 絵内正道, 羽山広文：「重力に平衡した自由浮遊バグによる気流動の可視化 その2：バグの移動速度検定と自動追跡手法の開発」, 日本建築学会技術報告集, 第13号, pp.125-130, 2001. 7.
080 本間義規, 絵内正道, 福島 明, 鈴木大隆：「居室・外気からの空気移動が基礎断熱した床下温湿度環境に与える影響」, 日本建築学会計画系論文集, No.548, pp.23-30, 2001. 10.
081 M. Hayashi, M. Enai, Y. Hirokawa: "Annual characteristics of ventilation and indoor air quality in detached houses using a simulation method with Japanese daily schedule model", Building and Environment 36, pp.721-731, 2001. 6.
082 西澤繁毅, 絵内正道, 羽山広文, 森 太郎：「有効混合容積を指標とした通風空間の換気特性について」, 日本建築学会技術報告集, 第14号, pp.165-170, 2001. 12.
083 福島 明, 鎌田紀彦, 本間義規, 絵内正道, 西田和宏：「床下空間を利用した空気循環型暖房システムの開発と適用」, 日本建築学会技術報告集, 第14号, pp.177-180, 2001. 12.
084 西澤繁毅, 絵内正道, 羽山広文, 森 太郎：「パルス法による通風輪道の同定とその検討」, 日本建築学会技術報告集, 第15号, pp.155-160, 2002. 6.
085 T. Mori, T. Konishi, S. Ikenaga, M. Enai: "Development of a Measurement for Air Current by the Use of Balloons for Gravity Free", Proceedings of Indoor Air 2002, pp.326-331, 2002. 6.
086 大橋正知, 繪内正道, 本間義規, 羽山広文, 森 太郎：「含浸珪藻土粒を用いた吸放湿除湿・熱交換器換気装置の開発：稚内層珪質頁岩を用いた含浸珪藻土粒の生成とその吸放湿性能」, 日本建築学会計画系論文集, No.565, pp.25-31, 2003. 3.
087 繪内正道, 森 太郎, 川口泰文, 羽山広文：「冷却流水面による大規模吹抜け空間の調湿・除湿 第2報：小型模型空間を用いた流下水面の凝縮・蒸発量の実験結果」, 空気調和・衛生工学会論文集, pp.37-43, No.89, 2003. 4.
088 森 太郎, 酒井義幸, 菅原正則, 絵内正道, 羽山広文：「遮光布によるアトリウム空間の光・熱環境調整法に関する研究 その1：遮光布を設置したアトリウムの室内環境実測

調査」, 日本建築学会環境系論文集, 第568号, pp.119-125, 2003. 6.
089 絵内正道, 吉原美保子, 羽山広文, 森 太郎, 田村佳愛:「北海道を事例にしたClimate Severity Indexと主成分分析結果の比較」, 日本建築学会環境系論文集, 第568号, pp.103-110, 2003. 6.
090 絵内正道, 大橋正知, 荒谷 登, 羽山広文, 森 太郎:「塩化カルシウム含浸珪藻土粒を用いた吸放湿型除湿・熱交換換気装置の開発とその性能把握」, 日本建築学会技術報告集, 第17号, pp.243-246, 2003. 6.
091 S. Nishizawa, M. Enai, H. Hayama, T. Mori: "The index to evaluate the spaces with unevenness in consideration of time scale", The 7th International Symposium on Ventilation for Contaminant Control, pp.97-102, 2003. 8.
092 M. Enai, T. Mori, H. Maeda, Y. Kawaguchi, E. Yamamoto, S. Aida: "Control of Humid Condition in a Large Well Space by the Cool Running Water", The 7 International Symposium on Ventilation for Contaminant Control, pp.109-114, 2003. 8.
093 H. Hayama, M. Enai, T. Mori, M. Kishita: "An Energy-efficient Air Conditioning System for Computer Room", The 7th International Symposium on Ventilation for Contaminant Control, pp.133-138, 2003. 8.
094 M. Norota, H. Hayama, M. Enai, T. Mori, M. Kishita: "Research on Efficiency of Air Conditioning System for Data-center", The 7th International Symposium on Ventilation for Contaminant Control, pp.139-144, 2003. 8.
095 Y. Anami, H. Hayama, M. Enai, T. Mori: "Air-Conditioning System Using an Ice Shelter", The 7th International Symposium on Ventilation for Contaminant Control, pp.167-172, 2003. 8.
096 Y. Furihata, H. Hayama, M. Enai, T. Mori: "Efficient Cooling System for IT Equipment in a Data Center" IEICE / IEEE INTELEC'03, pp.152-159, 2003. 10.
097 M. Norota, H. Hayama, M. Enai, T. Mori, M. Kishita: "Research on Efficiency of Air Conditioning System for Data-center" IEICE / IEEE INTELEC'03, pp.147-151, 2003. 10.
098 H. Hayama, M. Enai, T. Mori, M. Kishita: "Planning of Air-conditioning and Circulation Systems for Data Center" IEICE / IEEE INTELEC'03, pp. 140-146, 2003. 10.
099 M. Enai N. Pressman, A. Luttgen, M. Zheng, J. Heikkinen: "Schoolchildren's Adaptation to Winter in Cold Climates", Anchorage Winter Cities 2004, Social & Cultural, CR-ROM, 2004. 2.
100 西澤繁毅, 繪内正道, 羽山広文, 森 太郎:「流れの時間スケールを考慮した換気・通風空間のむらの評価指標とマクロモデルへの展開」, 日本建築学会環境系論文集, 第576号, pp.29-36, 2004. 2.
101 佐藤彰治, 絵内正道, 横平 昭:「濃霧発生地域におけるサンルーム付き住宅の有効性について その1:温湿度性状に及ぼす夏の濃霧と冬の多日射の影響」日本建築学会環境系論文集, 第581号, pp.15-20, 2004. 7.

II:学術講演論文, 解説・評論(雑誌)論文
102 荒谷 登, 佐々木紀一, 絵内正道:「無冷房建物の熱環境変動因子の解析」, 日本建築学会北海道支部研究発表会論文集, No.30, pp.109-112, 1968. 3.
103 荒谷 登, 佐々木紀一, 絵内正道:「室温変動の逐次解法 その1:換気及び隣室温が変動する場合」, 日本建築学会大会学術講演梗概集(中国), pp.223-224, 1968. 10.
104 荒谷 登, 佐々木紀一, 絵内正道:「室温変動の逐次解法 その2:熱伝達が変化する

場合」, 日本建築学会大会学術講演梗概集(中国), pp.225-226, 1968. 10.
105 荒谷　登, 絵内正道, 山田幹彦：「日射と外気温変動を考慮した暖房負荷の解析」, 日本建築学会北海道支部研究発表会論文集, No.32, pp.143-146, 1969. 3.
106 本間　宏, 伊与田　温：「CO_2連続発生による換気量測定法について」, 日本建築学会大会学術講演梗概集(関東), pp.35-36, 1970. 9.
107 堀江悟郎, 荒谷　登, 絵内正道：「室内熱対流の解析について(換気のない場合) その1：Relaxation methodによる数値解析法」, 日本建築学会北海道支部研究発表論文集, No.35, pp.113-116, 1971. 3.
108 堀江悟郎, 荒谷　登, 絵内正道, 前川公美夫：「室内熱対流の解析について(換気のない場合) その2：2, 3の実測と数値解析結果」, 日本建築学会北海道支部研究発表論文集, No.35, pp.117-120, 1971. 3.
109 伊与田　温, 荒谷　登, 本間　宏：「炭酸ガス連続発生による換気量測定法について その2：多数室への応用」, 日本建築学会北海道支部研究発表論文集, No.35, pp.125-128, 1971. 3.
110 宮下園子, 荒谷　登, 絵内正道：「夜間換気の室温冷却効果についての計算例」, 日本建築学会北海道支部研究発表論文集, No.35, pp.129-132, 1971. 3.
111 伊与田　温, 本間　宏, 荒谷　登：「炭酸ガス連続発生による換気量測定法について その3：多数室への応用」, 日本建築学会大会学術講演梗概集(近畿), pp.109-110, 1971. 11.
112 絵内正道, 荒谷　登：「室内熱対流の解析について その3：境界層を考慮した場合」, 空気調和・衛生工学会北海道支部研究発表会前刷り集, No.6, pp.31-32, 1972. 1.
113 絵内正道, 荒谷　登：「室内熱対流の解析について その4：模型箱の熱対流の実測」, 日本建築学会北海道支部研究発表論文集, No.38, pp.59-62, 1972. 9.
114 絵内正道, 荒谷　登：「室内熱対流の解析について その5：模型箱の実測をもとにした数値解析」, 日本建築学会北海道支部研究発表論文集, No.38, pp.63-66, 1972. 9.
115 荒谷　登, 斎藤純司：「2種ガス(炭酸ガス, プロパンガス)連続発生による多数室建物の換気量測定法について その1：基礎実験」, 日本建築学会大会学術講演梗概集(九州), pp.307-308, 1972. 10.
116 絵内正道, 荒谷　登：「室内熱対流解析のための基礎的検討(模型実測と数値解析)」, 日本建築学会大会学術講演梗概集(九州), pp.407-408, 1972. 10.
117 絵内正道, 荒谷　登：「壁近傍流れの境界条件設定について」, 空気調和・衛生工学会北海道支部研究発表会前刷り集, No.7, pp.9-10, 1973. 1.
118 斎藤純司, 荒谷　登：「アパート住戸の換気量実測例」, 日本建築学会北海道支部研究発表論文集, No.39, pp.129-132, 1973. 3.
119 荒谷　登, 斎藤純司：「2種ガス(炭酸ガス, プロパンガス)連続発生による多数室建物の換気量測定法について その2：多数室測定例」, 日本建築学会大会学術講演梗概集(東北), pp.233-234, 1973. 10.
120 絵内正道, 荒谷　登：「室内熱対流の解析について その6：上下温度算定のための便法」, 空気調和・衛生工学会北海道支部第8回学術講演会論文集, pp.5-6, 1974. 1.
121 横山幸弘, 絵内正道, 荒谷　登：「実大模型による室内熱対流の視観測結果について」, 空気調和・衛生工学会北海道支部第9回学術講演会論文集, pp.11-12, 1975. 1.
122 佐々木　隆, 荒谷　登：「冬期の住居におけるCO_2濃度変動性状と換気量」, 日本建築学会北海道支部研究報告集, No.42, pp.143-146, 1975. 3.
123 絵内正道, 荒谷　登, 佐々木　隆：「室内熱対流解析のための基礎的検討 その2」, 日本建築学会大会学術講演梗概集(関東), pp.267-268, 1975. 10.
124 佐々木　隆, 荒谷　登：「居住状態におけるCO_2濃度変動と換気量について」, 日本

建築学会大会学術講演梗概集, pp.255-256, 1975. 10.
125　篠原繁則, 絵内正道, 荒谷　登, 福島　明:「実大模型室による上下温度差の検討と改善の方策」, 日本建築学会北海道支部研究報告集, No.45, pp.237-240, 1976. 3.
126　佐々木　隆, 荒谷　登:「換気経路と汚染物質の拡散の室内環境への影響に関する基礎的研究：トレーサーガスのインパルス応答による換気系の線形性の検討」, 日本建築学会北海道支部研究報告集, No.45, pp.245-248, 1976. 3.
127　佐々木　隆, 荒谷　登:「室内の換気効果把握のための基礎的検討」, 日本建築学会北海道支部研究報告集, No.45, pp.163-166, 1976. 3.
128　絵内正道, 佐々木　隆, 荒谷　登:「熱対流解析のための基礎的検討　その3」, 日本建築学会北海道支部研究報告集, No.46, pp.171-174, 1976. 9.
129　絵内正道, 佐々木　隆, 荒谷　登:「熱対流解析のための基礎的検討　その4」, 日本建築学会北海道支部研究報告集, No.46, pp.175-178, 1976. 9.
130　佐々木　隆, 荒谷　登:「換気経路と汚染物質の拡散の室内環境への影響に関する基礎的研究：局所空間の換気効果の評価方法の検討」, 日本建築学会北海道支部研究報告集, No.46, pp.245-248, 1976. 9.
131　大野伸一, 荒谷　登, 絵内正道, 篠原繁則:「居室内における上下温度分布の検討と改善の方策：実大模型実験と実家屋の温度実測」, 日本建築学会大会学術講演梗概集(東海), pp.343-344, 1976. 10.
132　佐々木　隆, 荒谷　登, 福島　明:「室内空間の換気拡散に関する研究：局所空間の濃度むらと隙間の関係」, 日本建築学会北海道支部研究報告集, No.47, pp.229-232, 1977. 3.
133　荒谷　登, 絵内正道, 佐々木　隆, 福島　明:「試験住宅の計画と熱環境測定結果　その1：換気とその経路」, 日本建築学会北海道支部研究報告集, No.48, pp.103-106, 1977. 8.
134　荒谷　登, 絵内正道, 佐々木　隆, 福島　明:「試験住宅の計画と熱環境測定結果　その2：温度と気流の分布」, 日本建築学会北海道支部研究報告集, No.48, pp.107-110, 1977. 8.
135　佐々木　隆, 荒谷　登:「トレーサーガスを用いた実験的な検討」, 日本建築学会大会学術講演梗概集, pp.209-210, 1977. 10.
136　絵内正道, 荒谷　登, 佐々木　隆:「室内気流の数値計算結果と実測の比較について」, 日本建築学会大会学術講演梗概集(中国), pp.423-424, 1977. 10.
137　荒谷　登, 絵内正道, 佐々木　隆, 福島　明:「断熱試験住宅の空気循環性状について　その1」, 日本建築学会大会学術講演梗概集(中国), pp.425-426, 1977. 10.
138　山田幸一, 絵内正道, 荒谷　登:「熱対流解析のための基礎的検討　その5：壁近傍流れの乱れ性状」, 日本建築学会北海道支部研究報告集, No.49, pp.231-234, 1978. 3.
139　佐々木　隆, 荒谷　登:「或る換気経路測定法について」, 日本建築学会大会学術講演梗概集(北海道), pp.251-252, 1978. 10.
140　鍋島　晟, 荒谷　登, 繪内正道, 西　安信, 進藤芳英:「既存住宅の断熱改修効果　その1：断熱改修の概要と熱特性」, 日本建築学会大会学術講演梗概集(北海道), pp.541-542, 1978. 10.
141　進藤芳英, 荒谷　登, 繪内正道, 西　安信, 鍋島　晟:「既存住宅の断熱改修効果　その2：天井断熱の場合」, 日本建築学会大会学術講演梗概集(北海道), pp.543-544, 1978. 10.
142　繪内正道, 荒谷　登, 鍋島　晟:「既存住宅の断熱改修効果　その3：全面的な外断熱改修の場合」, 日本建築学会大会学術講演梗概集(北海道), pp.545-546, 1978. 10.
143　繪内正道, 荒谷　登:「熱対流解析のための基礎的検討」, 日本建築学会北海道支部研究

究報告集, No.50, pp.239-242, 1979. 3.
144　佐々木　隆, 荒谷　登, 升野正実:「多数室建物の換気経路測定法に関する基礎実験結果」, 日本建築学会北海道支部研究報告集, No.50, pp.251-254, 1979. 3.
145　絵内正道, 荒谷　登:「熱対流空間における温度変動情報にもとづいた乱れ規模の推定」, 日本建築学会大会学術講演梗概集(関東), pp.303-304, 1979. 9.
146　佐々木　隆, 荒谷　登:「住居の断熱改修について　その2：換気経路の測定結果」, 日本建築学会大会学術講演梗概集(関東), pp.295-296, 1979. 9.
147　佐々木　隆, 荒谷　登:「気密化住宅の計画」, 日本建築学会北海道支部研究報告集, No.52, pp.203-206, 1980. 3.
148　絵内正道, 奈良謙伸:「窓面の下降冷気流処理に関する考察」, 日本建築学会北海道支部研究報告集, No.52, pp.219-222, 1980. 3.
149　羽山広文, 絵内正道, 荒谷　登:「窓面中空層の熱性状に関する研究　その1」, 日本建築学会北海道支部研究報告集, No.52, pp.223-226, 1980. 3.
150　白鳥泰宏, 絵内正道, 荒谷　登:「室温変動時の室内対流熱伝達の動静　その1：実大模型室における間欠暖房時の対流熱伝達」, 日本建築学会北海道支部研究報告集, No.52, pp.227-230, 1980. 3.
151　白鳥泰宏, 絵内正道, 荒谷　登:「実大模型室における間欠暖房時の対流熱伝達」, 日本建築学会大会学術講演梗概集(近畿), pp.565-566, 1980. 9.
152　佐々木　隆, 荒谷　登:「断熱気密住居の換気・熱性状」, 日本建築学会大会学術講演梗概集(近畿), pp.581-582, 1980. 9.
153　絵内正道:「床面への冷下降流に対する窓下腰壁高さの影響について」, 日本建築学会大会学術講演梗概集(近畿), pp.583-584, 1980. 9.
154　佐々木　隆, 荒谷　登, 伴　博之:「換気回数測定値と換気量の関係について」, 日本建築学会北海道支部研究報告集, No.54, pp.33-36, 1981. 3.
155　白鳥泰宏, 絵内正道, 荒谷　登:「熱伝達を変数とした熱環境解析　その1：自然対流時及び強制対流時の室内対流熱伝達率」, 日本建築学会北海道支部研究報告集, No.54, pp.41-44, 1981. 3.
156　絵内正道, 白鳥泰宏, 荒谷　登:「熱伝達を変数とした熱環境解析　その2：非定常数値解析への適用結果」, 日本建築学会北海道支部研究報告集, No.54, pp.45-48, 1981. 3.
157　絵内正道:「窓のコールドドラフト」, IBEC, Vol.2-3, 1981. 8.
158　佐々木　隆, 荒谷　登:「多数室空間の総換気回数測定について」, 日本建築学会大会学術講演梗概集(九州), pp.297-298, 1981. 10.
159　羽山広文, 絵内正道, 荒谷　登:「窓面中空層の熱性状に関する研究　その2：気密垂直中空層の熱伝達性状について」, 日本建築学会大会学術講演梗概集(九州), pp.699-700, 1981. 9.
160　倉田雅史, 羽山広文, 絵内正道, 荒谷　登:「窓面中空層の熱性状に関する研究　その3：気密垂直空気層の計算解析結果について」, 日本建築学会大会学術講演梗概集(九州), pp.701-702, 1981. 9.
161　絵内正道, 白鳥泰宏, 荒谷　登:「熱伝達率を変数とした熱環境解析　その3：人体発熱を対流と輻射に分離した影響」, 日本建築学会大会学術講演梗概集(九州), pp.731-732, 1981. 9.
162　佐々木　隆, 荒谷　登:「多層窓中空層の風の乱れによる換気性状」, 日本建築学会北海道支部研究報告集, No.55, pp.41-44, 1982. 3.
163　荒谷　登, 絵内正道, 佐々木　隆, 石田秀樹, 倉田雅史:「開放系住居の夏の環境特性：町家の冷気滞留型の開放」, 日本建築学会北海道支部研究報告集, No.55, pp.65-68, 1982. 3.

164 山本英雄, 斉藤 貢, 絵内正道:「温度むらのある閉鎖及び半開放空間模型の熱対流性状と換気性状」, 日本建築学会北海道支部研究報告集, No.55, pp.69-72, 1982. 3.
165 倉田雅史, 絵内正道, 荒谷 登:「気流の温度変動に基づく壁近傍の乱れ規模の推定」, 日本建築学会北海道支部研究報告集, No.55, pp.73-76, 1982. 3.
166 倉田雅史, 絵内正道:「2方程式モデルによる室内の熱対流解析結果」, 日本建築学会北海道支部研究報告集, No.55, pp.77-80, 1982. 3.
167 佐々木 隆, 荒谷 登:「多層窓中空層の換気性状について」, 日本建築学会大会学術講演概集, pp.363-364, 1982. 10.
168 倉田雅史, 絵内正道:「室内気流の数値解析のための壁近傍境界条件の簡易設定について」, 日本建築学会大会学術講演梗概集(東北), pp.301-302, 1982. 10.
169 荒谷 登, 絵内正道:「熱コンダクタンスを室内温熱環境指標とするための中空発熱円筒の試作」, 日本建築学会北海道支部研究報告集, No.56, pp.13-16, 1983. 3.
170 佐々木 隆, 荒谷 登, 竹部 貢:「建物の夏季自然換気量測定のための基礎的検討」, 日本建築学会北海道支部研究報告集, No.56, pp.53-56, 1983. 3.
171 絵内正道, 佐々木 隆, 登坂三夫:「排煙筒排熱からの熱回収」, 空気調和・衛生工学会北海道支部第17回学術講演論文集, pp.25-26, 1983. 3.
172 荒谷 登, 絵内正道:「温度むらの少ない暖房空間における発熱中空円筒の熱コンダクタンスの分布について」, 日本建築学会大会学術講演梗概集(北陸), pp.301-302, 1983. 9.
173 佐々木 隆, 林 基哉, 荒谷 登:「窓の風圧変動時の隙間通気抵抗と通気量の関係:風力による建物の自然換気に関する研究 その1」, 日本建築学会大会学術講演梗概集(北陸), pp.451-452, 1983. 9.
174 絵内正道:「排煙筒排熱からの熱回収」, 建築設備と配管工事, 276. Vol.22. No.3, pp.75-80, 1984. 3.
175 絵内正道, 倉田雅史, 荒谷 登:「半開放冷房空間の熱対流換気 その1:基本式と境界条件」, 日本建築学会北海道支部研究報告集, No.57, pp.93-96, 1984. 3.
176 林 基哉, 佐々木 隆, 荒谷 登:「圧力変動時における隙間通気抵抗の性質:風力による建物の自然換気に関する研究 その2」, 日本建築学会北海道支部研究報告集, No.57, pp.97-100, 1984. 3.
177 佐々木 隆, 林 基哉, 荒谷 登:「風圧変動による窓ガラスの撓みの中空層換気への影響:風力による建物の自然換気に関する研究 その3」, 日本建築学会北海道支部研究報告集, No.57, pp.101-104, 1984. 3.
178 松村博文, 荒谷 登, 絵内正道:「低落差冷房空間の気流性状:温度,気流,熱コンダクタンス等の比較検討」, 日本建築学会北海道支部研究報告集, No.57, pp.89-92, 1984. 3.
179 林 基哉, 佐々木 隆, 荒谷 登:「壁面風圧変動時の窓中空層換気:風力による建物の自然換気に関する研究 その4」, 日本建築学会大会学術講演梗概集(関東), pp.307-308, 1984. 10.
180 佐々木 隆, 林 基哉, 荒谷 登:「風圧変動による窓中空層の結露防止:風力による建物の自然換気に関する研究 その5」, 日本建築学会大会学術講演梗概集(関東), pp.309-310, 1984. 10.
181 松村博文, 荒谷 登, 絵内正道:「開口を持つ低落差冷房空間の冷気流性状:温度,気流,熱コンダクタンス分布について」, 日本建築学会大会学術講演梗概集(関東), pp.961-962, 1984. 10.
182 荒谷 登, 絵内正道, 久保田克己:「開放床冷房による夏の熱環境の改善について その1:模型箱による温度分布・換気性状について」, 空気調和・衛生工学会北海道支部第19回学術講演論文集, pp.31-32, 1985. 3.

183 佐々木　隆, 荒谷　登：「北海道における各種工法住宅の気密性能の現状について」, 日本建築学会北海道支部研究報告集, No.58, pp.9-12, 1985. 3.
184 荒谷　登, 久保田克己, 絵内正道：「伝統的町家住居の夏の熱環境特性とその断熱住居への応用　その1：京都町家の夏の熱環境の実測とその検討」, 日本建築学会北海道支部研究報告集, No.58, pp.17-20, 1985. 3.
185 荒谷　登, 松村博文, 絵内正道：「伝統的町家住居の夏の熱環境特性とその断熱住居への応用　その2：断熱住居の夏の熱環境」, 日本建築学会北海道支部研究報告集, No.58, pp.21-24, 1985. 3.
186 林　基哉, 佐々木　隆, 荒谷　登：「ガラス板の振動を考慮した窓中空層の換気基本特性：風力による建物の自然換気に関する研究　その6」, 日本建築学会北海道支部研究報告集, No.58, pp.69-72, 1985. 3.
187 佐々木　隆, 林　基哉, 荒谷　登：「ガラス板の振動を考慮した風力による窓中空層の結露防止：風力による建物の自然換気に関する研究　その7」, 日本建築学会北海道支部研究報告集, No.58, pp.73-76, 1985. 3.
188 林　基哉, 佐々木　隆, 荒谷　登：「圧力変動時の一開口及び二開口空間の換気基本特性：風力による建物の自然換気に関する研究　その8」, 日本建築学会北海道支部研究報告集, No.58, pp.77-80, 1985. 3.
189 絵内正道：「建物の外断熱と熱環境」, 北海道建築指導センター・センターリポート, 通巻第35号, pp.2-7, 1985. 6.
190 林　基哉, 佐々木　隆, 荒谷　登：「風力換気計算における風圧変動の影響：風力による建物の自然換気に関する研究　その9」, 日本建築学会大会学術講演梗概集(東海), pp.367-368, 1985. 10.
191 佐々木　隆, 荒谷　登：「北海道における住宅の気密性の現状について」, 日本建築学会大会学術講演梗概集(東海), pp.411-412, 1985. 10.
192 久保田克己, 荒谷　登, 絵内正道, 榊原秀幸, 松村博文：「開放系住居の夏の温度環境：上下温度と放射環境」, 日本建築学会大会学術講演梗概集(東海), pp.755-756, 1985. 10.
193 松村博文, 荒谷　登, 絵内正道：「閉鎖系住居の温度環境特性：夏期の上方開放と地盤冷却」, 日本建築学会大会学術講演梗概集(東海), pp.771-772, 1985. 10.
194 赤川　勉, 佐々木　隆, 荒谷　登：「呼吸型熱交換換気装置の性能分析(その1)」, 空気調和・衛生工学会北海道支部第20回学術講演論文集, pp.55-56, 1986. 3.
195 荒谷　登, 絵内正道, 松村博文, 加賀田勝洋：「開放冷房の可能性に関する研究　その1：温冷気の対流を伴う一面開放空間の気流性状」, 空気調和・衛生工学会北海道支部第20回学術講演論文集, pp.37-38, 1986. 3.
196 赤木一郎, 荒谷　登, 佐々木　隆, 林　基哉, 芥川郁夫：「鉄骨造による高気密住宅の計画：寒地住宅の換気に関する研究　その1」, 日本建築学会北海道支部研究報告集, No.59, pp.9-12, 1986. 3.
197 松村博文, 荒谷　登, 絵内正道：「冷気積層を伴う開放空間の熱性状に関する研究」, 日本建築学会北海道支部研究報告集, No.59, pp.85-88, 1986. 3.
198 田沢文朗, 絵内正道, 久保田克己：「排気塔を有する半地下室付き住宅の熱環境実測結果：夏の通気特性及び冬の燃料消費量実績について」, 日本建築学会北海道支部研究報告集, No.59, pp.89-92, 1986. 3.
199 橋本直樹, 佐々木　隆, 林　基哉, 荒谷　登：「トラップ型隙間の圧力変動時の通気特性：風力による建物の自然換気に関する研究　その10」, 日本建築学会北海道支部研究報告集, No.59, pp.129-132, 1986. 3.
200 林　基哉, 佐々木　隆, 荒谷　登：「模型空間による風圧変動を考慮した換気計算法

の実証:風力による建物の自然換気に関する研究 その11」,日本建築学会北海道支部研究報告集, No.59, pp.133-136, 1986. 3.
201 林 基哉, 佐々木 隆, 荒谷 登:「実建物による風圧変動を考慮した換気計算法の実証:風力による建物の自然換気に関する研究 その12」,日本建築学会大会学術講演梗概集(北海道), pp.321-322, 1986. 8.
202 橋本直樹, 荒谷 登, 佐々木 隆, 林 基哉, 赤木一郎, 高井健滋:「濃度応答による大空間の換気量測定に関する検討:寒地住宅の換気に関する研究 その2」,日本建築学会大会学術講演梗概集(北海道), pp.339-340, 1986. 8.
203 佐々木 隆, 荒谷 登, 林 基哉, 橋本直樹, 赤木一郎, 高井健滋:「集中換気装置運転時の換気経路の検討:寒地住宅の換気に関する研究 その3」,日本建築学会大会梗概集(北海道), pp.341-342, 1986. 8.
204 川口健一, 荒谷 登, 佐々木 隆, 林 基哉, 赤木一郎, 安藤研治, 星川邦彦, 高井健滋:「パネルラジエターによるダウンドラフト防止効果についての基礎的検討:外断熱鉄骨造住宅の温熱特性に関する研究 その5」,日本建築学会大会学術講演梗概集(北海道), pp.753-754, 1986. 8.
205 松村博文, 荒谷 登, 絵内正道:「冷気積層を伴う上下開放空間の熱性状模型空間による換気性状と発熱円筒の上昇気流の観察」,日本建築学会大会学術講演梗概集(北海道), pp.867-868, 1986. 8.
206 絵内正道, 橋本直樹:「開放冷房の可能性の研究 その2:上下温度分布を考慮した熱負荷解析」,空気調和・衛生工学会北海道支部第21回学術講演論文集, pp.15-18, 1987. 3.
207 佐々木 隆, 橋本直樹, 荒谷 登, 芥川郁夫:「開放系住居の夏の環境特性 その3:町家空間の気流の乱れ性状について」,日本建築学会北海道支部研究報告集, No.60, pp.9-12, 1987. 3.
208 河野光治, 絵内正道, 久保田克己, 荒谷 登:「冷気積層を伴う開放空間の熱性状に関する研究 その2:レーザー光による緩速気流の可視化と上方開放空間の気流性状の把握」,日本建築学会北海道支部研究報告集, No.60, pp.17-20, 1987. 3.
209 久保田克己, 絵内正道, 荒谷 登:「体育館の熱環境とその改善に関する研究 その3:上下温度分布を考慮した数値解析による開放と断熱の効果の検討」,日本建築学会大会学術講演梗概集(近畿), pp.737-738, 1987. 10.
210 絵内正道, 久保田克己, 荒谷 登:「冷気積層を伴う上方開放空間の気流性状」,日本建築学会大会学術講演梗概集(近畿), pp.741-742, 1987. 10.
211 荒谷 登, 絵内正道, 佐々木 隆, 石田秀樹:「上方開放型町家住居の夏の環境特性 その1:伝統とその継承」,日本建築学会大会学術講演梗概集(近畿), pp.741-742, 1987. 10.
212 林 基哉, 荒谷 登, 佐々木 隆, 赤木一郎, 芥川郁雄:「室内気流性状の簡易可視化方法に関する基礎的検討:外断熱鉄骨造住宅の温熱特性に関する研究 その8」,日本建築学会大会学術講演梗概集(近畿), pp.751-752, 1987. 10.
213 赤木一郎, 荒谷 登, 佐々木 隆, 林 基哉, 芥川郁雄:「冬期暖房時におけるダウンドラフトの性状に関する基礎的検討:外断熱鉄骨造住宅の温熱特性に関する研究 その9」,日本建築学会大会学術講演梗概集(近畿), pp.753-754, 1987. 10.
214 佐々木 隆, 橋本直樹, 荒谷 登:「日射と風力による通気性状」,日本建築学会大会梗概集(近畿), pp.1105-1106, 1987. 10.
215 佐々木 隆:「ヨーロッパ換気研究の現況」,北海道建築指導センター・センターリポート, 通巻第49号, pp.8-12, 1987. 10.
216 林 基哉, 佐々木 隆, 荒谷 登:「風圧変動スペクトラムを用いた換気量略算法 風圧変動を考慮した建物の自然換気に関する研究 その1」,日本建築学会北海道支部研究

報告集, No.61, pp.1-4, 1988. 3.
217 林 基哉, 佐々木 隆, 荒谷 登：「風圧変動下の一開口空間建物の換気特性：風圧変動を考慮した建物の自然換気に関する研究 その2」, 日本建築学会北海道支部研究報告集, No.61, pp.5-8, 1988. 3.
218 佐々木 隆, 林 基哉, 荒谷 登：「実大模型を用いた通気層の除湿効果の検討 断熱壁体通気層の除湿動力源に関する研究 その4」, 日本建築学会北海道支部研究報告集, No.61, pp.9-12, 1988. 3.
219 定作英司, 佐々木 隆, 荒谷 登：「多種トレーサーガスを用いた多室空間換気経路測定法」, 日本建築学会北海道支部研究報告集, No.61, pp.13-16, 1988. 3.
220 絵内正道, 高橋宏幸：「透明天蓋の熱環境変動因子に関する研究 その2：住棟間の内庭を対象とした数値解析」, 日本建築学会北海道支部研究報告集, No.61, pp.57-60, 1988. 3.
221 絵内正道, 内藤仁志, 久保田克己：「開放冷房の可能性に関する研究 その3：上方開放型空間における屋根形状,開口位置と侵入深度について」, 空気調和・衛生工学会北海道支部第22回学術講演論文集, pp.21-24, 1988. 3.
222 佐々木 隆：「住宅の気密と換気について」, 北海道建築指導センター・センターリポート, 通巻第51号, pp.2-6, 1988. 2.
223 絵内正道：「土間床工法とその熱環境」, 北海道建築指導センター・センターリポート, 通巻第52号, pp.2-7, 1988. 4.
224 絵内正道, 阿部弥生子, 荒谷 登：「透明天蓋空間の熱環境変動因子に関する研究」, 日本建築学会大会学術講演梗概集(関東), pp.469-470, 1988. 10.
225 佐々木 隆, 荒谷 登：「多種トレーサーガスによる多室空間換気経路測定」, 日本建築学会大会学術講演梗概集(関東), pp.829-830, 1988. 10.
226 佐々木 隆, 林 基哉, 荒谷 登：「集中換気システムを用いた住居の空間内の換気効果の測定」, 日本建築学会北海道支部研究報告集, No.62, pp.5-8, 1989. 3.
227 堤 知子, 佐々木 隆, 荒谷 登：「多種トレーサーガスを用いた学校の換気経路測定と換気量の分析」, 日本建築学会北海道支部研究報告集, No.62, pp.9-12, 1989. 3.
228 堤 知子, 佐々木 隆, 荒谷 登：「学校の換気経路と換気量の実態」, 日本建築学会大会学術講演梗概集(九州), pp.599-600, 1989. 10.
229 林 基哉, 荒谷 登, 佐々木 隆, 堤 知子, 赤木一郎, 芥川郁雄：「集中換気システムを用いた住居の換気経路の測定：寒地住宅の換気に関する研究 その6」, 日本建築学会大会学術講演梗概集(九州), pp.609-610, 1989. 10.
230 絵内正道：「建物の熱的性能と暖房計画」, 北海道建築指導センター・センターリポート, 通巻第62号, pp.4-9, 1989. 12.
231 佐々木 隆, 絵内正道, 荒谷 登, 鵜飼 誠：「集合住宅の計画換気に関する研究 その1」, 日本建築学会北海道支部研究報告集, No.63, pp.133-136, 1990. 3.
232 佐々木 隆, 堤 知子, 荒谷 登：「学校建築の計画換気に関する基礎的研究 その1」, 日本建築学会北海道支部研究報告集, No.63, pp.137-140, 1990. 3.
233 堤 知子, 佐々木 隆, 荒谷 登：「学校建築の計画換気に関する基礎的研究 その2」, 日本建築学会北海道支部研究報告集, No.63, pp.141-144, 1990. 3.
234 M. Enai, C. Y. Shaw, J. T. Reardon, R. J. Magee: "Comparison of Differential Method and Integral Method for Computing Interzonal Airflow part-1 Multiple Tracer Gas Techniques for Measuring Interzonal Airflows for Two Interconnected Spaces", 日本建築学会北海道支部研究報告集, No.63, pp.149-152, 1990. 3.
235 M. Enai, C. Y. Shaw, J. T. Reardon, R. J. Magee: "Comparison of Differential Method and Integral Method for Computing Interzonal Airflow part-2 Multiple

Tracer Gas Techniques for Measuring Interzonal Airflows for Three Interconnected Spaces", 日本建築学会北海道支部研究報告集, No.63, pp.153-156, 1990. 3.
236　久保田克己, 絵内正道, 荒谷　登, 横平　昭, 佐藤彰治:「透明天蓋空間の熱環境変動因子に関する研究　その4:釧路東港区北地区緑地の温度分布の季節変動」, 日本建築学会北海道支部研究報告集, No.63, pp.173-176, 1990. 3.
237　佐藤彰治, 横平　昭, 荒谷　登, 絵内正道, 久保田克己:「透明天蓋空間の熱環境変動因子に関する研究　その5:放射温度環境の季節変動」, 空気調和・衛生工学会北海道支部第24回学術講演論文集, pp.85-86, 1990. 3.
238　久保田克己, 荒谷　登, 絵内正道:「透明天蓋空間の熱環境変動因子に関する研究　その6:数値計算と実測結果の比較」, 日本建築学会大会学術講演梗概集(中国), pp.807-808, 1990. 10.
239　絵内正道, 松村博文:「カナダに見た透明天蓋空間の温度環境」, 日本建築学会大会学術講演梗概集(中国), pp.809-810, 1990. 10.
240　絵内正道, 久保田克己, 荒谷　登, 横平　昭, 佐藤彰治:「透明天蓋空間の季節別温度分布の推移」, 空気調和・衛生工学会学術講演会講演論文集(札幌), E-65, pp.1297-1300, 1990. 10.
241　佐藤彰治, 横平　昭, 荒谷　登, 絵内正道, 久保田克己:「透明天蓋空間の季節別放射温度環境」, 空気調和・衛生工学会学術講演会講演論文集(札幌), E-66, pp.1301-1304, 1990. 10.
242　山本忠司, 絵内正道, 池永徹博, 荒谷　登, 赤木一郎, 林　雅也, 林　基哉:「トレーサーガス濃度法による上方開放空間の夏期の換気性状把握　その1」, 日本建築学会北海道支部研究報告集, No.64, pp.201-204, 1991. 3.
243　絵内正道, 荒谷　登, C.Y. Shaw:「多種トレーサーガス法に基づく多数室換気量の推定に関する研究」, 日本建築学会北海道支部研究報告集, No.64, pp.205-208, 1991. 3.
244　大野仰一, 絵内正道, 荒谷　登, 久保田克己, 鴻池圭秀:「透明天蓋空間の熱環境変動因子に関する研究　その7:屋上階型天蓋空間の輻射環境」, 日本建築学会北海道支部研究報告集, No.64, pp.209-212, 1991. 3.
245　久保田克己, 荒谷　登, 絵内正道, 吹田美紀:「透明天蓋空間の熱環境変動因子に関する研究　その9:透明天蓋を架けた学校中庭(光庭)空間の温度変動解析」, 日本建築学会北海道支部研究報告集, No.64, pp.213-216, 1991. 3.
246　吹田美紀, 荒谷　登, 絵内正道:「積雪寒冷地の学校中庭(光庭)空間の現状とその活用法に関する研究」, 日本建築学会北海道支部研究報告集, No.64, pp.277-280, 1991. 3.
247　広瀬芳樹, 絵内正道, 荒谷　登, 鴻池圭秀, 久保田克己:「透明天蓋空間の熱環境変動因子に関する研究　その8:屋上階型天蓋空間の温熱環境」, 空気調和・衛生工学会北海道支部第25回学術講演論文集, pp.25-28, 1991. 3.
248　絵内正道, 荒谷　登, C.Y. Shaw:「多種トレーサガス法に基づく多数室換気量の推定」, 空気調和・衛生工学会北海道支部第25回学術講演論文集, pp.49-52, 1991. 3.
249　池永徹博, 絵内正道, 荒谷　登, 赤木一郎, 林　雅也, 林　基哉:「トレーサーガス濃度法による上方開放空間の夏期の換気性状」, 日本建築学会大会学術講演梗概集(東北), pp.541-542, 1991. 9.
250　絵内正道, 荒谷　登, 久保田克己:「積雪寒冷地の学校中庭(光庭)の現状とその活用:アトリウム化の適正規模とその温度環境解析結果」, 日本建築学会大会学術講演梗概集(東北), pp.839-840, 1991. 9.
251　広瀬芳樹, 絵内正道, 荒谷　登, 久保田克己, 大野仰一:「透明天蓋空間の熱環境変動因子に関する研究　その10:屋上階型天蓋空間の最寒期の温熱環境」, 日本建築学会大会学術講演梗概集(東北), pp.841-842, 1991. 9.

252 武田雅裕, 絵内正道, 荒谷　登：「透明天蓋空間の熱環境変動因子に関する研究　その11：模型空間による気流動の観察」, 日本建築学会大会学術講演梗概集(東北), pp.843-844, 1991. 9.

253 古田有希子, 絵内正道, 荒谷　登, 久保田克己：「透明天蓋を有する吹き抜け空間の室内環境性状ボックスモデルによる吹き抜け空間の熱環境解析」, 空気調和・衛生工学会北海道支部第26回学術講演論文集, pp.47-50, 1992. 3.

254 絵内正道, 荒谷　登, 久保田克己：「ボックスモデルによる大規模吹き抜け空間の上下温度分布の推定」, 日本建築学会北海道支部研究報告集, No.65, pp.233-236, 1992. 3.

255 今西　豊, 池永徹博, 荒谷　登, 絵内正道, 林　基哉：「トレーサーガス濃度法による上方開放空間の夏期の熱対流型換気の性状把握　その1：パルス放出法による外気侵入経路の検討」, 日本建築学会北海道支部研究報告集, No.65, pp.249-252, 1992. 3.

256 池永徹博, 絵内正道, 荒谷　登, 今西　豊, 林　基哉：「トレーサーガス濃度法による上方開放空間の夏期の熱対流型換気の性状把握　その2：定常放出法による換気量の時間変動の検討」, 日本建築学会北海道支部研究報告集, No.65, pp.253-256, 1992. 3.

257 武田雅裕, 絵内正道, 荒谷　登, C.Y. Shaw：「多種トレーサーガス法に基づく多数室換気量の推定に関する研究　その2：濃度変動の解析解と妥当な算定時間への応用」, 日本建築学会北海道支部研究報告集, No.65, pp.257-260, 1992. 3.

258 佐々木　隆, 絵内正道, 荒谷　登, 鵜飼　誠, 牛越康徳：「集合住宅の計画換気に関する研究　その2：集合住宅における風圧変動に伴った換気性状」, 日本建築学会北海道支部研究報告集, No.63, pp.277-280, 1992. 3.

259 絵内正道：「透明天蓋空間と外断熱」, 北海道外断熱工法協議会外断熱ニュース, 第7号, 1992. 7.

260 武田雅裕, 池永徹博, 絵内正道, 荒谷　登：「透明天蓋空間の熱環境変動因子に関する研究　その14：模型空間による気流速と換気量測定の試み」, 日本建築学会大会学術講演梗概集(北陸), pp.603-604, 1992. 8.

261 池永徹博, 絵内正道, 荒谷　登, 林　基哉：「トレーサーガスの濃度むらを利用した熱対流型換気の実測」, 日本建築学会大会学術講演梗概集(北陸), pp.609-610, 1992. 8.

262 絵内正道, 荒谷　登, 久保田克己：「透明天蓋空間の熱環境変動因子に関する研究　その13：ボックスモデルによる大規模吹き抜け空間の熱環境解析」, 日本建築学会大会学術講演梗概集(北陸), pp.883-884, 1992. 8.

263 絵内正道：「たかが換気,されど換気」, 北海道建築指導センター・センターリポート, 通巻80号, pp.29-83, 1992. 12.

264 絵内正道：「積雪寒冷地の透明天蓋空間(アトリウム)」, 北海道建築指導センター・センターリポート, 通巻81号, pp.2-10, 1993. 2.

265 絵内正道, 荒谷　登, C.Y. Shaw：「多種トレーサガス法に基づく多数室換気量の推定　その3：5 Rooms Modelの数学的解析解(固有値の算出)」, 空気調和・衛生工学会北海道支部第27回学術講演論文集, pp.39-42, 1993. 3.

266 宮路知明, 絵内正道, 荒谷　登, 池永徹博：「模型によるアトリウム空間の熱対流型換気の性状把握と相似則」, 日本建築学会北海道支部研究報告集, No.66, pp.225-228, 1993. 3.

267 絵内正道, 荒谷　登, C.Y. Shaw：「多種トレーサーガス法に基づく多数室換気量の推定に関する研究　その3：ラプラス変換による5 Rooms Modelの解析」, 日本建築学会北海道支部研究報告集, No.66, pp.229-232, 1993. 3.

268 池永徹博, 絵内正道, 荒谷　登：「トレーサーガス濃度法による上方開放空間の夏期の熱対流型換気の性状把握　その3：パルス放出時の最小自乗法による解法」, 日本建築学会北海道支部研究報告集, No.66, pp.233-236, 1993. 3.

269 池永徹博, 絵内正道, 荒谷 登:「トレーサーガス濃度法による上方開放空間の夏期の熱対流換気の性状把握 その5:パルス放出時の最小自乗法と連立方程式開放の比較」, 日本建築学会大会学術講演梗概集(関東), pp.843-844, 1993. 9.

270 宮路知明, 絵内正道, 荒谷 登, 池永徹博:「実大と模型によるアトリウム空間の熱対流型換気性状」, 日本建築学会大会学術講演梗概集(関東), pp.879-880, 1993. 9.

271 絵内正道, 宮路知明, 荒谷 登, 池永徹博:「透明天蓋空間の熱環境変動因子に関する研究 その16:模型空間による換気量の近似相似」, 日本建築学会大会学術講演梗概集(関東), pp.1461-1462, 1993. 9.

272 村上周三, 吉野 博, 加藤信介, 内海康雄, 絵内正道:「換気効率に関する海外研究動向 その3」, 空気調和・衛生工学, 第67巻第11号, pp.51-56, 1993. 11.

273 絵内正道, 荒谷 登, C.Y. Shaw:「多種トレーサガス法に基づく多数室換気量の推定 その4:固有値の算出結果と差分法の比較」, 空気調和・衛生工学会北海道支部第28回学術講演論文集, pp.73-76, 1994. 3.

274 絵内正道, 荒谷 登, C.Y. Shaw:「多種トレーサガス法に基づく多数室換気量の推定法に関する研究 その4:数値解析結果を用いた適正時刻の検討」, 日本建築学会北海道支部研究報告集, No.67, pp.309-312, 1994. 3.

275 立原 敦, 絵内正道, 荒谷 登:「積雪寒冷地型アトリウムの熱環境に関する研究 その1:サッポロファクトリーの建築計画と熱環境計画」, 日本建築学会北海道支部研究報告集, No.67, pp.317-320, 1994. 3.

276 森 太郎, 荒谷 登, 絵内正道, 立原 敦:「積雪寒冷地型アトリウムの熱環境に関する研究 その2:サッポロファクトリーアトリウムの空気温度分布の推移」, 日本建築学会北海道支部研究報告集, No.67, pp.321-324, 1994. 3.

277 小西一也, 絵内正道, 荒谷 登, 立原 敦, 森 太郎:「積雪寒冷地型アトリウムの熱環境に関する研究 その3:サッポロファクトリーアトリウムの放射温度分布の推移」, 日本建築学会北海道支部研究報告集, No.67, pp.325-328, 1994. 3.

278 武данトリウムの熱環境に関する研究 そ典雅, 森川泰成, 絵内正道, 荒谷 登, 米田徳仁, 森 太郎:「積雪寒冷地型アの4:浮遊気球で観察した気流状況と数値解析との比較検討」, 日本建築学会北海道支部研究報告集, No.67, pp.329-332, 1994. 3.

279 久保田克己, 絵内正道, 荒谷 登:「透明天蓋空間の熱環境変動因子に関する研究 その15:留萌合同庁舎の温度環境の計画」, 日本建築学会北海道支部研究報告集, No.67, pp.333-336, 1994. 3.

280 米田徳仁, 絵内正道, 久保田克己, 荒谷 登:「透明天蓋空間の熱環境変動因子に関する研究 その16:留萌合同庁舎の空気温度分布の推移」, 日本建築学会北海道支部研究報告集, No.67, pp.337-340, 1994. 3.

281 本間義規, 久保田克己, 絵内正道, 荒谷 登:「透明天蓋空間の熱環境変動因子に関する研究 その17:留萌合同庁舎の放射温度分布の推移」, 日本建築学会北海道支部研究報告集, No.67, pp.341-344, 1994. 3.

282 絵内正道, 荒谷 登:「多種トレーサーガス法に基づく多数室換気量の推定法に関する研究 その5:数値解析結果から推定した適正時刻」, 日本建築学会大会学術講演梗概集(東海), pp.141-142, 1994. 9.

283 米田徳仁, 絵内正道, 久保田克己, 荒谷 登:「自然温度型アトリウムの熱環境 その1:温度計画と空気温度分布の実測結果」, 日本建築学会大会学術講演梗概集(東海), pp.635-636, 1994. 9.

284 本間義規, 久保田克己, 絵内正道, 荒谷 登:「自然温度型アトリウムの熱環境 その2:四周型の放射温度分布」, 日本建築学会大会学術講演梗概集(東海), pp.637-638, 1994. 9.

285 立原　敦, 絵内正道, 荒谷　登：「積雪寒冷都市型アトリウムの熱環境 その1：サッポロファクトリーの熱環境計画」, 日本建築学会大会学術講演梗概集(東海), pp.639-640, 1994. 9.
286 森　太郎, 荒谷　登, 絵内正道, 立原　敦：「積雪寒冷都市型アトリウムの熱環境 その2：サッポロファクトリーアトリウムの空気温度分布の推移」, 日本建築学会大会学術講演梗概集(東海), pp.641-642, 1994. 9.
287 小西一也, 絵内正道, 荒谷　登, 森　太郎, 立原　敦：「積雪寒冷都市型アトリウムの熱環境 その3：放射温度測定の工夫とその測定結果」, 日本建築学会大会学術講演梗概集(東海), pp.643-644, 1994. 9.
288 武道典雅, 矢内由美子, 絵内正道, 荒谷　登, 米田徳仁, 森　太郎：「積雪寒冷都市型アトリウムの熱環境 その4：浮遊気球で観察した気流概況と数値解析との比較」, 日本建築学会大会学術講演梗概集(東海), pp.645-646, 1994. 9.
289 立原　敦, 絵内正道, 荒谷　登, 疋田昌之：「積雪寒冷都市型アトリウムの熱環境とエネルギーの計画 その1：サッポロファクトリーの熱環境・雪処理計画とエネルギー消費実績」, 空気調和・衛生工学会学術講演会講演論文集(熊本), pp.841-844, 1994. 10.
290 森　太郎, 荒谷　登, 絵内正道, 小西一也, 立原　敦：「積雪寒冷都市型アトリウムの熱環境とエネルギーの計画 その1：サッポロファクトリーの熱環境の実測結果(1993夏・1994冬)」, 空気調和・衛生工学会学術講演会講演論文集(熊本), pp.845-848, 1994. 10.
291 絵内正道：「寒冷地におけるソーラー住宅事例」, IBEC, No.85, pp.15-18, 1994. 11.
292 米田徳仁, 絵内正道, 荒谷　登：「縮率を変えた模型による熱対流型換気比較実験」, 日本建築学会北海道支部研究報告集, No.68, pp.345-348, 1995. 3.
293 福島　明, 本間義規, 絵内正道, 宮浦睦明：「パッシブ換気における床下自然給気方式の特性」, 日本建築学会北海道支部研究報告集, No.68, pp.349-352, 1995. 3.
294 絵内正道, 荒谷　登, C.Y. Shaw：「多種トレーサーガス法に基づく多数室換気量の推定法に関する研究 その5：数値解析濃度を用いた多数室数と解析精度の関係」, 日本建築学会北海道支部研究報告集, No.68, pp.353-356, 1995. 3.
295 宮浦睦明, 絵内正道, 荒谷　登, 福島　明, 本間義規：「トレーサーガス定濃度法によるパッシブ換気の変動性状実測」, 日本建築学会北海道支部研究報告集, No.68, pp.357-360, 1995. 3.
296 山本　進, 絵内正道, 荒谷　登, 森　太郎：「Winter City型アトリウムの熱環境計画 その1：光井戸型アトリウムにおけるボックスモデルの適用」, 日本建築学会発会道支部研究報告集, No.68, pp.361-364, 1995. 3.
297 久保田克己, 荒谷　登, 絵内正道, 米田徳仁, 森　太郎：「透明天蓋空間の熱環境変動因子に関する研究 その18：光井戸型アトリウムの冬,夏の温度分布の推移」, 日本建築学会北海道支部研究報告集, No.68, pp.365-368, 1995. 3.
298 永井　渉, 絵内正道, 月舘　司, 荒谷　登, 森　太郎：「屋内体育館の暖房設備と上下温度分布」, 日本建築学会北海道支部研究報告集, No.68, pp.369-372, 1995. 3.
299 武道典雅, 絵内正道, 荒谷　登：「電球色蛍光灯を用いた小学校教室空間の雰囲気改善」, 日本建築学会北海道支部研究報告集, No.68, pp.397-400, 1995. 3.
300 森　太郎, 絵内正道, 荒谷　登, 山本　進：「積雪寒冷都市型アトリウムの熱環境：腰壁のある垂直壁のボックスモデルとその適用結果」, 空気調和・衛生工学会北海道支部第29回学術講演論文集, pp.47-50, 1995. 3.
301 絵内正道, 羽山広文, 荒谷　登, C.Y. Shaw：「多種トレーサガス法に基づく多数室換気量の推定 その5：Mathematicaによるガス濃度の推定」, 空気調和・衛生工学会北海道支部第29回学術講演論文集, pp.151-154, 1995. 3.
302 久保田克己, 絵内正道, 荒谷　登：「自然温度型アトリウムの温熱環境 その3：長期

実測結果からみた光井戸型アトリウムの特性」, 日本建築学会大会学術講演梗概集(北海道), D-2, pp.109-110, 1995. 8.

303 山本 進, 絵内正道, 荒谷 登, 森 太郎:「Winter City 型アトリウムの熱環境計画 その2:ボックスモデルにおける日射熱の考慮」, 日本建築学会大会学術講演梗概集(北海道), D-2, pp.611-612, 1995. 8.

304 宮浦睦明, 絵内正道, 荒谷 登, 福島 明, 本間義規:「炭酸ガス定濃度法によるパッシブ換気の変動実測 その2:高気密住宅の換気に対する外部風速及び内外温度差の影響」, 日本建築学会大会学術講演梗概集(北海道), D-2, pp.717-718, 1995. 8.

305 福島 明, 本間義規, 絵内正道:「基礎断熱した床下を給気空間とした自然給気方式の特性」, 日本建築学会大会学術講演梗概集(北海道), D-2, pp.725-726, 1995. 8.

306 森 太郎, 米田徳仁, 絵内正道, 荒谷 登:「トレーサーガス法による上方開放空間の模型則」, 日本建築学会大会学術講演梗概集(北海道), D-2, pp.759-760, 1995. 8.

307 絵内正道, 荒谷 登:「多種トレーサーガス法に基づく多数室換気の推定法に関する研究 その6:数値解析濃度を用いた解析精度」, 日本建築学会大会学術講演梗概集(北海道), D-2, pp.761-762, 1995. 8.

308 永井 渉, 絵内正道, 月舘 司, 荒谷 登, 森 太郎:「屋内体育館の暖房設備と上下温度分布」, 日本建築学会大会学術講演梗概集(北海道), D-2, pp.1057-1058, 1995. 8.

309 村上周三, 絵内正道, 加藤信介, 早川 真, 山中俊夫:「換気効率に関する海外の研究動向 その5:COLD CLIMATE HVAC'94(Rovaniemi Finland, 1994. 3.)」, 空気調和・衛生工学, 第70巻第2号, pp.67-71, 1996. 2.

310 M. Enai, J. T. Reardon: "Interzonal Airflows by Mathematical Solutions of Multi Gas Concentration and by Simulations Analysis in Case of Two-Zone", 空気調和・衛生工学会北海道支部第30回学術講演論文集, pp.87-90, 1996. 3.

311 荒谷 登, 絵内正道, 前田英彦:「冷却流水面を用いたアトリウム空間の調湿・除湿に関する基礎的検討」, 空気調和・衛生工学会北海道支部第30回学術講演論文集, pp.133-136, 1996. 3.

312 森 太郎, 絵内正道, 荒谷 登:「Glass Covered Space の熱環境計画 遮光布による夏期の光環境調整と熱環境改善」, 日本建築学会北海道支部研究報告, No.69, pp.277-280, 1996. 3.

313 前田英彦, 絵内正道, 荒谷 登:「冷却流水面の除湿効果とその変動要因」, 日本建築学会北海道支部研究報告, No.69, pp.305-308, 1996. 3.

314 大村裕子, 絵内正道, 荒谷 登:「寒地住宅の気密性能の現状とパッシブ換気の可能性」, 日本建築学会北海道支部研究報告, No.69, pp.317-320, 1996. 3.

315 宮浦睦明, 福島 明, 絵内正道, 荒谷 登, 高杉 昇:「トレーサーガス定濃度法によるパッシブ換気の変動特性 その3:床下給気・暖房システムによる暖房環境の検討」, 日本建築学会北海道支部研究報告集, No.69, pp.325-328, 1996. 3.

316 絵内正道, C.Y. Shaw, J.T. Reardon, 荒谷 登:「多種トレーサーガス法に基づく多数室換気量の推定法に関する研究 その6:解析手法から見たサンプリング時間間隔の影響」, 日本建築学会北海道支部研究報告, No.69, pp.329-332, 1996. 3.

317 絵内正道:「国際活動だより(134):カナダ国立研究所との多数室換気の共同研究」, 北海道大学・工学部広報, 第261号, pp.2-3, 1996. 4.

318 絵内正道:「集合住宅の換気計画」, 北海道建築指導センター・センターリポート, 通巻101号, pp.12-16, 1996. 7.

319 絵内正道:「日本建築学会賞(論文) 積雪寒冷地における居住空間の温度分布,気流分布に関する一連の研究:温度積層を有する居住空間の熱環境計画」, 建築雑誌, Vol.111, No.1393, pp.090, 1996. 8.

320 絵内正道:「地域の室内環境改善にどう取り組むか:テーマ選択に関わったものとしてのコメント」, 日本建築学会大会(近畿)パネルデスカッション予稿集, pp.1-2, 1996. 9.
321 前田英彦, 絵内正道, 荒谷 登:「冷却流水面の除湿効果とその変動要因」, 日本建築学会大会学術講演梗概集(滋賀), D-1, pp.903-904, 1996. 9.
322 舘脇 英, 荒谷 登, 絵内正道, サデギアン・タギ:「外気温と床下温の年変動を考慮した基礎断熱空間の熱負荷計算」, 日本建築学会大会学術講演梗概集(滋賀), D-2, pp.83-84, 1996. 9.
323 森 太郎, 絵内正道, 荒谷 登:「Glass Covered Space の建築環境計画・遮光布による夏季の光・熱環境調整 その2」, 日本建築学会大会学術講演梗概集(滋賀), D-2, pp.221-222, 1996. 9.
324 絵内正道, 荒谷 登:「北海道住宅の気密性能の現状とパッシブ換気の可能性」, 日本建築学会大会学術講演梗概集(滋賀), D-2, pp.649-650, 1996. 9.
325 福島 明, 土井 聡, 絵内正道:「寒冷地のパッシブ換気に関するシミュレーション」, 日本建築学会大会学術講演梗概集(滋賀), D-2, pp.653-654, 1996. 9.
326 前田英彦, 絵内正道, 荒谷 登:「冷却冷水面を用いた調湿・除湿に関する基礎的検討」, 空気調和・衛生工学会学術講演論文集(名古屋), pp.637-640, 1996. 9.
327 絵内正道:「京都町屋の夏の温度環境特性と断熱住居への応用」, 北海道外断熱建築協議会・外断熱ニュース, 第10号, pp.2-5, 1996. 10.
328 絵内正道:「寒さと人間生活の相互作用が生み出す環境デザイン」, 建築雑誌, Vol.111, No.1398, pp.22-23, 1996. 12.
329 絵内正道, 前田英彦, 荒谷 登:「放射冷却パネルを対象にした冷房負荷及び搬送動力費」, 空気調和・衛生工学会北海道支部第31回学術講演論文集, pp.37-40, 1997. 3.
330 西澤繁毅, 絵内正道, 荒谷 登:「床に埋設された温・冷水管の単位熱流応答 その2:床スラブ単体の場合」, 空気調和・衛生工学会北海道支部第31回学術講演論文集, pp.41-42, 1997. 3.
331 長野克則, 中村真人, 濱田靖弘, 横山真太郎, 絵内正道, 嶋倉一実, 佐々木博明, 落藤 澄, 荒谷 登, 持田 徹, 谷口 博:「蓄熱サイクルを考慮した複合型エネルギーシステムの構築とローエネルギーハウスの建設」, 空気調和・衛生工学会北海道支部第31回学術講演論文集, pp.63-66, 1997. 3.
332 長野克則, 中村真人, 濱田靖弘, 藤原陽三, 中村卓司, 横山真太郎, 絵内正道, 嶋倉一実, 佐々木博明, 落藤 澄, 荒谷 登, 持田 徹, 谷口 博:「ローエネルギーハウスの全体計画と建築計画」, 空気調和・衛生工学会北海道支部第31回学術講演論文集, pp.67-70, 1997. 3.
333 宮浦睦明, 福島 明, 絵内正道, 荒谷 登, 高杉 昇:「定濃度法による自然給気型住宅の性状把握」, 日本建築学会北海道支部研究報告集, No.70, pp.285-288, 1997. 3.
334 山本 進, 絵内正道, 荒谷 登:「老人保健施設に付属するアトリウムの熱環境計画」, 日本建築学会北海道支部研究報告集, No.70, pp.305-308, 1997. 3.
335 金田裕一, 絵内正道, 福島 明, 本間義規, 宮浦睦明, 荒谷 登:「南西沖地震時に建てられた仮設避難住宅」, 日本建築学会北海道支部研究報告集, No.70, pp.309-312, 1997. 3.
336 梶井浩史, 絵内正道, 湯浅岳雄, 前田英彦, 大林 勇, 荒谷 登:「積雪寒冷地の災害時避難施設(小学校及び仮設カプセル)の熱環境調査」, 日本建築学会北海道支部研究報告集, No.70, pp.313-316, 1997. 3.
337 森 太郎, 絵内正道, 荒谷 登:「大規模吹き抜け空間を対象とした温湿度・気流分布の数値解析手法の提案」, 日本建築学会北海道支部研究報告集, No.70, pp.317-320, 1997. 3.

338 笹森礼子, 荒谷　登, 絵内正道:「全熱回収装置と兼用する吸放湿除湿器の試作・試験」, 日本建築学会北海道支部研究報告集, No.70, pp.333-336, 1997. 3.
339 絵内正道:「応急仮設住宅の室内環境の実態：奥尻の事例(断熱気密性能水準と室内環境)」, 日本建築学会兵庫南部地震特別研究委員会 特定研究課題5「災害時の対応行動と避難に関する計画のあり方」, 連続シンポジウム 第3回:「迅速な復旧とまちの復興につなげる『被災者居住』のあり方」, pp.13-16, 1997. 7.
340 山本　進, 絵内正道, 荒谷　登:「老人保健施設と付設するアトリウムの熱環境計画」, 日本建築学会大会学術講演梗概集(関東), pp.929-930, 1997. 9.
341 絵内正道:「積雪寒冷地の硝子被覆空間利用に関する聞き取り調査」, 日本建築学会大会学術講演梗概集(関東), pp.947-948, 1997. 9.
342 森　太郎, 絵内正道, 荒谷　登:「大規模吹き抜け空間を対象とした温湿度・気流分布の数値解析手法の提案 その2：含湿浮力の温度場,湿度場,流れ場への影響」, 日本建築学会大会学術講演梗概集(関東), pp.339-340, 1997. 9.
343 宮浦睦明, 福島　明, 絵内正道, 荒谷　登:「定濃度法による自然給気型住宅の性状把握(その2)：換気・室温環境の性状把握と自然換気計画の可能性の検討」, 日本建築学会大会学術講演梗概集(関東), pp.639-640, 1997. 9.
344 福島史幸, 梶井浩史, 絵内正道, 福島　明, 高杉　昇:「多種ガス法による上方開放住宅の夏期の熱対流型換気性状 その1：微分法による解法」, 空気調和・衛生工学会北海道支部第32回学術講演論文集, pp.45-48, 1998. 3.
345 島田　潔, 金田裕一, 絵内正道, 落藤　澄, 福島　明:「多種ガス法によるパッシブ換気の変動特性」, 空気調和・衛生工学会北海道支部第32回学術講演論文集, pp.49-52, 1998. 3.
346 絵内正道, 高松康二, 松本保彦, 雨宮　満, 小杉　明, 森　太郎:「風除室扉の開閉頻度の実状と外気侵入量の推定」, 空気調和・衛生工学会北海道支部第32回学術講演論文集, pp.61-64, 1998. 3.
347 平間　登, 高松康二, 魚住昌宏, 碓井英夫, 萩生田弘, 絵内正道, 森　太郎:「光井戸型アトリウムの熱・気流環境調査 その1：DOCONビルの環境設計コンセプト」, 空気調和・衛生工学会北海道支部第32回学術講演論文集, pp.133-134, 1998. 3.
348 森　太郎, 庄司大輔, 絵内正道, 高松康二, 魚住昌宏, 碓井英夫, 萩生田　弘:「光井戸型アトリウムの熱・気流環境調査 その2：冷房時の環境」, 空気調和・衛生工学会北海道支部第32回学術講演論文集, pp.135-138, 1998. 3.
349 森　太郎, 庄司大輔, 絵内正道, 高松康二, 魚住昌宏, 碓井英夫, 萩生田　弘:「光井戸型アトリウムの熱・気流環境調査 その3：暖房時の環境」, 空気調和・衛生工学会北海道支部第32回学術講演論文集, pp.139-142, 1998. 3.
350 前田英彦, 川口泰文, 絵内正道, 森　太郎:「大規模吹き抜け空間に付設された流水面の蒸発・凝縮機構」, 空気調和・衛生工学会北海道支部第32回学術講演論文集, pp.151-154, 1998. 3.
351 梶井浩史, 福島史幸, 絵内正道, 福島　明, 藤原陽三, 小笠原一隆, 池永徹博:「熱対流型換気による上方開放住宅の自然冷房効果」, 日本建築学会北海道支部研究報告集, No.71, pp.257-260, 1998. 3.
352 石井慎二, 赤尾　清, 絵内正道, 小笠原一隆, 梶井浩史, 藤原陽三:「自然換気による室温上昇抑制の性状把握」, 日本建築学会北海道支部研究報告集, No.71, pp.261-264, 1998. 3.
353 西澤繁毅, 湯浅岳雄, 絵内正道, 荒谷　登:「数値解析による吸放湿除湿器付設住宅の夏期の温湿度改善効果」, 日本建築学会北海道支部研究報告集, No.71, pp.265-268, 1998. 3.

354 前田英彦, 川口泰文, 絵内正道, 森 太郎:「建築空間内付設水面の蒸発・凝縮機構とその性状把握」, 日本建築学会北海道支部研究報告集, No.71, pp.269-272, 1998. 3.
355 福島 明, 本間義規, 土井 聡, 絵内正道:「寒地住居のパッシブ換気に関する研究：パッシブ換気床下暖房方式の実住宅への適用」, 日本建築学会北海道支部研究報告集, No.71, pp.273-276, 1998. 3.
356 金田裕一, 島田 潔, 絵内正道, 福島 明, 落藤 澄:「多種ガス法によるパッシブ換気の変動特性 その3：通気塔方式による内々換気」, 日本建築学会北海道支部研究報告集, No.71, pp.277-280, 1998. 3.
357 湯浅岳雄, 絵内正道, 荒谷 登:「含浸珪藻土を用いた吸放湿型熱交換器装置の試作と性能把握」, 日本建築学会北海道支部研究報告集, No.71, pp.281-284, 1998. 3.
358 絵内正道, 森 太郎, 横山幸弘, 佐々木 隆, 奈良謙伸, 羽山広文, 斉藤 貢, 松村博文, 久保田克己, 河野光治, 内藤仁志, 武道典雅, 永井 渉, 荒谷 登:「可視化法による緩速気流場の気流測定に関する基礎的研究」, 日本建築学会北海道支部研究報告集, No.71, pp.289-292, 1998. 3.
359 庄司大輔, 森 太郎, 絵内正道:「重力に平衡した自由浮遊バグによる気流動の可視化」, 日本建築学会北海道支部研究報告集, No.71, pp.293-296, 1998. 3.
360 川口泰文, 前田英彦, 絵内正道, 森 太郎:「アトリウム付設を想定した流水面の蒸発・凝縮と熱収支」, 日本建築学会大会学術講演梗概集(九州), D-2, pp.325-326, 1998. 9.
361 西澤繁毅, 湯浅岳雄, 絵内正道, 荒谷 登:「住宅用吸放湿型除湿器による夏期の温湿度改善効果の予測」, 日本建築学会大会学術講演梗概集(九州), D-2, pp.331-332, 1998. 9.
362 湯浅岳雄, 小澤弘和, 絵内正道, 荒谷 登:「含湿珪藻土粒を用いた吸放湿型熱交換器装置試作への検討」, 日本建築学会大会学術講演梗概集(九州), D-2, pp.333-334, 1998. 9.
363 林 基哉, 絵内正道:「住宅の換気計画における used-air の影響に関する基礎的検討：住宅の換気経路設計の可能性に関する研究 その1」, 日本建築学会大会学術講演梗概集(九州), pp.559-560, 1998. 9.
364 梶井浩史, 福島史幸, 福島 明, 絵内正道:「多種ガス法による上方開放住宅の夏期の熱対流型換気性状 その2：積分法による解法」, 日本建築学会大会学術講演梗概集(九州), D-2, pp.561-562, 1998. 9.
365 福島史幸, 梶井浩史, 福島 明, 絵内正道:「多種ガス法による上方開放住宅の夏期の熱対流型換気性状 その3：最小二乗法による解法」, 日本建築学会大会学術講演梗概集(九州), D-2, pp.563-564, 1998. 9.
366 絵内正道, 福島 明:「未利用空間を予熱空間としたパッシブ換気と経路の設定」, 日本建築学会大会学術講演梗概集(九州), D-2, pp.569-570, 1998. 9.
367 島田 潔, 金田裕一, 絵内正道, 落藤 澄, 福島 明:「多種ガス法によるパッシブ換気の変動特性(その3)：簡易モデルによる室間換気量の推定」, 日本建築学会大会学術講演梗概集(九州), D-2, pp.571-572, 1998. 9.
368 森 太郎, 絵内正道:「重力に平衡した自由浮遊バグによる気流動の可視化」, 日本建築学会大会学術講演梗概集(九州), D-2, pp.623-624, 1998. 9.
369 島田 潔, 絵内正道, 落藤 澄, 福島 明:「多種ガス法によるパッシブ換気の変動特性 その4：室間換気の算定と比較」, 空気調和・衛生工学会学術講演会講演論文集(札幌), A-6, pp.21-24, 1998. 8.
370 西澤繁毅, 絵内正道, 荒谷 登:「吸放湿型除湿器付設住宅の夏期の温湿度改善効果の予測」, 空気調和・衛生工学会学術講演会講演論文集(札幌), A-11, pp.41-44, 1998. 8.
371 本間義規, 福島 明, 絵内正道:「パッシブ換気住宅における夏期の床下温湿度環

境」,空気調和・衛生工学会学術講演会講演論文集(札幌), A-11, pp.45-48, 1998. 8.
372 福島 明,本間義規,絵内正道:「パッシブ換気・床下暖房方式の実住宅への適用」,空気調和・衛生工学会学術講演会講演論文集(札幌), A-11, pp.49-52, 1998. 8.
373 川口泰文,絵内正道,森 太郎:「アトリウム付設を想定した流水面の蒸発・凝縮と熱収支 その2」,空気調和・衛生工学会学術講演会講演論文集(札幌), C-13, pp.201-204, 1998. 8.
374 絵内正道,森 太郎,高松康二,魚住昌広,碓井英夫:「光井戸型アトリウムの熱・気流環境調査 その4:建物と環境測定の概要」,空気調和・衛生工学会講演論文集(札幌), F-25, pp.1037-1040, 1998. 8.
375 絵内正道,森 太郎,高松康二,魚住昌広,碓井英夫:「光井戸型アトリウムの熱・気流環境調査 その5:執務者の体感について」,空気調和・衛生工学会講演論文集(札幌), F-26, pp.1041-1044, 1998. 8.
376 絵内正道,福島 明,本間義規,仁木康介,岡本 淳:「床下暖房住宅の冬期温熱環境について」,空気調和・衛生工学会学術講演会講演論文集(札幌), C-44, pp.1437-1440, 1998. 8.
377 絵内正道,田村佳愛,久保田克己,羽山広文,丹保洋人,植西宏明,端本武志,石戸谷裕二:「窓下に放射冷却パネルを採用した4床室の夏期の温湿度分布と気流分布の実測結果」,空気調和・衛生工学会北海道支部第33回学術講演論文集, pp.97-100, 1999. 3.
378 清水 環,羽山広文,亀井龍治,絵内正道,小松正佳:「天井付設自然通風コイルを用いた空調方式に関する研究 その1:省エネルギー性の検討」,空気調和・衛生工学会北海道支部第33回学術講演論文集, pp.101-104, 1999. 3.
379 羽山広文,清水 環,亀井龍治,絵内正道,小松正佳:「天井付設自然通風コイルを用いた空調方式に関する研究 その2:自然通風型コイルの冷却特性」,空気調和・衛生工学会北海道支部第33回学術講演論文集, pp.101-104, 1999. 3.
380 福島史幸,絵内正道,落藤 澄,島田 潔,西澤繁毅:「通気縦ダクトを付設した高断熱高気密試験住宅の夏期のパッシブ換気」,空気調和・衛生工学会北海道支部第33回学術講演論文集, pp.117-120, 1999. 3.
381 小西崇永,森 太郎,絵内正道,羽山広文:「簡易ダクトを用いた自由浮遊バグ流速の検定」,空気調和・衛生工学会北海道支部第33回学術講演論文集, pp.179-182, 1999. 3.
382 川口泰文,絵内正道,西澤繁毅:「開放水面を付設した大規模吹き抜け空間の温湿度分布のマクロモデル解析」,空気調和・衛生工学会北海道支部第33回学術講演論文集, pp.183-186, 1999. 3.
383 西澤繁毅,絵内正道,森 太郎:「CFDによる断熱気密住宅の室内気流場,温度場の性状把握」,空気調和・衛生工学会北海道支部第33回学術講演論文集, pp.187-190, 1999. 3.
384 森 太郎,西澤繁毅,絵内正道,羽山広文:「CFDによる開放水面付設空間の温湿度分布,気流分布の数値シミュレーション」,空気調和・衛生工学会北海道支部第33回学術講演論文集, pp.191-194, 1999. 3.
385 本間義規,福島 明,絵内正道:「木造戸建て住宅における間仕切壁の通気特性把握」,空気調和・衛生工学会北海道支部第33回学術講演論文集, pp.205-208, 1999. 3.
386 小澤弘和,絵内正道,森 太郎:「遮光布によるアトリウム空間の光・熱環境調整」,日本建築学会北海道支部研究報告集, No.72, pp.193-196, 1999. 3.
387 森 太郎,小西崇永,絵内正道,羽山広文:「重力に平衡した自由浮遊バグによる気流動の可視化 その3:視観察用トレーサーとしての自由浮遊バグの移流速度対応検定」,日本建築学会北海道支部研究報告集, No.72, pp.229-232, 1999. 3.
388 西澤繁毅,森 太郎,絵内正道,羽山広文:「CFDによる断熱気密住宅の室内温度分

布, 気流分布の数値シミュレーション」, 日本建築学会北海道支部研究報告集, No.72, pp.233-236, 1999. 3.
389 羽山広文, 立松宏一, 繪内正道, 木下 学:「情報処理室を対象とした自然換気による冷却方式の研究 その1:模型実験による冷却特性の検討」, 日本建築学会北海道支部研究報告集, No.72, pp.237-240, 1999. 3.
390 立松宏一, 羽山広文, 繪内正道, 木下 学:「情報処理室を対象とした自然換気による冷却方式の研究 その2:シミュレーションによる冷却特性の評価」, 日本建築学会北海道支部研究報告集, No.72, pp.241-244, 1999. 3.
391 西田和宏, 福島 明, 繪内正道:「床下暖房の開口設計に関するシミュレーション検討」, 日本建築学会北海道支部研究報告集, No.72, pp.253-256, 1999. 3.
392 佐々木大徳, 繪内正道:「集合住宅階段室の南面アトリウム化とその室内気候」, 日本建築学会北海道支部研究報告集, No.72, pp.257-256, 1999. 3.
393 小澤弘和, 亀井龍治, 森 太郎, 繪内正道:「遮光布を用いたアトリウム空間の光・熱環境調整法の数値解析的検討」, 日本建築学会大会学術講演梗概集(中国), D-1, pp.481-482, 1999. 9.
394 繪内正道, 田村佳愛, 久保田克己, 羽山広文:「窓下放射冷却パネルによる4床室の夏期の温湿度と気流分布」, 日本建築学会大会学術講演梗概集(中国), D-2, pp.89-90, 1999. 9.
395 佐々木大徳, 繪内正道, 西澤繁毅:「集合住宅階段室の南面アトリウム化計画とその室内気候の検討」, 日本建築学会大会学術講演梗概集(中国), D-2, pp.99-100, 1999. 9.
396 福島 明, 本間義規, 西田和宏, 小笠原一隆, 仁木康久, 繪内正道:「熱供給方式の異なるパッシブ換気・床下暖房住宅の室内環境測定結果 その1:測定住宅の概要と換気性状」, 日本建築学会大会学術講演梗概集(中国), D-2, pp.223-224, 1999. 9.
397 福島 明, 本間義規, 西田和宏, 小笠原一隆, 仁木康久, 繪内正道:「熱供給方式の異なるパッシブ換気・床下暖房住宅の室内環境測定結果 その2:暖房時の温度環境」, 日本建築学会大会学術講演梗概集(中国), D-2, pp.225-226, 1999. 9.
398 小西崇永, 森 太郎, 繪内正道, 羽山広文:「重力に平衡した自由浮遊バグによる気流道の可視化 その4:簡易風洞による自由浮遊バグの流速検定」, 日本建築学会大会学術講演梗概集(中国), D-2, pp.509-510, 1999. 9.
399 羽山広文, 立松宏一, 繪内正道, 木下 学:「高発熱情報処理室の自然換気による冷却方式の研究 その1:模型実験による冷却特性の検討」, 日本建築学会大会学術講演(中国), D-2, pp.591-592, 1999. 9.
400 立松宏一, 羽山広文, 繪内正道, 木下 学:「高発熱情報処理室の自然換気による冷却方式の研究 その2:シミュレーションによる冷却特性の評価」, 日本建築学会大会学術講演梗概集(中国), D-2, pp.593-594, 1999. 9.
401 島田 潔, 福島史幸, 繪内正道, 澤地孝男, 瀬戸裕直:「多種トレーサーガス法による多室間換気量測定法の検証」, 日本建築学会大会学術講演梗概集(中国), D-2, pp.633-634, 1999. 9.
402 福島史幸, 繪内正道, 西澤繁毅, 島田 潔, 落藤 澄:「多種トレーサーガス法による高断熱高気密住宅の夏期の換気性状把握」, 日本建築学会大会学術講演梗概集(中国), D-2, pp.635-636, 1999. 9.
403 西澤繁毅, 森 太郎, 繪内正道, 羽山広文:「CFDによる高断熱高気密住宅の夏期の温熱環境解析」, 日本建築学会大会学術講演梗概集(中国), D-2, pp.653-654, 1999. 9.
404 森 太郎, 西澤繁毅, 繪内正道, 羽山広文:「CFDによる開放水面付設空間の温湿度分布・気流分布の数値シミュレーション その2:湿度の境界条件に関する考察」, 日本建築学会大会学術講演梗概集(中国), D-2, pp.655-656, 1999. 9.

405 清水 環, 羽山広文, 繪内正道, 亀井龍治, 小松正佳:「天井付設自然通風型コイルを用いた空調方式に関する研究 その1:省エネルギー性の検討」, 日本建築学会大会学術講演梗概集(中国), D-2, pp.895-896, 1999. 9.

406 西田和宏, 福島 明, 本間義規, 繪内正道:「床下暖房の開口設計に関するシミュレーション検討」, 日本建築学会大会学術講演梗概集(中国), D-2, pp.979-980, 1999. 9.

407 森 太郎, 小西崇永, 絵内正道, 羽山広文:「重力に平衡した自由浮遊バグによる気流動の可視化 その5:測定の自動化に向けた二つの試み」, 空気調和・衛生工学会学術講演論文集(富山), pp.97-100, 1999. 9.

408 羽山広文, 清水 環, 亀井龍治, 絵内正道:「天井付設自然通風型コイルを用いた空調方式に関する研究:システムの概要と自然通風型コイルの冷却特性の評価」, 空気調和・衛生工学会学術講演論文集(富山), pp.605-608, 1999. 9.

409 久保田克己, 丹保洋人, 繪内正道, 羽山広文, 森 太郎:「放射冷却パネル付設病室の室内気候 その1:計画の概要と放射温度分布の測定の結果」, 空気調和・衛生工学会学術講演論文集(富山), pp.305-308, 1999. 9.

410 丹保洋人, 久保田克己, 繪内正道, 羽山広文, 森 太郎:「放射冷却パネル付設病室の室内気候 その2:気流性状の実測」, 空気調和・衛生工学会学術講演論文集(富山), pp.309-312, 1999. 9.

411 絵内正道:「風除室の働きをする回転扉」, 北海道建築指導センター・センターリポート, 通巻120号, pp.14-17, 1999. 9.

412 森 太郎, 小西崇永, 絵内正道, 羽山広文:「北海道立総合体育センターの温熱環境調査結果(夏・冬)」, 空気調和・衛生工学会北海道支部第34回学術講演論文集, pp.37-40, 2000. 3.

413 小西崇永, 森 太郎, 絵内正道, 羽山広文:「道立総合体育センターの気流環境調査結果(夏・冬)」, 空気調和・衛生工学会北海道支部第34回学術講演論文集, pp.41-44, 2000. 3.

414 川口泰文, 瀬野和人, 絵内正道, 羽山広文, 森 太郎:「模型実験による流下水面の蒸発・凝縮機構の把握」, 空気調和・衛生工学会北海道支部第34回学術講演論文集, pp.45-48, 2000. 3.

415 瀬野和人, 川口泰文, 絵内正道, 羽山広文, 森 太郎:「屋内公開空間の水辺周辺の温度・湿度分布の測定結果」, 空気調和・衛生工学会北海道支部第34回学術講演論文集, pp.49-52, 2000. 3.

416 清水 環, 絵内正道, 羽山広文, 森 太郎, 立松宏一, 小松正佳:「天井付設自然通風型コイルを用いた空調方式に関する研究 その3:自然通風型コイルの熱特性に関する実験」, 空気調和・衛生工学会北海道支部第34回学術講演論文集, pp.53-56, 2000. 3.

417 立松宏一, 絵内正道, 羽山広文, 森 太郎, 清水 環, 木下 学:「高発熱機械室を対象とした自然換気による冷却方式の研究」, 空気調和・衛生工学会北海道支部第34回学術講演論文集, pp.57-60, 2000. 3.

418 西澤繁毅, 絵内正道, 島田 潔, 福島史幸:「換気量既知の模型空間を用いたトレーサーガス法の精度検証」, 空気調和・衛生工学会北海道支部第34回学術講演論文集, pp.77-80, 2000. 3.

419 島田 潔, 福島史幸, 絵内正道:「ローエネルギーハウスに適用したパッシブ換気の可能性の検証(冬期測定)」, 空気調和・衛生工学会北海道支部第34回学術講演論文集, pp.177-180, 2000. 3.

420 福島史幸, 絵内正道, 落藤 澄, 島田 潔, 西澤繁毅:「ローエネルギーハウスを用いた夏期のパッシブ換気の検証」, 空気調和・衛生工学会北海道支部第34回学術講演論文集, pp.181-184, 2000. 3.

421 森 太郎, 酒井義幸, 絵内正道, 羽山広文:「アトリウム空間の日射受熱量計算手法の開発:オブジェクト指向言語を用いた日射受熱量分布解析コードの開発と適用」, 日本建築学会北海道支部研究報告集, No73, pp.167-170, 2000. 7.
422 小西崇永, 森 太郎, 絵内正道, 羽山広文:「重力に平衡した自由浮遊バグによる気流動の可視化 その7:バグの自動追尾手法の開発と適用」, 日本建築学会北海道支部研究報告集, No73, pp.179-182, 2000. 7.
423 西澤繁毅, 島田 潔, 福島史幸, 絵内正道:「換気量既知の模型空間によるトレーサーガス法の検証」, 日本建築学会北海道支部研究報告集, No 73, pp.183-186, 2000. 7.
424 清水 環, 羽山広文, 絵内正道, 森 太郎, 小松正佳:「天井付設自然通風型コイルを用いた空調方式に関する研究:通風型コイルの熱特性に関する実験」, 日本建築学会北海道支部研究報告集, No 73, pp.211-214, 2000. 7.
425 羽山広文, 絵内正道, 森 太郎:「住宅の室温分布の評価方法」, 日本建築学会大会学術講演梗概集(東北), D-2, pp.105-106, 2000. 9.
426 本間義規, 福島 明, 絵内正道, 鈴木大隆:「基礎断熱床下空間の温湿度シミュレーション:床下を中心とした交換換気の影響と吸放湿材の効果」, 日本建築学会大会学術講演梗概集(東北), D-2, pp.257-260, 2000. 9.
427 大橋正知, 本間義規, 絵内正道, 福島 明:「粒状珪藻土体の湿気物性同定の検討」, 日本建築学会大会学術講演梗概集(東北), D-2, pp.333-334, 2000. 9.
428 川口泰文, 瀬野和人, 絵内正道, 羽山広文, 森 太郎:「模型流下水面による蒸発・凝縮機構の把握」, 日本建築学会大会学術講演梗概集(東北), D-2, pp.353-354, 2000. 9.
429 小西崇永, 森 太郎, 絵内正道, 羽山広文:「重力に平衡した自由浮遊バグによる気流動の可視化 その6:バグの自動追尾手法の開発」, 日本建築学会大会学術講演梗概集(東北), D-2, pp.537-538, 2000. 9.
430 西澤繁毅, 島田 潔, 福島史幸, 絵内正道:「トレーサーガス法による換気量算定に影響を及ぼす有効混合容積の検討」, 日本建築学会大会学術講演梗概集(東北), D-2, pp.543-544, 2000. 9.
431 島田 潔, 福島史幸, 絵内正道:「ローエネルギーハウスに適用した冬期のパッシブ換気システムの可能性」, 日本建築学会大会学術講演梗概集(東北), D-2, pp.595-596, 2000. 9.
432 立松宏一, 羽山広文, 絵内正道, 森 太郎, 清水 環, 木下 学:「高発熱情報処理室の自然換気による冷却方式の研究 その3:小規模建物を対象にした給気口・排気口の配置の検討」, 日本建築学会大会学術講演梗概集(東北), D-2, pp.621-622, 2000. 9.
433 林 基哉, 絵内正道:「気密性能が換気性状と空気質に与える影響に関する基礎検討:住宅の換気経路設計の可能性に関する研究 その2」, 日本建築学会大会学術講演梗概集(東北), D-2, pp.777-778, 2000. 9.
434 清水 環, 羽山広文, 絵内正道, 立松宏一, 小松正佳:「天井付設自然通風型コイルを用いた空調方式に関する研究 その2:自然通風型コイルの熱特性に関する実験」, 日本建築学会大会学術講演梗概集(東北), D-2, pp.941-942, 2000. 9.
435 羽山広文, 絵内正道, 森 太郎:「北海道地方における住宅の室内温湿度分布の実測と評価」, 空気調和・衛生工学会学術講演会学術講演論文集(盛岡), pp.1257-1260, 2000. 9.
436 清水 環, 羽山広文, 絵内正道, 森 太郎, 小松正佳:「天井付設自然通風型コイルを用いた新空調方式に関する研究開発:冷却コイルの熱特性に関する実験」, 空気調和・衛生工学会学術講演会講演論文集(盛岡), pp.1437-1440, 2000. 9.
437 小西崇永, 森 太郎, 絵内正道, 羽山広文:「北海道総合体育センターの気流環境調査結果」, 空気調和・衛生工学会学術講演会講演論文集(盛岡), pp.1689-1692, 2000. 9.
438 高瀬敏洋, 羽山広文, 絵内正道, 森 太郎:「自然エネルギーを利用した大規模市場

の換気計画 その1：室調機の室外機からの廃熱を利用した温度差換気の検討」, 空気調和・衛生工学会北海道支部第35回学術講演会講演論文集, pp.47-50, 2001. 3.
439 阿南陽介, 羽山広文, 絵内正道, 森　太郎：「アイスシェルターを用いた建物の冷房計画 その1：シェルターの形状と凍結・融解期間の検討」, 空気調和・衛生工学会北海道支部第35回学術講演会講演論文集, pp.55-58, 2001. 3.
440 清水 環, 羽山広文, 絵内正道, 森　太郎, 立松宏一：「天井付設自然通風コイルを用いた空調方式に関する研究 その4：室内形状による自然通風型コイルの熱特性」, 空気調和・衛生工学会北海道支部第35回学術講演会講演論文集, pp.83-86, 2001. 3.
441 大橋正知, 絵内正道, 佐々木大徳, 荒谷 登, 吉田繁夫, 中塚英和：「含浸珪藻土粒を用いた吸放湿型除湿機の試作と性能把握」, 空気調和・衛生工学会北海道支部第35回学術講演会講演論文集, pp.91-94, 2001. 3.
442 小西崇永, 森　太郎, 絵内正道, 羽山広文：「CFDによる大規模アリーナの気流分布の検討」, 空気調和・衛生工学会北海道支部第35回学術講演会講演論文集, pp.127-130, 2001. 3.
443 森　太郎, 小西崇永, 絵内正道, 羽山広文：「重力に平衡した自由浮遊バグによる気流動の可視化」, 空気調和・衛生工学会北海道支部第35回学術講演会講演論文集, pp.135-138, 2001. 3.
444 山本英輔, 絵内正道, 羽山広文, 森　太郎：「屋内公開空地に付設した冷却流水面による涼房効果に関する研究 その1：模型実験結果のマクロモデル解析への適用」, 空気調和・衛生工学会北海道支部第35回学術講演会講演論文集, pp.139-142, 2001. 3.
445 立松宏一, 絵内正道, 羽山広文, 森　太郎：「一対の換気塔を有する建物の換気性状の把握」, 空気調和・衛生工学会北海道支部第35回学術講演会講演論文集, pp.143-146, 2001. 3.
446 濱田瑞穂, 西澤繁毅, 絵内正道, 羽山広文：「通風をいかした熱排出法に関する基礎実験」, 空気調和・衛生工学会北海道支部第35回学術講演会講演論文集, pp.147-150, 2001. 3.
447 西澤繁毅, 絵内正道, 羽山広文, 森　太郎：「有効混合容積を指標とした通風空間の基礎的検討」, 日本建築学会北海道支部研究報告集, No.74, pp.175-178, 2001. 6.
448 絵内正道, 森　太郎：「体育館の屋根断熱の室内環境への効果：大型アリーナの計画・運営の指針としての調査・解析」, 北海道建築指導センター・センターリポート, 通巻第133号, pp.2-8, 2001. 11.
449 山本英輔, 会田悟史, 繪内正道, 羽山広文, 森　太郎：「屋内公開空地に敷設した冷却流水面による涼房効果に関する研究 その2：流水面周辺の気流場の可視化」, 空気調和・衛生工学会北海道支部第36回学術講演会講演論文集, pp.1-4, 2002. 3.
450 会田悟史, 山本英輔, 繪内正道, 羽山広文, 森　太郎：「屋内公開空地に敷設した冷却流水面による涼房効果に関する研究 その3：設定水温の変化が蒸発凝縮量, 冷凍機負荷に与える影響」, 空気調和・衛生工学会北海道支部第36回学術講演会講演論文集, pp.5-8, 2002. 3.
451 森　太郎, 池永晋介, 繪内正道, 羽山広文：「重力に平行した自由浮遊バグによる気流動の可視化 その8：カメラの位置決定手法の開発」, 空気調和・衛生工学会北海道支部第36回学術講演会講演論文集, pp.21-24, 2002. 3.
452 譲原 聡, 羽山広文, 繪内正道, 森　太郎, 山岸 浩：「天井付設自然通風コイルを用いた空調方式に関する研究 その5：チムニー型熱交換器の熱特性評価」, 空気調和・衛生工学会北海道支部第36回学術講演会講演論文集, pp.29-32, 2002. 3.
453 西澤繁毅, 繪内正道, 羽山広文, 森　太郎：「パルス法による通風同定法の見当」, 空気調和・衛生工学会北海道支部第36回学術講演会講演論文集, pp.81-84, 2002. 3.

454 会田悟史, 繪内正道, 羽山広文, 森　太郎, 山本英輔：「屋内公開空地に付設した冷却流水面による涼房効果に関する研究：設定水温の変化が蒸発凝縮量・冷凍機負荷に与える影響」, 日本建築学会北海道支部研究報告集, No.75, pp.143-146, 2002. 6.

455 野呂田みゆき, 羽山広文, 繪内正道, 森　太郎, 木下　学：「データセンタ用空調システムの効率決定の要因に関する研究　その2：換気流量比と室温分布の影響」, 日本建築学会北海道支部研究報告集, No.75, pp.155-157, 2002. 6.

456 大橋正知, 繪内正道, 荒谷　登, 羽山広文, 森　太郎, 尾谷　賢, 赤澤敏之, 内山智幸, 野村隆文, 鈴木徳雄, 鈴木和徳：「含浸珪藻土粒を用いた吸放湿除湿・熱交換換気装置の開発とその性能把握(その2)」, 日本建築学会北海道支部研究報告集, No.75, pp.413-416, 2002. 6.

457 西澤繁毅, 繪内正道, 羽山広文, 森　太郎：「有効混合容積をもとにモデル化した容積と空気齢の関係：有効混合容積による通風空間の基礎的検討　その2」, 日本建築学会大会学術講演梗概集(北陸), pp.747-748, 2002. 8.

458 会田悟史, 繪内正道, 羽山広文, 森　太郎, 山本英輔：「屋内公開空地に付設した冷却流水面による涼房効果に関する研究：設定水温の変化が蒸発凝縮量・冷凍機負荷に与える影響」, 空気調和・衛生工学会学術講演論文集(福岡), pp.1033-1036, 2002. 9.

459 阿南陽介, 羽山広文, 絵内正道, 森　太郎, 木下　学：「コージェネレーションシステムを用いた空調システムの信頼性評価(その1)：パッケージ型空調システムと熱回収型空調システムの評価」, 空気調和・衛生工学会学術講演論文集(福岡), pp.1149-1152, 2002. 9.

460 羽山広文, 絵内正道, 森　太郎：「外断熱RC建築の熱性能評価に関する研究：外断熱改修による集合住宅のエネルギー消費量の削減効果」, 空気調和・衛生工学会学術講演論文集(福岡), pp.1317-1320, 2002. 9.

461 野呂田みゆき, 羽山広文, 絵内正道, 森　太郎, 木下　学：「データセンタ用空調システムの高効率化に関する研究　その2：ブロックモデルを使った平均室温の予測」, 空気調和・衛生工学会学術講演論文集(福岡), pp.1457-1460, 2002. 9.

462 譲原　聡, 羽山広文, 絵内正道, 森　太郎, 瀬沼　央, 山岸　浩：「天井付設冷却パネルを用いた冷房方式に関する研究　その1：冷却パネルの熱特性実験」, 空気調和・衛生工学会学術講演論文集(福岡), pp.1473-1476, 2002. 9.

463 絵内正道, 福島　明, 林　基哉：「パッシブ換気の技術」, 日本建築学会環境工学委員会　熱環境小委員会第32回熱シンポジウム, pp.11-29, 2002. 11.

464 繪内正道：「冬の住環境」, チャイルドヘルス, Vol.6, 2003. 1.

465 森　太郎, 羽山広文, 絵内正道：「遮光布によるアトリウムの光・熱環境調整手法の検討　その6：遮光布を設置したアトリウムの温熱環境・空調負荷シミュレーション」, 空気調和・衛生工学会北海道支部学術講演会, pp.5-8, 2003. 3.

466 横山智恵, 絵内正道, 羽山広文, 森　太郎：「外断熱改修によるRC造建物の温熱環境改善効果とエネルギー消費量」, 空気調和・衛生工学会北海道支部学術講演会, pp.9-12, 2003. 3.

467 山本英輔, 絵内正道, 森　太郎, 会田悟史：「屋内公開空地に付設した冷却流水面によるクールスポット形成に関する研究」, 空気調和・衛生工学会北海道支部学術講演会, pp.13-16, 2003. 3.

468 野呂田みゆき, 羽山広文, 絵内正道, 森　太郎, 木下　学：「データセンタ用空調システムの高効率化に関する研究　その3：空調機の特性を考慮したエネルギー消費量の評価」, 空気調和・衛生工学会北海道支部学術講演会, pp.21-24, 2003. 3.

469 降籏由紀, 羽山広文, 絵内正道, 森　太郎：「データセンタ用空調システムの高効率化に関する研究　その4：室内機器の吸込み位置の影響」, 空気調和・衛生工学会北海道支

部学術講演会, pp.25-28, 2003. 3.
470　池永晋介, 森　太郎, 羽山広文, 絵内正道：「学校体育館の断熱改修に関する研究」, 空気調和・衛生工学会北海道支部学術講演会, pp.29-32, 2003. 3.
471　譲原　聡, 羽山広文, 絵内正道, 森　太郎：「天井付設自然通風型コイルを用いた空調方式に関する研究 その6：多孔型熱交換器の熱特性評価」, 空気調和・衛生工学会北海道支部学術講演会, pp.33-36, 2003. 3.
472　高瀬敏洋, 絵内正道, 羽山広文, 森　太郎：「自然エネルギーを利用した大規模市場の換気計画 その2：実測調査と数値解析による検討」, 空気調和・衛生工学会北海道支部学術講演会, pp.181-184, 2003. 3.
473　絵内正道, N. Pressman, A. Luttgen, 鄭　茂余, J. Heikkinen：「Winter Cities における冬の適応に関する調査結果」, 空気調和・衛生工学会北海道支部学術講演会, pp.185-188, 2003. 3.
474　羽山広文, 絵内正道, 森　太郎：「住宅の安全性に関する調査研究：札幌市における急病と負傷の発生」, 空気調和・衛生工学会北海道支部学術講演会, pp.189-192, 2003. 3.
475　菊田弘輝, 絵内正道, 羽山広文, 森　太郎：「外断熱建物と内断熱建物の温熱, 空調負荷解析　空調学会北海道支部が提案した空調負荷計算法の非定常数値解析による実証」, 空気調和・衛生工学会北海道支部学術講演会, pp.201-204, 2003. 3.
476　阿南陽介, 羽山広文, 絵内正道, 森　太郎：「コージェネレーションシステムを用いた空調システムの信頼性評価 その2：蓄熱装置導入の検討」, 空気調和・衛生工学会北海道支部学術講演会, pp.205-209, 2003. 3.
477　高橋弘揮, 絵内正道, 羽山広文, 森　太郎：「建築系学生の設計演習時の利用を目的とした自然温度計算ツールの開発」, 空気調和・衛生工学会北海道支部学術講演会, pp.209-212, 2003. 3.
478　森　太郎, 絵内正道, 羽山広文：「遮光布によるアトリウム空間の光熱環境調整手法の検討 その7：日射吸収量の分布とアトリウムの自然室温」, 日本建築学会北海道支部研究報告集, No.76, pp.201-204, 2003. 6.
479　羽山広文, 譲原　聡, 絵内正道, 森　太郎, 山岸　浩：「自然通風型熱交換器の熱特性に関する検討」, 日本建築学会北海道支部研究報告集, No.76, pp.205-208, 2003. 6.
480　譲原　聡, 羽山広文, 絵内正道, 森　太郎, 山岸　浩：「冷却パネルを用いた天井冷房方式に関する研究：冷却性能に関する実験的把握」, 日本建築学会北海道支部研究報告集, No.76, pp.209-212, 2003. 6.
481　降籏由紀, 羽山広文, 絵内正道, 森　太郎：「iDC空調システムに関する研究 その1：機器の形態と空調効率の関係」, 日本建築学会北海道支部研究報告集, No.76, pp.213-216, 2003. 6.
482　菊田弘輝, 羽山広文, 絵内正道, 森　太郎：「外断熱建物と内断熱建物の空調負荷解析：空調学会北海道支部が提案した熱負荷計算法による検証」, 日本建築学会北海道支部研究報告集, No.76, pp.221-224, 2003. 6.
483　横山智恵, 羽山広文, 絵内正道, 森　太郎：「外断熱改修によるRC造建物の温熱環境改善効果と空調設備容量の検討」, 日本建築学会北海道支部研究報告集, No.76, pp.225-228, 2003. 6.
484　高橋弘揮, 羽山広文, 絵内正道, 森　太郎：「設計演習用自然室温簡易計算手法の開発」, 日本建築学会北海道支部研究報告集, No.76, pp.229-232, 2003. 6.
485　イマド・ムシュタハ, 絵内正道, 羽山広文, 森　太郎：「Feasibility Study For Green Architecture Region(Gaza Case-Palestina)」, 日本建築学会北海道支部研究報告集, No.76, pp.233-236, 2003. 6.
486　絵内正道, N. Pressman, A. Luttgen, 鄭　茂余, J. Heikkinen：「Winter Cities に

おける児童の冬の適応に関する調査結果」, 日本建築学会北海道支部研究報告集, No.76, pp.451-452, 2003. 6.
487 髙橋弘揮, 絵内正道, 羽山広文, 森 太郎:「設計演習用自然室温簡易計算手法の開発」, 日本建築学会大会学術講演梗概集(東海), D-Ⅱ, pp.23-24, 2003. 9.
488 坊垣和明, 村上周三, 井上 隆, 田中俊彦, 絵内正道, 吉野 博, 赤林伸一, 飯尾昭彦, 鉾井修一, 渡邊俊行:「住宅のエネルギー消費量実測・データベースの作成調査 その1:調査の目的・概要および調査方法」, 日本建築学会大会学術講演梗概集(東海), D-Ⅱ, pp.125-126, 2003. 9.
489 田中俊彦, 村上周三, 井上 隆, 坊垣和明, 絵内正道, 吉野 博, 飯尾昭彦, 赤林伸一, 鉾井修一, 渡邊俊行:「住宅のエネルギー消費量実測・データベースの作成(その2):用途別の分類について」, 日本建築学会大会学術講演梗概集(東海), D-Ⅱ, pp.127-128, 2003. 9.
490 横山智恵, 絵内正道, 羽山広文, 森 太郎:「外断熱改修によるRC造建物の温熱環境改善効果とエネルギー消費量の検討」, 日本建築学会大会学術講演梗概集(東海), D-Ⅱ, pp.185-186, 2003. 9.
491 菊田弘輝, 絵内正道, 羽山広文, 森 太郎:「外断熱建物と内断熱建物の空調負荷解析:空調学会北海道支部が提案した熱負荷計算法による検証」, 日本建築学会大会学術講演梗概集(東海), D-Ⅱ, pp.193-194, 2003. 9.
492 絵内正道, 羽山広文, 森 太郎, 会田悟史, 横山智恵, 野呂田みゆき, 譲原 聡:「住宅内のエネルギー消費に関する調査研究(北海道SWGの取り組み) その1」, 日本建築学会大会学術講演梗概集(東海), D-Ⅱ, pp.297-298, 2003. 9.
493 会田悟史, 絵内正道, 羽山広文, 森 太郎, 横山智恵, 野呂田みゆき, 譲原 聡:「住宅内のエネルギー消費量に関する研究(北海道SWGの取り組み) その2:冬季エネルギー消費の分類と分析」, 日本建築学会大会学術講演梗概集(東海), D-Ⅱ, pp.299-300, 2003. 9.
494 森 太郎, 絵内正道, 羽山広文:「遮光布によるアトリウム空間の光熱環境調整手法の検討 その8:アトリウムの温度と自然換気量」, 日本建築学会大会学術講演梗概集(東海), D-Ⅱ, pp.347-348, 2003. 9.
495 野呂田みゆき, 羽山広文, 絵内正道, 羽山広文, 森 太郎, 木下 学:「データセンタ用空調システムの効率決定の要因に関する研究 その3:空調機吹出し温度下限値が効率に与える影響」, 日本建築学会大会学術講演梗概集(東海), D-Ⅱ, pp.1013-1014, 2003. 9.
496 降簱由紀, 羽山広文, 絵内正道, 森 太郎:「データセンタ用空調システムの効率決定の要因に関する研究 その4:機器の設置形態の影響」, 日本建築学会大会学術講演梗概集(東海), D-Ⅱ, pp.1015-1016, 2003. 9.
497 譲原 聡, 絵内正道, 羽山広文, 森 太郎, 瀬沼 央, 山岸 浩:「多孔型パネルを用いた天井冷房方式に関する研究 その2:多孔型パネルの冷却特性と熱移動の把握」, 日本建築学会大会学術講演梗概集(東海), D-Ⅱ, pp.1075-1076, 2003. 9.
498 羽山広文, 譲原 聡, 森 太郎, 絵内正道, 瀬沼 央, 山岸 浩:「天井付設コイルを用いた空調方式に関する検討」, 日本建築学会大会学術講演梗概集(東海), D-Ⅱ, pp.1167-1170, 2003. 9.
499 菊田弘輝, 絵内正道, 羽山広文, 森 太郎:「外断熱建物と内断熱建物の空調負荷解析:空調学会北海道支部が提案した平均負荷計算法による検証」, 空気調和・衛生工学会学術講演会講演論文集(松江), pp.29-32, 2003. 9.
500 森 太郎, 絵内正道, 羽山広文:「遮光布によるアトリウム空間の光熱環境調整手法の検討 その8:アトリウムの温度と自然換気量」, 空気調和・衛生工学会学術講演会講演論文集(松江), pp.589-592, 2003. 9.

501 譲原　聡, 羽山広文, 絵内正道, 森　太郎, 瀬沼　央, 山岸　浩：「天井付設冷却パネルを用いた冷房方式に関する研究　その2：熱移動に関する実験的検証」, 空気調和・衛生工学会学術講演会講演論文集(松江), pp.865-868, 2003. 9.

502 羽山広文, 譲原　聡, 森　太郎, 絵内正道, 瀬沼　央, 山岸　浩：「天井付設冷却パネルを用いた冷房方式に関する研究(その3)：ポリプロピレン配管を用いた自然通風型熱交換器」, 空気調和・衛生工学会学術講演会講演論文集(松江), pp.869-872, 2003. 9.

503 降籏由紀, 羽山広文, 絵内正道, 森　太郎：「データセンタ用空調システムの高効率化に関する研究　その5：機器吸い込み位置とエネルギー効率」, 空気調和・衛生工学会学術講演会講演論文集(松江), pp.901-904, 2003. 9.

504 横山智恵, 羽山広文, 絵内正道, 森　太郎：「外断熱改修によるRC造建物の温熱環境と空調設備容量の検討」, 空気調和・衛生工学会学術講演会講演論文集(松江), pp.1005-1008, 2003.9.

505 会田悟史, 絵内正道, 羽山広文, 森　太郎, 野呂田みゆき, 横山智恵, 譲原　聡：「北海道における住宅内エネルギー消費に関する調査研究　第1報：冬期・中間期におけるエネルギー消費の分類と分析」, 空気調和・衛生工学会学術講演会講演論文集(松江), pp.1701-1704, 2003. 9.

506 野呂田みゆき, 絵内正道, 羽山広文, 森　太郎, 会田悟史, 譲原　聡, 横山智恵：「北海道における住宅内エネルギー消費に関する調査研究　第2報：各家電機器が電力消費量のピークに与える影響」, 空気調和・衛生工学会学術講演会講演論文集(松江), pp.1705-1708, 2003. 9.

507 牧野準司, 森　太郎, 絵内正道, 羽山広文：「体育館における球技スポーツ競技者のグレアにおける研究」, 日本建築学会北海道支部研究報告集, No.77, pp.185-188, 2004. 7.

508 蓑川恭子, 絵内正道, 羽山広文：「積雪寒冷地域と温暖地域の小学校における冬の捉え方」, 日本建築学会北海道支部研究報告集, No.77, pp.189-192, 2004. 7.

509 田村佳愛, 羽山広文, 長谷川雅浩, 上田好美, 絵内正道, 森　太郎：「救急搬送データによる冬期の転倒事故等に関わる考察」, 日本建築学会北海道支部研究報告集, No.77, pp.193-196, 2004. 7.

510 森　太郎, 塚田佳奈, 館脇　英, 上林英文, 絵内正道, 羽山広文：「通気層付き外断熱複合板における外装材の乾燥性状に関する研究」, 日本建築学会北海道支部研究報告集, No.77, pp.205-208, 2004. 7.

511 高橋弘揮, 絵内正道, 羽山広文, 森　太郎：「住宅内のエネルギー消費に関する調査研究(北海道SWGの取り組み)　その5：エネルギー消費量と温湿度に関する分析」, 日本建築学会北海道支部研究報告集, No.77, pp.225-228, 2004. 7.

512 辻見真一郎, 絵内正道, 羽山広文, 森　太郎：「札幌市中央卸売市場の空気環境調査　その1：市場における実測調査」, 日本建築学会北海道支部研究報告集, No.77, pp.229-232, 2004. 7.

513 羽山広文, 絵内正道, 森　太郎, 鈴木大隆, 北谷幸恵：「一般建築物の簡易コミッショニング手法構築に関する研究　その2：札幌市における病院建築のエネルギー消費量」, 日本建築学会北海道支部研究報告集, No.77, pp.237-240, 2004. 7.

514 菊田弘揮, 絵内正道, 羽山広文, 森　太郎, 宮坂敏一：「住宅用CGSの排熱を利用した躯体蓄熱と暖冷房システムに関する研究」, 日本建築学会北海道支部研究報告集, No.77, pp.253-258, 2004. 7.

515 上田好美, 羽山広文, 絵内正道, 森　太郎, 田村佳愛：「住宅内での快適性および安全性に関する研究　その1：札幌・仙台・名古屋の救急搬送状況」, 日本建築学会北海道支部研究報告集, No.77, pp.283-286, 2004. 7.

516 絵内正道, 森　太郎, 高瀬敏洋：「外装及び断熱気密改修に伴う熱・気密性能の変

化」,日本建築学会北海道支部研究報告集, No.77, pp449-450, 2004. 7.
517 森 太郎,牧野準司,絵内正道,羽山広文:「競技者視線動の修正手法と解析結果例 その1:バレーボール競技者へのアンケート結果と視線動解析手法の概要」,日本建築学会大会学術講演梗概集(北海道), D-Ⅰ, pp.465-466, 2004. 8.
518 牧野準司,森 太郎,絵内正道,羽山広文:「体育館における球技スポーツ競技者のグレアに関する研究(その2):競技者視線動の修正手法と解析結果例」,日本建築学会大会学術講演梗概集(北海道), D-Ⅰ, pp.467-468, 2004. 8.
519 田村佳愛,羽山広文,上田好美,長谷川雅浩,絵内正道,森 太郎:「救急搬送データによる冬期の転倒事故等に関わる考察」,日本建築学会大会学術講演梗概集(北海道), D-Ⅰ, pp.785-786, 2004. 8.
520 蓑川恭子,絵内正道,羽山広文:「積雪寒冷地域と温暖地域の小学生における冬の捉え方」,日本建築学会大会学術講演梗概集(北海道), D-Ⅰ, pp.857-858, 2004. 8.
521 上田好美,羽山広文,絵内正道,森 太郎,田村佳愛:「住宅内での快適性および安全性に関する研究 その2:浴室まわりの温熱環境の実測」,日本建築学会大会学術講演梗概集(北海道), D-Ⅱ, pp.123-124, 2004. 8.
522 高橋弘揮,絵内正道,羽山広文,森 太郎,降籏由紀,菊田弘輝,辻見真一郎:「住宅内のエネルギー消費に関する調査研究(北海道SWGの取り組み) その3:エネルギー消費量の季節変動」,日本建築学会大会学術講演梗概集(北海道), D-Ⅱ, pp.257-258, 2004. 8.
523 降籏由紀,絵内正道,羽山広文,森 太郎,高橋弘揮,菊田弘輝,辻見真一郎:「住宅内のエネルギー消費に関する調査研究(北海道SWGの取り組み) その4:室内温度分布の分析と評価」,日本建築学会大会学術講演梗概集(北海道), D-Ⅱ, pp.257-258, 2004. 8.
524 横山智恵,絵内正道,羽山広文,森 太郎,鈴木憲三:「数値解析による外断熱建物の空調用エネルギー消費量と室温変動に関する研究」,日本建築学会大会学術講演梗概集(北海道), D-Ⅱ, pp.313-314, 2004. 8.
525 菊田弘輝,絵内正道,羽山広文,森 太郎:「外断熱・空調設備改修後の温熱環境とエネルギー消費量について」,日本建築学会大会学術講演梗概集(北海道), D-Ⅱ, pp.1235-1236, 2004. 8.
526 辻見真一郎,絵内正道,羽山広文,森 太郎:「札幌市中央卸売市場の空気環境調査 その2:実測調査の結果による換気量の推定」,日本建築学会大会学術講演梗概集(北海道), D-Ⅱ, pp.1303-1304, 2004. 8.
527 羽山広文,譲原 聡,絵内正道,森 太郎,瀬沼 央,山岸 浩:「天井付設冷却パネルを用いた空調方式のエネルギー消費量に関する検討」,日本建築学会大会学術講演梗概集(北海道), D-Ⅱ, pp.1475-1478, 2004. 8.
528 会田悟史,絵内正道,羽山広文,森 太郎:「冷却流水面を有する屋内公開空地のCFD解析に関する研究」,日本建築学会大会学術講演梗概集(北海道), D-Ⅱ, pp.1543-1544, 2004. 8.
529 絵内正道,森 太郎:「外装・断熱気密改修に伴う熱・気密性能の変化」,日本建築学会大会学術講演梗概集(北海道), D-Ⅰ, pp.1061-1062, 2004. 8.
530 石川祥平,羽山広文,絵内正道,鈴木大隆,北谷幸恵:「北海道における業務用建物のエネルギー消費実態調査 第3報:札幌市における学校建築のエネルギー消費量」,空気調和・衛生工学会大会(名古屋), pp.269-272, 2004. 9.
531 牧野準司,絵内正道,羽山広文,森 太郎,降籏由紀,高橋弘揮,菊田弘輝,辻見真一郎:「住宅内のエネルギー消費に関する調査研究(北海道SWGの取り組み) 第5報:室内温度分布の分析と評価」,空気調和・衛生工学会大会(名古屋), pp.281-284, 2004. 9.
532 高橋弘揮,絵内正道,羽山広文,森 太郎,牧野準司,菊田弘輝,辻見真一郎,降籏由

紀:「北海道における住宅内エネルギー消費に関する調査研究 第6報:エネルギー消費量に関する分析」, 空気調和・衛生工学会大会(名古屋), pp.285-288, 2004. 9.
533 菊田弘輝, 絵内正道, 羽山広文, 森 太郎:「外断熱建物の熱交換器付設に伴う外気負荷の削減効果について」, 空気調和・衛生工学会大会(名古屋), pp.1763-1766, 2004. 9.
534 辻見真一郎, 絵内正道, 羽山広文, 森 太郎:「札幌市中央卸売市場の空気環境調査 その2」, 空気調和・衛生工学会大会(名古屋), pp.1259-1262, 2004. 9.
535 羽山広文, 野呂田みゆき, 絵内正道, 森 太郎, 久保田克己:「空調ゾーニングを考慮したオフィスの室温分布に関する研究」, 空気調和・衛生工学会大会(名古屋), pp.1279-1282, 2004. 9.
536 上田好美, 羽山広文, 絵内正道, 森 太郎, 田村佳愛:「救急搬送データを用いた住宅の安全性に関する研究 その3:浴室まわりの温熱環境の実測とその改善方法の検討」, 空気調和・衛生工学会大会(名古屋), pp.1359-1362, 2004. 9.

III:研究報告書, 書籍

537 堀江悟郎, 荒谷 登, 本間 宏, 繪内正道, 大崎靖彦:「オリンピック選手村の暖房計画に関する基礎的研究」, 日本建築学会北海道支部地域暖房研究委員会, 1969. 3.
538 洪 悦郎, 荒谷 登, 絵内正道, 鍋島 晟, 羽山広文, 窪田英樹, 西 安信, 鈴木憲三, 進藤芳政, 大野仰一, 横平 昭, 上野 榮, 釜田幹男, 福島 昭, 山崎正弘, 斎藤富士子:「寒地住宅の居住水準に関する調査研究」, 北海道庁・北海道大学工学部建築工学科, 1980. 3.
539 荒谷 登, 絵内正道, 白鳥泰宏:「熱環境解析のための境界条件に関する研究」, 昭和54年度科学研究補助金(1979/1980) 一般研究(C) 成果報告書, 1981. 2.
540 絵内正道, 梅干野 晁, 小玉裕一郎, 加藤義男, 武政孝治, 松成和夫, 矢野和之:「自然エネルギー利用のためのパッシブ建築設計手法事典」, 彰国社編, 彰国社, 1982. 8.
541 足達富士夫, 荒谷 登, 上田陽三, 繪内正道, 鎌田紀彦, 釜田幹男, 川治正則, 洪 悦郎, 越野 武, 佐々木 隆, 柴田拓二, 鈴木憲三, 中村裕史, 西 安信, 野口孝博, 長谷川寿夫, 服部 隆, 福島 明, 本間 宏, 村元 徹, 森下 満:「寒地建築教材 概論編」, 日本建築学会北海道支部編, 彰国社, 1982. 11.
542 繪内正道, 洪 悦郎, 大野仰一, 西 安信, 菊地弘明, 魚住麗子, 寺田米男, 熊谷 勇, 佐藤行男, 佐藤勝秦, 鈴木忠男, 土屋公三, 中田祐胤, 中村 剛, 中山照善, 中山農夫彦, 登坂三夫, 藤墳 明, 本田 堯, 松浦周一, 三浦公夫, 三浦庄平, 村上寅之助:「北米・カナダの寒地住宅を訪ねて」, 日本建築学会北海道支部寒地住宅研究連絡委員会編, 1983. 1.
543 岡 樹生, 肱黒弘三, 立岡 弘, 鈴木弘昭, 須貝 高, 田中辰明, 岩崎和男, 鈴木一正, 繪内正道, 森永道夫, 堀越寛満, 山下輝男, 諸橋 薫, 清水 正, 塚田達也, 釘宮正隆, 樋口誠六, 二渡勇美:「建築用断熱・防露技術資料」, 情報開発, 1983. 4.
544 繪内正道, 福島 明, 坂本敏一, 窪田英樹, 大野仰一, 荒谷 登:「建物の外断熱と熱環境」, 建設経済社, 1985. 7.
545 荒谷 登, 繪内正道, 佐々木 隆, 石田秀樹, 濱田暁生, 大橋 馥, 山崎正弘:「公営住宅の室内環境に関する調査研究」, 日本建築学会北海道支部環境工学専門委員会報告, 1986. 2.
546 絵内正道:「開放冷房の可能性の関する研究」, 昭和62年度科学研究補助金(1986/1987) 一般研究(C) 研究成果報告書(課題番号61550422), 1988. 3.
547 荒谷 登, 絵内正道, 佐々木 隆, 石田秀樹:「学校建物の熱環境計画に関する研究」, 昭和63年度科学研究補助金(1986/1988) 一般研究(B) 成果報告書(課題番号61460179), 1989. 3.
548 荒谷 登, 繪内正道, 松浦 茂, 植田俊光, 佐藤和美, 釜田幹男:「断熱住宅の暖房」,

空気調和衛生工学会設備技術研究委員会・住宅暖房研究小委員会編, 1989. 3.
549　荒谷　登, 繪内正道, 鈴木憲三, 長谷川寿夫, 一宮忠雄, 佐藤勝秦, 川治正則:「外断熱工法ハンドブック(1991年版)」, 北海道外断熱工法協議会編, 1991. 2.
550　絵内正道, 小林英嗣, 久保田克己, 大野仰一, 守光正幸, 苫米地　司, 辻　博司, 立原　敦, 鈴木敏司, 福島　明, 佐々木博明:「積雪寒冷地における透明天蓋空間の可能性に関する研究」, 日本建築学会北海道支部本部助成(1991／1992)研究, 1992. 4.
551　荒谷　登, 鈴木憲三, 繪内正道, 長谷川寿夫, 圓山彬雄, 野口孝博, 浮田富雄:「雪と寒さへの生活対応の地域性に関する研究」, 平成3年度北海道科学研究補助金報告書, 1992. 4.
552　荒谷　登, 越野　武, 足達富士夫, 大垣直明, 菊地弘明, 圓山彬雄, 鎌田紀彦, 繪内正道, 鈴木憲三, 苫米地　司, 福島　明:「北海道の住まい：環境の豊かさをどう生かすか」, 平成4年度北海道大学放送講座, 北海道大学図書刊行会, 1992. 10.
553　絵内正道, 小林英嗣, 鎌田紀彦, 佐々木博明, 大野仰一, 苫米地　司:「積雪寒冷型硝子被覆空間(アトリウム)の可能性に関する研究」, 平成4年度科学研究補助金(1991／1992)総合研究(A)研究成果報告書(課題番号 03302049), 1993. 3.
554　村上周三, 萩野紀一郎, 加藤信介, 戸河里敏, 絵内正道, 久野　覚, 宮田紀元, 菅　眞一郎, 山田常圭, 松本　猛, 森川泰成, 近藤三雄, 吉野　博:「アトリウムの環境設計」, 日本建築学会編, 彰国社, 1994. 1.
555　絵内正道, 大野仰一, 久保田克己, 小林英嗣, 佐々木博明, 鈴木敏司, 孫田　敏, 辻　博司, 苫米地　司, 福島　明, 守光正幸:「積雪寒冷型アトリウムの計画と設計」, 北海道大学図書刊行会, 1995. 2.
556　荒谷　登, 絵内正道, 沼野夏生, 吉野　博, 水野一郎, 月舘敏栄, 越野　武, 福島　明, 窪田英樹, 石川善美, 鈴木憲三, 大野仰一, 横山真太郎, 西　安信, 石田秀樹, 佐々木　隆, 浅野良晴, 渡辺正明, 三橋博三, 小松幸夫, 足達富士夫, 野口孝博, 西村伸也, 大垣直明, 菊地弘明, 天野克也, 小林英嗣:「建築教材：雪と寒さと生活Ⅰ　発想編」, 日本建築学会編, 彰国社, 1995. 2.
557　絵内正道, 倉本龍彦, 布川俊次, 圓山彬雄, 柳瀬寛夫, 小室雅伸, 松岡拓公雄, 浜松幹夫, 小玉祐一郎, 藤田順吉郎, 水野一郎, 鈴木憲三, 長谷川寿夫, 野口孝博, 鎌田紀彦, 高月捷治:「建築教材：雪と寒さと生活Ⅱ　事例編」, 日本建築学会編, 彰国社, 1995. 4.
558　絵内正道:「大規模吹き抜け空間の熱対流型換気の性状把握」, 平成6年度科学研究費補助金(1993／1994)一般研究(B)研究成果報告書(課題番号 05452259), 1995. 3.
559　繪内正道, 伊藤和博, 菊地弘明:「住環境シンポジウム'95滝川:『弱さ』から生まれる共有のまちづくり」, 日本建築学会北海道支部・集住の熱環境と共有の生活研究委員会編・活動報告書, 1995. 12.
560　絵内正道・福島　明, 吉野　博, 林　基哉, 佐々木　隆, 土井　聡, 宮浦睦明:「寒地住宅におけるパッシブ換気にフィジビリスタディー」, (財)第一住宅建設協会&地域社会研究所・研究助成), 研究成果報告書, 1995. 11.
561　絵内正道:「断熱読本6：断熱改修」, 北海道外断熱協議会, 1996. 1.
562　繪内正道, 荒谷　登, 森　太郎, 梶井浩文, 金田裕一, 湯浅岳雄, 前田英彦, 大林　勇, 宮浦睦明, 福島　明, 本間義規:「積雪寒冷地における災害避難施設の熱環境計画に関する研究」, 第17回北海道新聞学術文化研究奨励金研究報告書, 1997. 4.
563　絵内正道, 野口孝博, 長谷川寿夫, 福島　明, 久保田克己:「積雪寒冷地の老人保健施設付属アトリウムの熱環境計画」, 全国労働者共済生活協同組合連合会, 1997年度助成事業報告書, 1998. 3.
564　荒谷　登, 繪内正道, 伊藤和明, 野口孝博, 山崎正弘, 上野　榮, 魚住麗子, 川治正則, 菊地弘明, 鬼頭弘一, 濱田暁生, 宮ço　寛, 山田真知子, 福島　明:「共有の生活」, 日本建

築学会北海道支部・共有の生活研究委員会活動報告書, 1998. 4.
565 絵内正道, 松本保彦, 月舘 司, 高松康二, 小杉 明, 雨宮 満, 鈴木憲三, 久保田克己, 波江野宏, 小田島 燗, 前沢信夫, 佐々木博明, 山下 繁, 鈴木雅幸, 市川 健:「寒冷地の風除・換気・結露問題」, 空気調和・衛生工学会北海道支部設備技術研究委員会・寒冷地の風除・換気・結露問題研究小委員会研究成果報告書, 1998. 5.
566 林 基哉, 坂本雄三, 岡 建夫, 坊垣和明, 小玉祐一郎, 小田原 隆, 鈴木大隆, 澤地孝男, 大澤元毅, 宿谷昌則, 絵内正道, 村田幸隆, 工藤忠良, 篠田公成, 栗原潤一, 永田豊:「省エネルギーハンドブック'98 住宅編」, 住宅・建築省エネルギー機構, 1998. 4.
567 吉野 博, 澤地孝男, 井上 隆, 絵内正道, 永村一雄, 須永修通, 長谷川兼一, 林 徹夫, 堀越哲美, 山岸明浩:「住宅環境設計データベース小委員会平成9年度報告書」, 日本建築学会環境工学委員会環境設計小委員会住宅環境設計WG, 1998. 3.
568 絵内正道, 福島 明, 小笠原一隆, 高杉 昇, 仁木康介, 西田和宏, 林 基哉, 本間義規:「パッシブ換気システム：設計施工マニュアル」, 日本建築学会環境工学委員会熱環境小委員会・寒地住居の未利用空間の環境デザインSWG編, 北海道住宅環境協議会刊行, 1999. 3.
569 繪内正道, 鈴木憲三, サデギアン・タギ, 坂本敏一:「実用レベルの外断熱建物の熱負荷計算法」, 空気調和衛生工学会北海道支部・設備技術研究会刊行, 1999. 11.
570 繪内正道, 羽山広文, 森 太郎, 西澤繁毅, 島田 潔, 福島史幸, 澤地孝男, 瀬戸裕直:「多種とレーサーガス法を用いた多数質換気量の測定に関する研究」, 平成11年度科学研究費補助金(1998/1999) 基盤研究(B) 研究成果報告書(課題番号10450208), 2000. 3.
571 繪内正道, 羽山広文, 立松宏一:「大規模市場の換気および照明計画に関する研究」, 北海道大学大学院工学研究科・建築環境学分野研究報告書(札幌市委託研究), 2000. 6.
572 石田信夫, 伊藤 昭, 絵内正道, 小玉祐一郎, 小室大輔, 澤地孝男, 宿谷昌則, 須永修通, 武政孝治, 並木 裕, 堀越哲美, 松原齊樹:「自然エネルギー利用のためのパッシブ建築設計手法事典」, 彰国社編, 彰国社, 2000. 7.
573 荒谷 登, 鈴木憲三, 石田秀樹, 福島 明, 長谷川寿夫, 絵内正道:「住まいの断熱読本：夏・冬の穏やかな生活づくり」, 北海道外断熱建築協議会編, 彰国社, 2001. 2.
574 繪内正道, 羽山広文, 森 太郎, 小西崇永, 庄司大輔:「視観察用自由浮遊気球の試作と魚眼ビデオカメラによる移動気球の記録と解析」, 平成11年度科学研究費補助金(1999/2000) (萌芽的研究) 研究成果報告書(課題番号11875120), 2001. 3.
575 繪内正道, 羽山広文, 森 太郎, 小西崇永:「北海道立総合体育センター環境調査報告書」, 大空間環境・エネルギー・蓄熱研究会編, 2001. 4.
576 繪内正道, 梅干野 晃:「45断熱・気密・防露設計(建築設計資料集成 総合編)」, 日本建築学会編, 丸善, 2001. 6.
577 絵内正道, 福島 明, 岩井信行, 小笠原一隆, 河戸 隆, 小西一也, 本間義規, 佐々木隆, 鈴木憲三, 高杉 昇, 道券純三, 仁木康介, 林 基哉, 吉田繁治, 和田博孝, 浅井 亮, 末永雅祐, 林田 透, 星 英也:「床下暖房システムマニュアル：日本建築学会環境工学委員会熱環境小委員会基礎断熱床下空間利用の暖房・換気に関する研究SWG編」, 北海道住宅環境協議会刊行, 2001. 8.
578 吉野 博, 絵内正道, 永村一雄, 澤地孝男, 須永修通, 長谷川兼一, 山岸明浩:「住宅の環境設計データブック」, 日本建築学会編, 丸善, 2001. 7.
579 繪内正道:「北国の街づくりと景観：気候に結び付けた都市デザイン」, 北海道大学図書刊行会, 2002. 1.
580 荒谷 登, 鎌田紀彦, 鈴木大隆, 福島 明, 長谷川寿夫, 吉野利幸, 山崎正弘, 鈴木憲三, 繪内正道, 羽山広文, 横山智恵:「RC造 外断熱工法ハンドブック 2003年度版」, 北海道外断熱建築協議会刊行, 2003. 1.

581 繪内正道, 羽山広文, 森 太郎, 前田英彦, 川口泰文, 瀬野和人, 山本英輔, 会田悟史：「屋内オープンスペースにおける開放冷却水面を利用した涼房システムに関する研究」, 平成12年度科学研究費補助金(2000／2002) 基盤研究(B) 研究成果報告書(課題番号12450230), 2003. 5.

582 繪内正道, 羽山広文, 森 太郎, 長谷川寿夫, 鈴木憲三, 石田秀樹, 佐々木 隆, 本間義規, 林 基哉, 福島 明, 鈴木大隆, 横山智恵, 会田悟史, 菊田弘輝, 館脇 英：「外断熱によるRC造集合住宅のリニューアルに関する実験的研究」, 平成12年度科学研究費補助金(2000／2002)（地域連携推進研究）研究成果報告書(課題番号12792012), 2003. 3.

583 松尾 陽, 石野久彌, 赤坂 裕, 宇田川光弘, 繪内正道, 坂本雄三, 長井達夫, 時田 繁, 菅長正光, 日沖正行, 安藤一成, 川瀬貴晴：「建物の断熱特性等を考慮した空調熱負荷計算手法の構築のための基礎資料作成業務」, 国土交通省大臣官房官庁営繕部委託研究・空気調和衛生工学会報告書, 2003. 3.

584 松尾 陽, 石野久彌, 赤坂 裕, 宇田川光弘, 繪内正道, 坂本雄三, 長井達夫, 時田 繁, 菅長正光, 日沖正行, 安藤一成, 川瀬貴晴：「高断熱建物における熱負荷計算法調査研究」, 大阪／東京／東邦ガス委託研究・空気調和衛生工学会報告書, 2004. 3.

Ⅳ：特許

特願2001-230213　換気装置

特願2003-012675　球状吸放湿材とその製造方法,吸放湿ボール及び吸放湿装置

あとがき

　本研究は，私たちの生活空間の空気環境，あるいは熱環境の計画と設計という最も身近な事象を課題にして取り纏めたものである。本著では，積雪寒冷地における居住室の「寒さ」や「暑さ」にかかわる空気流動の観察や温度分布の測定を通じて，地域性，建築環境，生活対応について考えてきた。いずれの章においても，建物の「高断熱高気密化」によって生活空間内の「寒さの解消」が可能になったとき，建築空間の温度むらともいえる「温度積層」を積極的に活かした空気・温度環境の計画が可能になるというコンテキストが，繰り返し繰り返し現れてくる。

　太陽光に満ち溢れた明るい空間で人工照明の演出を試みる建築家やインテリアデザイナーがいるだろうか。昼間から建物をライトアップする非常識な照明デザイナーもいないだろう。暗闇があってこその演出が，照明の命なのだ。同じように，温度むらの大きな空間で，温度のむらの演出などできる訳がない。生活者に建築空間の温度のむらが意識されないようになって初めて，空気の流れや温度のむらにかかわった環境計画（演出）が可能になってくるのである。その意味で，愚直かも知れないが，北海道という地域性の良さを知る手がかりは，建物の「高断熱高気密化」に尽きると考えたい。そのような理念の理解や認識が，これからの積雪寒冷地における建築空間の空気・熱環境計画の一助になることができれば幸いである。

　この小論を終えるにあたり，卒業研究から現在まで，地域性と建築環境にとって何が問題で，何がその本質なのか，にかかわってご教示を賜わってきた北海道大学名誉教授・荒谷登先生に心から感謝の意を表したい。
　また，著者が所属することになった北海道大学工学部建築工学科・建築環境学講座への奉職の機会は，京都大学名誉教授・堀江悟郎先生の労により与えられたものであった。機構改革後，所属は建築環境学講座から大学院工学

研究科都市環境工学専攻・人間環境計画学講座(建築環境学分野)へと移行し，また国立大学法人化後は空間性能システム専攻・空間性能講座(建築環境学研究室)へと配属が変わったが，建築環境学講座時代の本間宏先生，横平昭先生，鈴木憲三先生，佐々木隆先生，石田秀樹先生，機構改革後は大講座の落藤澄先生，持田徹先生，窪田英樹先生，横山真太郎先生，長野克則先生，濱田靖弘先生，羽山広文先生，森太郎先生には公私にわたって多大なご教示やご助力を頂いた。

本著には二度にわたった在外研究の諸成果が加えられている。カナダでは，現在の Institute for Research in Construction / NRC の Dr. S. A. Barakat 建築研究部部長の下で換気の研究を行ったが，2003 年 12 月にリタイアされた Dr. C. Y. Shaw 科長，Dr. J. T. Reardon 主任研究官と R. J. Magee 技官は，本著で取り上げた多種トレーサガス法の共同研究者であった。フィンランドでは，Building Technology / VTT の J. Heikkinen 主任研究員より建築基準，住宅事情や気流動にかかわった貴重なサジェッションを頂いた。特に，多数室換気における共同研究に際し，多大なお世話を頂いた Shaw 博士の的確なサポートには心から敬意を表さなければならないであろう。

資料編に掲載した諸論文は，建築環境学講座や人間環境計画学講座において行われた卒業論文研究や修士論文研究を取り纏め，学協会のジャーナルに発表したものであり，荒谷，繪内が共著者であるものを中心に採録している。限られた紙幅であること，また，いずれの諸論文や研究報告においても得られた成果が研究室メンバーとの濃密な共同研究によることに甘え，個々の卒論生・修論生諸氏のご協力，ご紹介については省略させて頂くが，卒論生・修論生諸氏の精力的な研鑽がなければ，本著は日の目を見なかったであろうことは確かである。本著では，その中から数多くの引用がある。記して感謝する。また，資料編の編集・校正では，佐々木隆・岩手県立大学盛岡短期大学部教授，福島明・北海道建設部指導課主幹，林基哉・宮城学院女子大学教授のご協力を頂いた。

最後になったが，ともすれば易き方向に流れ，挫けそうになる著者を支えてくれた妻の厚子に，また，本著の刊行にあたって，直接的なサポートを頂いた建築環境学分野(同研究室)教員・羽山広文，森太郎，同事務員・山内好

子，天元志保，北海道大学出版会・成田和男，田中恭子の諸氏に，改めて心より感謝する。

    2005 年 12 月 20 日

繪内　正道

索　引

【ア行】

アースチューブ　5, 153
アトリウム　175
アレルギー性疾患　2
維持管理　210
一様乱流域　35
1室1温　78
1室3温　78
一定供給法　71, 119
居間中央型　15
インシデントファクター　185
インパルス供給　4
渦動粘性係数　44, 45
裏庭　167
オイラー　4, 32
屋内緑地　179
オープンジョイント　19, 25, 197
重み平均濃度　86
オリフィス法　129, 131
温度
　　温度成層　4, 5, 76, 185
　　温度積層　199
　　温度むら　4

【カ行】

外気滲入量　3
改修　205
開放
　　開放型換気システム　187
　　開放機能　18
　　開放系　161
ガウス消去法　115
化学物質過敏症　149
重ね合わせ　70

可視化　40
　　可視化法　37, 108
加湿器　16
カスケード方式　187
仮想室　79
茅葺き屋根　25, 165
ガラス被覆吹き抜け空間　175
ガラス被覆歩道　175
雁木　175
換気
　　換気回数　66, 68, 84, 85
　　換気計画　10
　　換気経路　108
　　換気システム　158
　　換気制御　134
　　換気量の平衡式　62
還気処理　146
環境基準　149
環境共生　205
　　環境共生住宅　170
間欠・部分暖房　25
乾式サイディング　208
寒地住宅　12
感度解析　118, 124
還流冷気　41
機械換気　26
基礎室温　15, 27, 29, 30
基礎断熱　139, 160
起爆性　126
気密性　19
　　気密性能　3
　　気密性能水準　140
キャリブレーション　122
給気予熱　146

吸放湿　13
境界層厚さ　35
凝縮　18, 190
共有　210
魚眼レンズ　49
居住域空調方式　180
空間相関　33, 34
空間的選択透過　196
空間的な温度むら　5
空間的な寒さ　138
空間平均濃度　52
空気環境　2
空気質　73
結露　13
　　　結露対策　3
減衰法　71
建築環境計画　201
建築基準法　27, 149
建築物環境衛生管理法　149
コア流れ　167
恒常　4
　　　恒常系　71
　　　恒常性　58
高耐久　208
戸境壁　169
個別暖房　136
コミッショニング　158
混合　4
コンパクトシティー　210

【サ行】
最小自乗法　62
採暖　23
再利用熱　183
作用温度　190
撒水　170
視観察法　45
時間遅延法　33
時間的・空間的な温度むら　30
時間的選択透過　196

時間的な温度むら　5
時間的な寒さ　138
時間の価値　209
軸組構法　17
資産の価値　209
指数関数　84
施設臭　188
自然エネルギー　6, 204
自然温度　182
　　　自然温度型のアトリウム　183
自然換気　26
持続可能な発展　6
下見板　25
室間換気量　3
シックハウス　2, 28
　　　シックハウス症候群　26
湿気　3, 18
　　　湿気に開放的な住居　25
　　　湿気の開放　3
　　　湿気の閉鎖　3
実体容積なしの換気連絡路　109, 112, 154
室内設計温度　26
時定数　93
社会基盤　17
社会資産　210
遮光率　190
終速度　43, 45, 46
住宅基準法　26
集中暖房　15
集中定数　62
自由浮遊バグ　48
従量制料金　16
重力の加速度　142
瞬間供給法(減衰法)　119
瞬時一様拡散　4, 32, 57, 68
省エネルギー　5, 202
昇華　59
蒸発　190
上方開放

索　引　257

上方開放換気　25
上方開放熱対流型換気　81, 170
上方開放冷房空間　76
除寒　199
初期濃度　67
恕限度濃度　53
人工気象室　112
人体表面温度　78
垂直方向の熱対流型換気　163
水平方向速度ゼロ面　44
水平方向の置換型換気　163
数値計算(CFD)　37
透かし欄間　169
隙間風　3, 13
隙間相当面積　141, 143
ステップ供給　4
ストック　13, 209
ストーブ暖房器　15
スモークワイヤー　40
積層安定期　166
積層不安定期　166
積分表現　126
積分方程式　70
石油危機　6, 18, 135
絶対湿度　53
設定温　136
ゼロエミッション　204
全屋断熱　23
全屋暖房　43
線形問題　70
選択的透過　6, 196
「全内」空間　177
総隙間面積　142
総排気量　112
測定誤差　126
外断熱工法　202
外張り断熱　208
「外擬」空間　175
ソーラーハウス　6

【タ行】
第3種換気　140
代替エネルギー　6
耐久性　209
ダイナミック・インシュレーション　23
太陽電池　201
対流循環量　44
対流放熱型　138
高床　24
多重反射　185
多種トレーサガス法　10, 83
多数室換気　4
多数室換気量　58
堅穴式住居　21
縦ダクト・押し込みファン方式　158
妥当な算定時刻　93, 100
暖房習慣　5
短絡流れ　80
地域性　6, 209
地域暖房　15
地球環境時代　201
逐次積分法　150
中央暖房　136
中古住宅　205
中性帯　142
中立軸　46
直線補間　119
通気　18
通気層　25
通気層工法　208
坪庭　166
低温暖房　17
定濃度法　72
デシカント空調　37, 193
デリベントファン　180
天井付近温度　136
同時刻性　119, 126, 178
透湿　18
到達距離　185
到達濃度　67, 79

通り庭　166
土間床空間　165
ドライアイス　59
トラップエフェクト　19
トレーサガス　4, 53
　　トレーサガス法　4, 32
トレーサパーティクル　32, 43
屯田兵屋　12

【ナ行】
内外温度差　5
中庭　167
夏型結露　198
夏対応　174
熱環境　2
熱環境計画　10
熱交換換気扇　139, 150
熱線型微風速計　33
熱対流型(上方1面開口)換気　5
熱対流型換気　10, 47, 79, 169
粘性拘束域　35
燃料電池　201
濃度減衰法　58
濃度平衡式　55, 57

【ハ行】
排気筒　73, 140
ハイサイド窓　172
排湿構法　198
バイパス流れ　108
パッシブ換気　3, 5, 134
　　パッシブ換気システム　72
パルス法　105, 108
「半外」空間　177
搬送動力費　47
「半内」空間　177
非拡散
　　非拡散処理　5
　　非拡散排気　25
　　非拡散排熱　199

非恒常　4
比重量　142
非線形問題　70
必要外気量　29
必要換気量　26
微分表現　127
非平衡型　20
標準ガス　105
標準偏差　138
費用対効果　204
ビル管理法　28
副暖房空間　43
部分断熱　23
浮遊飛跡　50
古さの価値　210
フロー　13, 209
分解能　126
平衡型　20
閉鎖機能　18
閉鎖系　161
壁面温度分布　206
防寒住宅　11
防湿材　18
防湿性　19
放射温度分布　168
放射カメラ　206
放射性物質　28
放射放熱型　138
防水　19
保温暖房　178
北方型住宅　11
北方圏域　6
ホルムアルデヒド　28, 150

【マ行】
マクロ把握　52
ミクロ把握　52
乱れ規模　32, 35
未利用空間　145
メンテナンス　158

索　引　259

メンテナンスフリー　206
モデリング　4, 108
モール　181

【ヤ行】
夜間換気　160
夜間電力　187
有害化学物質　28
有効数値　125
有毒性　126
床下暖房　104, 158
　　　床下暖房パッシブ換気システム
　　　146
床付近温度　136
床冷房　185
ユーズドエア　5, 73
横穴式住居　20
四つ星印　157

【ラ行】
ライトシート　40

ライフスタイル　6
ラグランジェ　4, 32, 40
ラプラス逆変換　67, 97
ラプラス変換　66, 96
乱流強度　32
粒子画像流速測定法　32
流量係数　142
流量制御　126
涼房システム　38
冷気処理　146
冷気侵入限界線　47
冷気積層　166
冷気の排除　199
冷却水面　189
冷却塔　184
冷却流水面　37, 193
連続の式　58
老人保健施設　188
ローエネルギーハウス　153
露光飛跡　46

Index

【A】
air infiltration　10
air quality　19

【C】
convection　10
COP3　203

【E】
energy conservation　20

【G】
gas chromatograph　54
glass-covered space　175

【H】
HASP　190

【M】
manifold sampling　56, 83

【N】
Newton 法　91

【P】
PIV　32, 37

【S】
sick building　27
stack 換気　5, 170

【T】
TP　32, 43

【U】
used air　153

【V】
ventilation　10

繪内 正道（えない まさみち）

1946年　北海道北村生まれ
1970年　北海道大学大学院工学研究科修士課程修了
1988-89年　Institute for Research in Construction/National Research Council Canada（カナダ国立研究所建築研究部）のDr. C. Y. Shaw 主任研究官の下で在外研究
現　在　北海道大学大学院工学研究科教授　工学博士（北海道大学）
主　著　『積雪寒冷型アトリウムの計画と設計』（編著，北海道大学図書刊行会），『北国の街づくりと景観』（訳，北海道大学図書刊行会），『自然エネルギー利用のためのパッシブ建築設計手法事典』・『アトリウムの環境設計』（共に共著，彰国社）

建築空間の空気・熱環境計画

2006年2月25日　第1刷発行

著　者　　繪内正道
発行者　　佐伯　浩

発　行　所　有限責任中間法人 北海道大学出版会
札幌市北区北9条西8丁目 北海道大学構内（〒060-0809）
Tel.011(747)2308・Fax.011(736)8605・http://www.hup.gr.jp/

㈱アイワード／石田製本　　　　　　Ⓒ 2006　繪内正道

ISBN4-8329-8121-8

積雪寒冷型アトリウムの計画と設計	繪内 正道 編著	B5・230頁 価格18000円
北国の街づくりと景観 ―気候に結びつけた都市デザイン―	N.プレスマン 著 繪内 正道 訳	A5・226頁 価格3000円
北海道農村住宅変貌史の研究	足達 富士夫 編著	A5・188頁 価格6700円
流水の科学者 岡﨑文吉	浅田 英祺 著	菊判・814頁 価格13000円
北の住まいを創る	菊地 弘明 飯田 雅史 著	A5・336頁 価格3200円
北の住まいと町並 ―もうひとつの生活空間―	足達 富士夫 著	四六・258頁 価格1800円
北海道の住まい ―環境の豊かさを生かす―	北海道大学 放送教育委員会 編	A5・176頁 価格1800円
ストーブ博物館	新穂 栄蔵 著	四六変・224頁 価格1400円
サイロ博物館	新穂 栄蔵 著	四六変・174頁 価格1400円

―――――― 北海道大学出版会 ――――――

価格は税別